普通高等教育精品规划教材

高等学校电子商务专业系列教材

电子商务案例分析

王莉娟 编著

WUHAN UNIVERSITY PRESS

武汉大学出版社

图书在版编目(CIP)数据

电子商务案例分析/王莉娟编著.—武汉:武汉大学出版社,2024.6
高等学校电子商务专业系列教材
ISBN 978-7-307-24420-7

Ⅰ.电…　Ⅱ.王…　Ⅲ.电子商务—案例—高等学校—教材
Ⅳ.F713.36

中国国家版本馆 CIP 数据字(2024)第 109072 号

责任编辑:王智梅　　　责任校对:汪欣怡　　　版式设计:马　佳

出版发行:**武汉大学出版社**　　(430072　武昌　珞珈山)
　　　　　(电子邮箱:cbs22@ whu.edu.cn　网址:www.wdp.com.cn)
印刷:武汉邮科印务有限公司
开本:720×1000　1/16　印张:16.25　字数:292 千字　插页:2
版次:2024 年 6 月第 1 版　　2024 年 6 月第 1 次印刷
ISBN 978-7-307-24420-7　　　定价:46.00 元

作者简介 —————————

　　王莉娟，副教授，主要研究方向：数字经济、农村电商。主要讲授课程：电子商务概论、电子商务案例分析、电子商务前沿等。先后主持省教育厅哲学社会科学项目1项，主持校级教研/科研项目5项，主持在线开放课程1门。公开发表核心论文2篇，出版专著1部，主编教材1部，普刊多篇。荣获"陈一丹科研创新奖""松海奖""教学质量优秀三等奖""教学创新大赛二等奖"等多项荣誉。指导本科论文2篇荣获"省级优秀毕业论文"，多次指导学生获得全国学科竞赛奖项、带领学生获批多个国家级创新创业训练项目和省级创新创业训练项目，并荣获"优秀指导老师奖"。

前　言

在数字化浪潮的推动下，电子商务已经渗透至人们生活的方方面面，成为现代商业活动不可或缺的重要组成部分。随着移动网络的广泛普及、智能终端的广泛应用，以及大数据、云计算、人工智能等技术的深度融合与发展，电子商务领域正经历着前所未有的变革与创新。技术的进步与商业模式的创新，为电子商务领域带来了层出不穷的新业态和案例，也为我们提供了丰富的学习和研究素材。为了帮助学生和读者深入理解电子商务的理论与实践，作者精心编写了这本《电子商务案例分析》教材。作为武汉学院校级规划立项教材，本书不仅凝聚了丰富的教学和教改经验，也是"电子商务案例分析"校级在线开放课程的配套教材。我们致力于通过这本教材，帮助学生和读者掌握电子商务的核心知识，重点培养分析和解决问题的能力，以适应数字化时代的需求。

1. 主要内容

第 1 章：电子商务案例分析概述。本章主要介绍电子商务案例分析的模型，为读者提供一个科学的分析框架，帮助读者更好的理解如何系统地分析和研究电子商务案例。探讨电子商务案例分析的主要内容和方法，包括分析的步骤、工具和技巧。

第 2 章：传统电商模式案例分析。本章主要介绍 B2B、B2C、C2C 和 O2O 等传统电子商务模式的概念、特征和分类。通过 1688、京东商城、淘宝网和美团网等案例，展示了不同商业模式在实际运营中的运用和转型创新。

第 3 章：新零售案例分析。本章主要介绍新零售的内涵、特征以及运营模式，提出新零售创新业态，特别是无人零售的发展。通过盒马鲜生、居然之家和优衣库等案例，深入探讨了新零售是如何利用互联网、大数据和人工智能等新技术对传统零售进行升级改造，并实现线上、线下和物流的深度融合。

第4章：共享经济案例分析。本章主要介绍共享经济的内涵、特征和分类。通过滴滴出行、运满满、喜马拉雅和e电工等案例，展示了共享经济如何改变传统行业和提供新的服务模式。

第5章：社交电子商务案例分析。本章主要介绍社交电子商务的内涵、特征和主流运营模式。通过拼多多、小红书、云集和兴盛优选等案例，分析了拼购型社交电商模式、内容型社交电商、分销型社交电商和社区团购型社交电商的不同运营策略。

第6章：电子商务新兴技术案例分析。本章主要介绍电子商务新兴技术，如大数据、云计算、人工智能等。通过深入分析抖音、腾讯云、菜鸟网络和缤果盒子等案例，展示了这些技术如何推动电子商务的创新和发展。

第7章：跨境电子商务案例分析。本章主要介绍跨境电子商务的内涵、特征、分类以及跨境物流和支付的相关理论知识。通过敦煌网、天猫国际等典型案例，分析跨境电商交易平台的运营策略和挑战。

第8章：农村电子商务案例分析。本章主要介绍农村电子商务的发展和分类，通过一亩田、美菜网、袁家村和成县模式等案例，探讨了农村电子商务如何助力乡村振兴。

第9章：电子商务与创新创业。本章主要介绍电子商务与创新创业之间的关系、商业计划书的撰写、"三创赛"和"互联网+"电子商务学科竞赛。强调了电子商务在创新创业中的作用和影响，以及如何通过竞赛促进学生的创新能力和实践能力。

2. 教材特色

（1）理论与实践相结合：本书不仅详尽阐述了理论知识，还通过生动的案例辅助解析，帮助读者更好地理解电子商务的理论与实践。

（2）创新与实用性并重：精选了行业内的创新实践案例，分析了成功经验与现实问题，旨在启发读者的创新思维，并提供实用的解决方案。

（3）结构清晰，逻辑严谨：每个章节遵循案例基本简介、商业模式分析和总结建议的框架进行编写，确保了内容的条理性和逻辑性。

（4）互动性与趣味性相结合：从课前案例导入，到课中理论与案例交错，再到课后思考环节，本书旨在激发读者深入探究新兴理论和领域的兴趣。

（5）实践环节的强化：新增的实践环节旨在帮助读者将所学知识应用于实际，提高综合应用能力。

本书主要针对本科及高职院校编写，可作为高等院校电子商务专业"电子商务案例分析"课程的教材，也可作为电子商务前沿的参考教材。此书对电子商务专业的学生提高综合应用能力提供了很好的帮助。

由于编者水平有限，书中出现纰漏和不足之处在所难免，恳请专家、读者批评指正。

编者

目　　录

第1章　电子商务案例分析概述

【学习目标】

通过对本章的学习，了解电子商务案例分析的意义，掌握电子商务案例分析的模型和框架，重点熟悉商业模式和运营模式的内涵，初步掌握利用电子商务商业模式分析电子商务案例的方法，提高分析问题和解决问题的能力，达到举一反三的效果。

【引导案例】

原材料成本不断攀升　共享单车或迎新一轮涨价潮①

最近，关于出行常被热议的话题就是汽车和油价的上涨，但不少热爱户外骑行的人士发现，自行车也悄悄加入涨价的行列。中国自行车协会发布的最新数据显示，今年第一季度自行车上游原材料价格同比上涨超10%，自行车、电动自行车行业正面临生产成本上升较快等困难。

而原材料上涨的压力正在从自行车制造企业向下游传导。几家主流的共享单车运营企业均向《华夏时报》记者表示，目前由于自行车采购价格上调，企业承受压力较大。这种成本上涨的压力是否会通过骑行价格的调整来化解，目前各家尚无明确说法。"涨价，怕消费者接受不了；不涨，经营压力的确越来越大，的确是进退两难。"某共享单车企业负责人对记者表示。

成本居高不下，对运营企业来说，如何增强盈利能力始终是一大课题。共享单车企业经营压力不断加大，从长期看，未来共享单车涨价将成为

---

① 《原材料成本不断攀升　共享单车或迎新一轮涨价潮》，https：//www.chinatimes.net.cn/article/118645.html。

趋势。

价格涨还是不涨？这是目前共享单车企业普遍面临的问题。张毅认为，共享单车企业在商业化尝试和变现上应该有更多的探索，可以通过大数据拓宽盈利渠道，获得二次盈利的机会，同时应该更加注重精细化运营，"可按不同车型开发不同的产品形式，加入居民闲置资源，紧扣共享经济的定位思想，合理压缩成本获得更多的利润。可以加大品牌影响力，增加业务形式，不一定局限在出行行业，可将共享经济思想拓展到出行相关行业"。"降低折损率、运维成本，提高单车的科技含量和使用寿命，也是共享单车企业目前最应该积极探索的模式。"网经社电子商务研究中心共享经济分析师陈礼腾表示。

第一节 电子商务案例分析模型

一、电子商务案例分析的意义

随着全球经济的不断融合以及信息技术的快速发展，电子商务已经逐渐渗透到了社会生活的各个领域，并逐渐改变了传统的生产、流通和消费模式。近年来，大数据、云计算、物联网、人工智能等新兴技术的逐步成熟为电子商务注入了新的活力，使得电子商务更加"智能化"。电子商务模式不断创新，电子商务技术持续更新，使得电子商务理论研究常常滞后于电子商务实践。一方面，新的商务模式和商务应用不断涌现，而理论提炼和升华需要一定的时间，从而制约了电子商务理论与实践的有机结合。另一方面，电子商务行业在高速增长，电子商务企业也在持续创新，但目前电子商务人才的应用能力还有所欠缺，导致电子商务人才培养与企业需求脱节。因此，在掌握一定电子商务理论知识的基础上，通过对典型电子商务案例的分析和比较，有助于加深对电子商务模式和电子商务应用的理解，达到举一反三的效果，有效提高学生的商务应用能力。

二、电子商务案例分析的模型

电子商务案例是指在电子商务应用中，某一种电子商务模式在一定领域内的典型应用。在进行电子商务案例分析时，一般应该遵循一定的程序，按照一定的模型(见图1-1)进行系统分析，以科学把握案例的精髓。

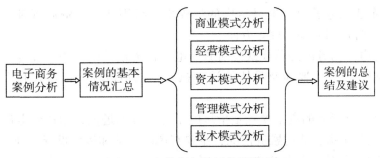

图 1-1　电子商务案例分析模型

电子商务案例分析的目的是在全面把握电子商务案例基本情况的基础上，系统分析其商业模式、技术模式、经营模式、管理模式和资本模式等特点，提出改进意见与建议，为进行电子商务项目策划与实施积累经验，以利于电子商务模式的推广和应用。

（一）案例的基本情况汇总

电子商务案例的基本情况汇总是进行电子商务案例分析的重要基础工作，主要通过现有文献、网络调查、实地考察、网站浏览、公司宣传材料等途径尽可能详细地收集案例的基本情况，并进行汇总整理。通过对案例的基本情况汇总，可以对所要分析的案例有比较全面、系统的了解，为商业模式的深入分析奠定基础。

电子商务案例的基本情况汇总，一般应该包括案例所涉及公司或项目的成立时间、发展背景、创始人和投资主体、投资额、发展历程和重大事件、业务范围或服务、行业地位和获得的荣誉等基本内容。

（二）案例的分析框架

从理论上来讲，电子商务的商业模式、技术模式、管理模式、经营模式和资本模式共同构成了电子商务案例分析的框架，但是技术模式、资本模式、管理模式的相关资料往往很难利用公开渠道获取，因此本书在编写时主要围绕电子商务企业的商业模式和经营模式展开分析。

（1）电子商务的商业模式是影响一个企业电子商务项目绩效的首要因素。主要涉及企业的愿景及使命，企业提供的产品及服务，企业服务的对象，企业的收入来源和核心竞争优势。

（2）电子商务的技术模式是电子商务模式的实现条件和支持系统。主要支撑企业电子商务项目运作的基础服务技术系统、用户服务技术系统、客户服务技术系统、交易服务技术系统和供应商服务技术系统等。

（3）电子商务的管理模式是从组织管理的角度为企业提供保障措施。主要涉及企业在电子商务项目运作的过程中，组织和人力资源管理、业务管理、客户管理和风险管理等方面。

（4）电子商务的经营模式是对整个电子商务活动的规划、设计和实施的整体策略结构。主要涉及具体的活动执行，包括市场开拓模式和市场竞争模式。

（5）电子商务的资本模式是指从电子商务资本进入、运作到退出的整个结构。主要是指企业的融资情况，主要有风险投资和传统投资两种。

（三）案例的总结与建议

对电子商务案例的电子商务模式进行总结，并提出改进商务模式效果的建议，为进行电子商务项目设计提供借鉴。一般要总结电子商务案例的成功因素、存在的问题和面临的挑战、改进建议，以及从整个产业发展出发提出一些值得思考的问题。

三、电子商务的商业模式分析

著名管理学大师彼得·德鲁克曾经说过："当今企业之间的竞争，不是产品和服务之间的竞争，而是商业模式之间的竞争。"商业模式的设计、再造与创新是企业高管团队必须掌握的一门科学和艺术，如能有效解决商业模式的问题，也就解决了企业生存、发展和壮大的根本问题。尽管商业模式在国内外已经受到企业界和学术界的广泛关注，但迄今为止学术界对商业模式并没有一个统一的定义。盈利模式论从利润如何产生的角度把商业模式定义为"公司赚钱以维持自身生存的方式"。但是，盈利模式论的观点比较简单，实际上商业模式的研究范畴要远远大于盈利模式。价值创造论认为，商业模式是一个组织关于价值创造的主要逻辑。系统论则认为，商业模式是由一个或多个要素构成并相互作用的体系。国内学者普遍认为，系统论强调了商业模式的综合性，研究的角度比较全面，能够较好地诠释商业模式的实质。

综合各方观点，本书指出，电子商务的商业模式是电子商务项目运行的秩序，是指电子商务项目所担负的使命、提供的产品和服务、信息流、收入来源以及各利益主体在电子商务项目运作过程中的角色和相互关系的组织方式与体系结构。[①] 电子商务的商业模式分析主要包括以下五个要素：

（一）愿景及使命

一种电子商务模式要想成功并持续获利，必须在商业模式上明确其愿景

---

① 雷兵、司林胜：《电子商务案例分析》，重庆大学出版社 2015 年版，第 18~19 页。

及使命。愿景是指企业的长期愿望及未来状况、组织发展的蓝图，它体现了企业永恒的追求。使命是组织或个体基于其价值观对社会和利益相关者应承担的责任，它强调企业对社会的价值体系。电子商务模式的使命就是明确核心电子商务公司价值的社会定位，也就是在电子商务价值网络中核心电子商务企业为利益相关者，尤其是用户和客户所提供的价值。

众所周知，阿里巴巴的愿景是"通过小企业的 IT 化，解决小企业采购、销售、管理和融资的难题，最终使阿里巴巴成为持续经营 102 年的企业"。同时，"让天下没有难做的生意"成为阿里巴巴的使命。

对电子商务企业的愿景和使命进行分析，主要回答以下问题：

（1）电子商务企业的愿景和使命是什么？

（2）电子商务企业与竞争对手相比有何竞争优势？

（二）目标市场

电子商务企业的目标市场一般指在市场的某一领域或地域内，基于一种商务模式价值网络所针对的用户和客户，即核心电子商务企业提供产品或服务的范围，以及提供产品和服务的数量。

目标用户可以是广大个人或家庭用户，也可以是企业客户。对目标用户的界定，一方面可以从地域范围界定，即判定用户的地理特征；另一方面可以从用户的性别、年龄、职业、受教育程度、生活方式、收入水平等人口学特征来划分。

对电子商务企业的目标市场进行分析，主要回答以下问题：

（1）业务领域和地域特征是什么？

（2）用户和客户范围有哪些，具有什么特征？

（三）产品或服务

当确定了目标市场后，电子商务企业必须决定向这些目标市场提供什么产品或服务。这里的产品或服务有两个层面的含义：一个层面是核心电子商务企业为用户提供的产品或服务；另一个层面是基于用户基础，核心电子商务企业为客户提供的产品或服务。

对电子商务企业的产品及服务进行分析，主要回答以下问题：

（1）电子商务企业为用户和客户分别提供了哪些产品或服务？

（2）电子商务企业对提供的产品或服务是如何根据目标市场进行细分的？

（四）盈利模式

电子商务案例分析的一个极为重要的部分就是确定盈利模式。电子商务企业的盈利模式指的是核心电子商务企业的收入和利润来源。不同的电子商务模式，其盈利模式也有一定的区别。在传统商品市场中，很多企业直接从其销售的产品中获得收益，或者从其提供的服务中获得收入。但是，在电子商务市场中，由于电子商务模式价值网络中用户和客户的不统一性等特性，使企业利用互联网从事电子商务的收入模式变得更加复杂。例如，电子商务平台模式企业的收入来源有广告费、会员费、技术服务费和增值服务费等；电子商务自营模式的企业收入则主要来自对客户的直接销售，也可以来自广告、客户信息的销售，还可以通过削减直接向客户提供服务的成本或减少配送环节来增加利润。目前，电子商务基础的收入来源有以下几种，如表 1-1 所示。

表 1-1 　　　　　　　　　　电子商务模式的基础收入模式

收入模式	定　义	收入来源
会员费	通过为注册会员提供内容和服务获得的定期收入	付费用户
广告费	通过网络广告获得收入	广告客户
交易佣金	通过交易规模收取交易费用	交易客户
销售收入	通过销售产品获得收入	目标消费者
服务费	通过提供服务获得收入	服务客户
订阅费	通过提供内容订阅获得收入	目标读者
合作分成	通过联盟等合作的方式获得合作分成收入	合作商

对电子商务企业的盈利模式进行分析，主要回答以下问题：

(1)电子商务企业的盈利空间如何？

(2)电子商务企业从哪些用户中获得收入？

(3)电子商务企业收入来源的定价模式有什么特点？

(五)核心能力

核心能力是相对稀缺的资源和有特色的服务能力，它能够创造长期的竞争优势。核心能力是企业的集体智慧，特别是能把多种技能、技术和流程集成在一起以适应快速变化的环境的能力。

核心能力是将企业的多种资源进行有效整合、合理利用，从而转化为客户价值和利润的一种能力。企业一般需要有形资源、无形资源以及人力资源来支持向客户提供价值的一系列关键活动。对于从事电子商务的企业来讲，有形资源主要表现在企业的网络基础设施以及电子商务的软硬件建设水平。

无形资源包括专利权、商誉、品牌、交易秘密、与客户和供应商的关系、雇员间的关系以及不同形式存在于企业内部的知识。人力资源是企业员工具有的知识和技能，是企业知识资源的载体，在知识经济时代，其作用显得更加突出。

对电子商务企业的核心能力进行分析，主要回答以下问题：

(1)电子商务企业拥有的核心能力是什么？

(2)电子商务企业的哪些能力是其他企业难以模仿的？

(3)电子商务企业如何才能保持它的竞争优势？

(4)电子商务企业在形成和保持这些竞争优势的过程中，采用了哪些营销战略？

四、电子商务的经营模式分析

电子商务的经营模式是核心电子商务企业面向价值网络各利益相关者，以市场的观点对整个商务活动进行规划、设计和实施的整体策略结构。它包括如何让用户和客户知晓并认同企业的电子商务商业模式和如何实现企业的电子商务商业模式，以满足用户和客户需求。

经营模式与商业模式是密切相连的，电子商务的商业模式具体体现了电子商务项目应如何获利并在未来长时间内应如何计划，注重对整体环节的设计和具体路径的选择。经营模式则主要是考虑如何展开具体的商务活动，实现商业模式的各环节设想，促进预期经济目标的达成。这不仅包括选择各环节具体的合作者、协作方式和分成方法，经营的工具、手段和方式、方法，还包括企业的市场开拓、广告宣传等事宜。经营模式将商业模式主体化、动态化、丰富化、灵活化、具体化。由于电子商务项目的特殊性，其经营模式往往在传统的4P(产品、价格、渠道、促销)营销策略的基础上，综合了4C(消费者、成本、便利、沟通)、4R(关联、反应、关系、回报)、4S(满意、服务、速度、诚意)等现代营销观念，形成了更加多样化、综合化的经营体系。一般来讲，电子商务经营模式涉及以下几个方面的经营模式和策略。

(一)市场开拓模式

电子商务项目的市场开拓模式是针对目标用户和目标客户所开展的系统的市场推广策略组合，目的是让用户和客户知晓并认同企业的电子商务商业模式，主要有产品策略、价格策略、渠道策略和促销策略。

1. 产品策略

产品策略是电子商务企业市场开拓模式的核心，是电子商务企业针对目标用户和目标客户所提供的产品或服务的组合。电子商务企业的产品策略往往基于互联网的无限虚拟空间，追求对用户和客户的全方位服务，致力于构建以企业为核心的电子商务生态系统，以获得更强的竞争优势。比如，阿里巴巴一直在努力创建电子商务生态系统，希望形成一个中小企业共荣共生的生态链，而且这个共生的生态圈是阿里巴巴与其会员企业一同形成的，也就成为所有企业的"托商所"。商人需要的阿里巴巴都有，它使无数的中小交易者由此面对全球市场，无数的中小生意由此成为现实。这一电子商务生态系统将覆盖资金、技术、客户、物流、营销、人才等商务活动的所有层面。

2. 价格策略

电子商务企业的价格策略具有与传统企业不同的特点，电子商务企业的产品和服务以信息产品为主，而信息产品的成本结构往往具有高固定成本和低可变成本的特点。因而，其定价就不能简单地以产品成本为基础，必须以顾客接受的成本定价，也就是根据顾客价值而不是生产成本来为信息产品定价。由于人们对某种信息产品的评价差别很大，以价值为基础的定价自然会引起差别定价。因此，电子商务企业常用的价格策略就是免费价格策略和按使用次数或频率付费等。

3. 渠道策略

尽管互联网已经成为一种新型的企业市场开拓渠道，但是基于互联网的电子商务企业在推广其电子商务模式过程中并非完全依赖互联网，在采取搜索引擎推广等网络推广渠道策略的同时，恰恰更多地采用了传统的渠道策略。

4. 促销策略

电子商务作为一种新型商业模式，在其推广促销过程中，除了运用传统的广告、公共关系、人员推广等促销策略外，还要根据其产品或服务特点，采取一些独有的促销策略。

(二) 市场竞争模式

电子商务企业的市场竞争模式就是针对现有的和潜在的竞争对手，所开展的系统的市场竞争策略组合，目的是让用户和客户知晓并认同企业的电子商务商业模式，同时注意竞争对手的防御和进攻策略，尤其是电子商务服务企业，更加注重市场竞争模式的选择和实施，也有不少成功的案例。按照迈克尔·波特的竞争优势理论，电子商务核心企业在产品和服务的选择上采取差异化、低成本或目标聚焦战略是获得竞争优势的最基本模式。

1. 差异化战略

一方面，企业可以通过提供具有竞争者产品或服务所不具有的特征的产品或服务来凸显差别化。拥有独有的特征是最普通的产品或服务差别化形式，使用互联网能够使公司为客户提供更好的产品或服务特征。

　　另一方面，企业率先将产品或服务投向市场，往往因其在市场上具有唯一性，自然而然就使其具有差别性了，进而可以快速发展，甚至获得丰厚的利润。电子商务的应用可以使企业在产品的开发与设计、推广与分销等方面大大缩短周期，取得市场先机，从而战胜竞争对手。

　　公司还可以通过互联网来建立或强化自己的品牌形象，使客户感到他们的产品是独特的，进而建立和保持客户的忠诚度。因为谁拥有了客户，谁就拥有了未来。

　　2. 低成本战略

　　低成本战略是一种先发制人的战略，意味着一家企业提供的产品或服务比其竞争者让客户花费更少的金钱。这种成本的降低表现在生产和销售成本的降低上。一方面，公司通过电子商务方式与供应商和客户联系，大大提高订货和销货效率，使订货、配送、库存、销售等成本大幅度降低。另一方面，通过互联网，企业可以为客户提供更加优质的服务，甚至可以让客户通过互联网进行自我服务，大大降低了客户服务成本。其实，电子商务在降低企业的产品或服务成本的同时，也大大降低了客户的交易成本。

　　低成本意味着低价格，较低的产品或服务价格是吸引用户的重要手段，互联网的外部性使用户真正体会到了免费午餐的价值。同时，不少电子商务模式就是通过免费策略聚集了大量人气，从而建立了成功的用户基础。例如，淘宝网的免费交易、迅雷的免费资源下载、京东商城的低价商品供应等都是非常成功的商业模式。

　　3. 目标聚焦战略

　　目标集聚战略是一种具有自我约束能力的战略。当公司的实力不足以在产业内更广泛的范围中竞争时，公司可以利用互联网以更高的效率、更好的效果为某一特定的战略对象服务，往往能在该范围内大大超过竞争对手。在电子商务领域，凭借目标集聚战略获得竞争优势和取得成功的商务模式比比皆是。例如，大多垂直门户网站将目标聚焦于特定的行业或地域。

第二节　电子商务案例分析内容及方法

　　电子商务案例分析是根据一定的分析目的，采用一种或几种分析方法，按照一定的分析程序，对通过调查并经过整理的资料进行分组、汇总、检验和分析等，得到所研究事物或现象的本质，进而指导实践的过程。通过案例分析，将理论学习与实践应用有机结合，能够加深对理论知识的深层次理解，能够使所学的知识转变为实际技能。掌握电子商务案例分析的主要内容和主要方法，能够帮助我们从不同角度分析电子商务案例，从企业的成功或失败经历中得到启示。

一、电子商务案例分析内容

近年来，移动网络的普及、智能终端的推广，加上大数据、云计算、人工智能在各领域的创新发展，给传统电子商务注入了新的活力，电子商务行业创新频现，同时也催生了一大批极具代表性的电子商务企业，各个领域不同企业的创新实践呈现的成功经验和面临的真实问题都值得深入分析和探讨。

本书系统阐述了电子商务的商业模式、技术应用和行业发展，重点讲述新零售、共享经济和社交电子商务三种新兴电子商务模式；智能推荐、大数据、云计算、区块链和人工智能等新技术应用，以及跨境电商、农村电商两大新领域发展三大板块。每个章节先介绍基本的理论知识，再结合不同类型的鲜活案例进行具体、清晰的阐述和剖析。案例按照基本情况汇总、商业模式分析、运营模式分析、创新及亮点分析和案例总结及建议几部分进行系统分析。

二、电子商务案例分析的主要方法

电子商务案例分析需要经过科学和专业的分析方法，寻找、发现和探索案例内容展示的一般规律，从案例的成功或失败经历中获得启示。分析电子商务案例一般可通过以下6种方法进行：

（一）归类分析法

归类分析法主要是对有关信息进行分类的方法，按事物的种类、等级或性质进行归类，使其结构一目了然。这是认识客观现象最基本的逻辑思维方法，也是电子商务案例分析中常用的分析方法，如电子商务企业的分类、企业盈利方式的分类、企业产品和服务的分类等。

（二）综合分析法

综合分析法是指将客观事物的各个构成元素，以及对不同部分和各个方面分别考察后的认识联系起来，然后从整体加以考察。例如，将电子商务企业的商业模式分为战略目标、目标客户、产品和服务、盈利模式及核心竞争力等方面进行阐述说明，然后综合考察其商业模式的特征、优势和不足等。

（三）归纳与演绎分析法

归纳与演绎分析法是客观事物研究中运用较为广泛的逻辑思维方法。人类进行认识活动，总是先接触个别事物，而后推及一般，又从一般推及个别，如此循环，使认识不断深化。归纳是从个别、特殊的知识中概况出一般性知识，而演绎则是从一般到个别或特殊。例如，我们从电子商务的某个企业联系到同一模式下的其他企业，或是从某种模式下找到某些企业的异同。

（四）比较分析法

比较分析法是电子商务案例分析中最为常见的一种分析方法。通常，比较分析法分为横向比较法和纵向比较法。横向比较法是指对同类的不同对象在同一标准下进行比较的方法；纵向比较法是指对不同时期的同一事物的异同点进行比较和分析。简单地说，比较不同企业同一时期的发展情况的方法为横向比较法；比较同一个企业不同时期的发展情况的方法为纵向比较法。

（五）统计分析法

统计分析法是指收集、整理、分析和解释统计数据，并对其所反映的问题做出一定结论的方法。统计分析法一般包括三个环节：一是将大量通过调查和整理的统计资料进行科学分析，找出发展规律；二是发现企业管理和计划执行中的问题和薄弱环节，并找出其原因；三是提出解决实际问题的办法或建议。使用统计分析法，可通过研究企业的"规模""速度""范围"等指标参数，认识和揭示事物之间的关系、变化规律和发展趋势。

（六）SWOT 分析法

SWOT 分析法是案例分析的常用方法。SWOT 分析法可以帮助我们分析企业可能存在的优势和机会，以及可能存在的劣势和威胁；帮助企业判断现有的商业模式及运营模式等是否具备竞争能力和盈利能力。

SWOT 分析法主要对企业自身的优势（Strengths）、劣势（Weaknesses），外在的机会（Opportunities）和威胁（Threats）进行综合分析和判断。因其兼顾内外因素（S、W 为内部因素，O、T 为外部因素），所以能很好地将企业内部资源和外部环境有机结合起来。利用这种方法，企业可以从中找出对自己有利的、值得发扬的因素，以及对自己不利的、要避开的东西，发现存在的问题，找出解决办法，并明确以后的发展方向。

一方面，优势和劣势是存在于企业内部的可以调整的主观因素。

（1）优势。优势是指企业内部存在有利的因素。如企业的资金更充足、资源更丰富、价格比同行更低、员工素质更高、技术及服务质量更好等。

（2）劣势。劣势是指企业内部存在的不利的因素。如企业的资金短缺、资源匮乏、知名度不高、促销方式不佳、产品类型少、技术落后、管理混乱等。

另一方面，机会和威胁是存在于企业外部的自己不能加以影响的客观因素。

（1）机会。机会是指外部环境存在对企业有利的因素。如行业政策扶持力度大、技术的革新、人口流量增大等。

（2）威胁。威胁是指外部环境存在对企业构成潜在威胁的因素。如有新的具有竞争力的企业加入、替代产品增多、行业政策变化、市场需求变化、原材料价格上涨等。

第2章 传统电商模式案例分析

【学习目标】

通过对本章的学习，熟悉 B2B、B2C、C2C、O2O 等传统电子商务的主流模式，重点掌握不同商业模式的盈利能力。通过对不同类型的案例进行深入分析，进一步理解商业模式革新的意义。

【引导案例】

中国第一家 C2C 网站关停 易趣网为何沦落?①

模式生搬硬套 在国内市场遭遇水土不服

易趣网成为第一个尝试 C2C 模式的电商，创立之初吸引到大量用户、商家。它刚进入中国市场时，竞争对手少，以比较快的速度发展起来，并且在 2003 年达到巅峰，市场份额曾达 90%。伴随着易趣网被 eBay 收入囊中，同期淘宝的迅速崛起，易趣网来到分水岭，其向商家收费的模式，造成大量商家转战淘宝，最终导致淘宝的市场份额快速反超易趣网。

截至 2012 年 12 月，在 C2C 模式电商份额中淘宝占 96.4%，拍拍网占 3.4%，易趣网仅占 0.2%。事实证明，易趣网的模式无法适应国内市场，同时自家资源快速流失，一味照搬国外模式，最终"水土不服"，形成这样的结局也就不意外了。易趣网的关闭一方面是低估了淘宝的竞争力度，另一方面是卖给 eBay 后没有及时调整战略和竞争策略导致优势尽失。

---

① 《中国第一家 C2C 网站关停 易趣网为何沦落?》，http://www.100ec.cn/detail-6615391.html。

"老派"作风　无法与主流电商相竞争

淘宝、京东、拼多多、唯品会等综合电商的崛起，抖音、快手等直播电商的发展，让它们牢牢占据了国内用户的心智，在这种情况下势必挤掉了易趣网的生存空间。另外，易趣网依然停留在"老派"的风格上，在其他电商都转移到手机端的时候，易趣网仍然把自己封在 PC 端。目前国内的电商巨头们在页面风格、技术手段、创新力度上都紧跟趋势，巨头之间的竞争没有喘息时间。

外资零售电商还会持续进入和参与中国市场的竞争

外资零售电商企业在中国经营面临激烈的竞争，人才、组织、决策、企业文化的适应性不足，战略布局不适合中国市场的快速变化等因素导致成功率很低。当然外资零售电商企业还会继续参与中国市场的竞争和持续进入，当然也会有退出和调整。需要在战略、人才结构和组织文化方面更加本土化，让中国区负责人有更多的决策权才能适应中国市场激烈的竞争。

第一节　B2B 电子商务模式

一、B2B 电子商务的含义

B2B(Business to Business)即企业与企业之间的电子商务或者商家对商家的电子商务，是指企业与企业之间通过互联网等现代信息技术进行的各种商务活动。例如，企业与供应商之间的电子采购，企业与批发商、零售商之间的电子订货，企业与仓储、物流公司的业务协调等。一般来讲，一个完整的 B2B 电子商务系统包括生产商、外部供应商、运输提供商、分销商、零售商等几大主体部分。

二、B2B 电子商务的特点

B2B 电子商务的特点主要表现为交易金额大、交易对象广泛、交易操作规范和交易过程复杂等，下面分别进行介绍。

（一）交易金额大

B2B 电子商务模式在交易金额上具有显著优势，其单次交易金额往往远超 B2C 和 C2C 模式。尽管交易次数相对较少，但这种模式在商业领域中具有重要地位，它为企业间交易提供了一种高效便捷的方式，进一步推动了全球经济的发展。

（二）交易对象广泛

B2B 电子商务模式的交易对象范围很广，除了成品之外，还包括原材料和半成品。这种多样性使得 B2B 电子商务模式在商品交易中具有更加广泛的适用性。无论是采购原材料，还是销售成品，B2B 电子商务模式都能够提供灵活、高效的交易方式，可以满足不同类型企业的需求。

（三）交易操作规范

相较于传统的企业间的交易，B2B 电子商务模式的交易操作相对规范化、标准化及流程化。在 B2B 电子商务模式的交易方式下，买卖双方能够在网上完成整个业务流程，大大降低了企业的经营成本及时间，同时提高了工作效率。

（四）交易过程复杂

相较于 B2C 模式和 C2C 模式，B2B 电子商务模式的交易过程更为复杂，涉及交易谈判、合同签订以及售后服务和赔付等环节。由于交易金额较大，双方在进行交易时需要经过多轮谈判和协商，以确保交易的公平和合理性。同时，为了确保交易的顺利进行，双方还需要进行合同签订，明确交易的具体细节和责任义务。在交易完成后，双方还需要进行售后服务和赔付等方面的沟通和协商，以确保客户的满意度和企业的信誉。

三、B2B 电子商务的分类

B2B 电子商务模式有很多，可以根据不同的分类标准进行分类。下面分别按照行业性质和服务模式对 B2B 电子商务模式进行分类。

（一）按行业性质分类

根据行业性质划分，B2B 电子商务模式主要可分为水平型 B2B 和垂直型 B2B 这两种。

（1）水平型 B2B。水平型 B2B 又称综合型 B2B，目前 B2B 电子商务中占据主要市场份额是以提供供求信息为主的平台，它涵盖不同的行业和领域，是商业信息的集散地。水平型 B2B 网站为买卖双方提供了一个信息交易的平台，买卖双方可以在此分享信息、发布广告、竞拍投标甚至进行交易。这类网站既不是拥有商品的企业，也不是经营商品的商家，它只提供一个平台，将供应商和采购商汇集在一起。采购商可以在平台上查看供应商及其商品的有关信息，而供应商也可查看采购商的采购信息。典型的运营代表有阿里巴巴、慧聪网等。

（2）垂直型 B2B。垂直型 B2B 又称行业 B2B，指提供某一类商品及其相关商品（互补商品）从网上交流到广告发布、网上拍卖、网上交易等一系列服务的电子商务交易平台。垂直型 B2B 可以分为两个方向，即上游和下游。生产商或商品零售商可以与上游的供应商形成供货关系；生产商与下游的经销商可以形成销货关系。垂直型 B2B 电子商务网站将特定行业的上下游企业聚集在一起，让该行业各个层次的企业都能够轻易地找到商品的供应商和采购商。垂直型 B2B 电子商务网站将自身定位在一个特定的领域内，其专业性较强，如 IT、化学、医药、钢铁等行业。典型的运营代表有中国化工网、我的钢铁网、全球纺织网等。

(二)按服务模式分类

按照服务模式分类，B2B 电子商务模式可分为信息服务类 B2B、交易服务类 B2B 和资源整合类 B2B，下面分别进行介绍。

(1)信息服务类 B2B。信息服务类 B2B 指 B2B 电子商务企业为中小企业提供一个信息平台，中小企业通过平台充分展示自己，从而带来商机。信息服务类 B2B 可以减少中小企业信息获取困难的问题，在一定程度上拓宽了中小企业的销售渠道。此类平台的盈利模式主要为收取会员费。典型运营代表有慧聪网、环球资源网等。

(2)交易服务类 B2B。交易服务类 B2B 指 B2B 电子商务企业为中小企业提供在线交易平台，实现信息流、物流和资金流的三流合一。目前，在国内外贸市场上，大宗商品和小额批发领域均出现了交易服务类 B2B 平台。此类平台主要依靠交易佣金盈利。典型运营代表有敦煌网、易唐网等。

(3)资源整合类 B2B。资源整合类 B2B 平台可以为用户提供全方位的电子商务解决方案，实现贸易在每一个环节上的资源整合。电子商务企业可以实现与银行、物流企业及海关等机构的对接，最终实现每一个环节的电子化。此类平台盈利模式多样化，可提供个性化的增值服务，用户体验较好。

四、B2B 电子商务的盈利模式

B2B 电子商务盈利模式呈现多样化，主要包括会员费、广告费、交易佣金、竞价排名费和增值服务费等。

(一)会员费

会员费是 B2B 电子商务网站的主要盈利方式，企业需要注册成为网站会员之后，才能通过网站参与电子商务交易活动，会员则需要向网站或者平台缴纳一定的会员费。

(二)广告费

网络广告也是 B2B 电子商务网站的主要收入来源之一。B2B 电子商务网站的广告形式有很多种，如文字链接广告、图片广告、按钮广告、弹窗广告等，一般根据网络广告在网页中的位置、类型等进行不同的收费。

（三）交易佣金

交易佣金是指买卖双方通过 B2B 电子商务网站达成合作或者交易，网站会根据交易规模或者交易金额收取一定的费用。一般来讲，网站会根据自己的规则向卖家或者买家收取一定比例的手续费或者中介费。

（四）竞价排名费

竞价排名指的是通过付费的方式让商家的商品在 B2B 网站中排名靠前，以此获得更大的曝光量，提高商品的销量。B2B 电子商务网站为了满足商家的这种需求会提供搜索排名服务，这种服务商家是要额外付费的。

（五）增值服务费

一些 B2B 电子商务网站除了为用户提供交易信息，促成交易，还会提供一些收费的增值服务，主要包括企业建站服务费、商品行情资讯服务费、企业认证费、在线支付结算费和会展费等。不同的 B2B 电子商务网站根据其功能的不同可能有所差异。

第二节　B2C 电子商务模式

一、B2C 电子商务的定义

B2C（Business to Consumer）即企业与消费者之间的电子商务。B2C 型电子商务主要应用于商品的零售业，包括面向普通消费者的网上商品销售（网上购物）和网上电子银行业务（存款业务、取款业务和货币兑换业务等）。

二、B2C 电子商务的分类

根据 B2C 交易平台的构建主体，B2C 可分为自营型 B2C 和平台型 B2C。

（一）自营型 B2C

自营型 B2C 是指与商品销售相关的各环节由运营商完成，这种模式的典型代表包括京东商城、亚马逊中国、苏宁易购和唯品会等电商平台。一些自营型 B2C 网站为了使商品更加丰富和更好地利用已有网站资源，相继开放了企业入驻功能，在自营业务的同时，覆盖其他有意向的企业用户。

（二）平台型 B2C

平台型 B2C 是指电子商务企业建立网站并向企业提供第三方交易平台，并不负责销售相关环节，平台起信誉保证和中间联系人的作用。B2C 电子商务模式的发展的制约因素较多，但中小企业在人力、物力和财力有限的情况下，选择具有较高知名度、点击率和流量的第三方 B2C 电子商务平台，能够有效拓宽网上销售渠道。平台型 B2C 电子商务网站比较典型的运营代表就是天猫。

三、B2C 电子商务的盈利模式

B2C 电子商务的盈利模式主要有 4 种，分别是网络广告收益、商品销售利润、虚拟店铺租金和增值服务费。

(一)网络广告收益

B2C 平台上的广告收益是一种常见的盈利模式。企业为其他企业、品牌提供广告空间，以此获取广告收益。广告收益的高低要根据 B2C 平台的品牌知名度和流量情况而定。

(二)商品销售利润

B2C 企业最直接的盈利模式就是通过商品销售获取利润。在销售过程中，企业以较低的成本采购商品，再通过一定的价格差异获得销售差价，实现商品销售利润。

(三)虚拟店铺租金

这种模式是 B2C 电子化交易市场的主要收入来源，这些网站在销售商品的同时也出租虚拟店铺，通过收取租金来赚取中介费。例如，天猫、京东和当当网等网站向入驻的商家收取了一定的服务费和保证金。

(四)增值服务费

B2C 企业在平台上提供增值服务获得收益也是一种盈利模式。这些服务通常包括咨询服务、物流仓储服务、保险服务等，企业可以通过向消费者提供这些服务获得利润。

第三节　C2C 电子商务模式

一、C2C 电子商务的定义

C2C(Consumer to Consumer)是个人消费者之间通过网络商务平台实现交易的一种电子商务模式。该模式需要能够为买卖双方提供在线交易的平台，在该平台中，卖方可以自行提供商品信息，而买方可以自由选择商品并支付。C2C 电子商务交易平台是一个非常灵活的在线交易平台，其用户数量巨大，不存在地域和时间的限制，且往往身兼多职，既是买方又是卖方。

二、C2C 电子商务的特点

(一)用户数量多

C2C 电子商务平台的开放性与免费性导致用户数量比较多，从 C2C 电子商务网站实际运营来看，注册成为网站的用户并开设自己的网上店铺没有什么门槛限制。

(二)商品种类多

C2C 电子商务平台具有开放性特点，因此聚集了海量的平台用户，并且其个人商家入驻门槛低，商家入驻量大。所以，C2C 电子商务模式下用于交易的商品种类异常丰富，但商品质量却参差不齐。

(三)交易次数多

C2C 电子商务模式可以给用户带来便宜的商品，其交易次数多、交易方式灵活，但单次交易的成交额较小。

三、C2C 电子商务的盈利模式

C2C 子商务平台一种网站为买卖双方提供网络化交易服务的购销平台，以便买方选购商品。同时，为了保障交易双方的利益，C2C 电子商务平台还提供了商品广告、第三方支付系统、交易监管和评级、网店装修等功能，这些服务和功能也是 C2C 电子商务模式的基本盈利来源。C2C 电子商务的盈利模式主要包括以下 4 种。

(一)会员费

会员费是大部分 C2C 电子商务网站的盈利方式之一。用户为了获得某些权限，如网上店铺出租、公司认证、商品信息推广等服务，需要注册为会员并支付一定的费用。一般，付费会员比免费会员能享受到更多、更高质量的服务，如特定或专供信息、增值服务等。

(二)网络广告费

网络广告费即将网站中有价值的位置用于放置各种广告，根据版面、形式、发布时长等因素来收取费用。淘宝网拥有大量的广告位，这些资源已全部成为其收入来源。商家通过投放钻石展位、直通车等方式，以金钱换取广告位。

(三)增值服务费

增值服务费是 C2C 网站提供的一些额外服务，针对这些服务，网站会向用户收取一定的费用。这些增值服务包括辅助信息费、物流服务费和支付交易费等。

(四)特色服务费

特色服务费即商品或服务的特色展示费用。例如，淘宝网的店铺装修工具、数据统计与分析工具等的费用。这些费用的收取可以帮助网站获得更多的收益。

第四节　O2O 电子商务模式

一、O2O 电子商务的定义

O2O(Online to Offline)概念最早出现在美国。目前，O2O 的概念非常广泛，只要产业链中既可涉及线上，又可涉及线下，即统称为 O2O。从狭义上讲，O2O 是指消费者通过线上平台在线购买并支付/预订某类服务/商品，并到线下实体店体验/消费后完成交易过程；或消费者在线下体验后通过扫描二维码/移动终端等方式在线上平台购买并支付/预订某类服务/商品，进而完成交易。狭义 O2O 强调的是交易必须在线支付或预订，同时商家的营销效果是可预测、可测量的。

此外，还有一种比较常见的形式，称为本地生活服务 O2O，是指与百姓日常生活相关的线上线下服务，包含餐饮、休闲娱乐、美容美护、酒店、婚庆、亲子、旅游及教育等行业。

二、O2O 电子商务的类型

O2O 的概念最早于 2010 年由美国 TrialPay 的创始人 Alex Rampell 在 TechCrunch 上发表的一篇文章中提炼出来。2011 年由 36 氪首次引入国内，之后被广大商家接受并运用，由此在国内掀起一股讨论和实践 O2O 的热潮。O2O 商业模式的关键是吸引线上用户到线下实体店中消费，相比以前无法准确衡量广告效果的模式，可追踪、可衡量、可预测是其巨大的进步。O2O 理论逐步发展中也逐渐衍生出了多种模式：线下到线上、线上到线下再到线上、线下到线上再到线下等。

（一）先线上后线下（Online to Offline）

用户在线上购买或预订服务或商品，然后到线下商家那里享受服务或取货。这是 O2O 最常见的一种类型。这种模式主要通过打折、提供信息、服务预订等方式，把线下商店的消息推送给互联网用户，将消费者从线上引流到线下实体店进行消费。各类本地生活服务类团购网站的营销模式都属于这一类，如美团外卖、饿了么、大众点评网等。早期的 O2O 商务模式的开展主要得益于团购网站的推广。

（二）先线下后线上（Offline to Online）

利用各种线下推广活动及线下的信息展示渠道（包括线下体验店、街边二维码等），将用户引导到线上交易。这种模式被广泛应用于传统的线下企业中。在现在互联网营销的大趋势下，很多传统的线下企业开始在互联网上发展，搭建自己的电子商务平台，将线下流量引至线上，打开线上市场。消费者购买产品主要靠线下提供，通过线下的体验，再到线上去完成交易。

（三）先线上后线下再线上（Online to Offline to Online）

这种模式即线上营销到线下体验再到线上交易，指用户通过商家线上推广获得信息并检索到附近的店面后，并到实体店进行体验感受，再扫码成为会员，之后进行在线消费，形成闭环。这种模式一般用于非快消品行业及具有不可替代性属性的商品，经常应用于家居家装行业。

（四）先线下后线上再线下（Offline to Online to Offline）

即线下营销到线上交易再到线下体验，指商家先通过线下渠道进行营销，再将线下商业流导入或者借力全国布局的第三方线上平台进行线上交易，再让用户到线下消费体验。

三、O2O 电子商务模式的优势

O2O 电子商务模式实现了 O2O 平台、商家和消费者的"三赢"。对 O2O 平台而言，O2O 电子商务模式可带来大量且更有黏性的消费者，可以吸引大量的线下商家加入，从而获得巨大的广告收入。对商家来说，通过 O2O 商务应用平台，商家有更多的宣传和展示机会，吸引消费者到店消费，有效降低营销成本。O2O 电子商务模式也为商家了解消费者购物信息提供了渠道，方便收集消费者购买数据，以便于更好地维护并拓展客户，进行精准营销。对消费者而言，O2O 商务应用平台可以为其提供丰富、全面、及时的商家折扣信息，还可以快捷筛选和订购适宜的商品或服务，消费者通过在线预订可获得相比线下更优惠的价格。

第五节　案例分析

案例 2-1：1688——B2B 市场的创新标兵

一、1688 的基本情况汇总

1688 创立于 1999 年，前身是"阿里巴巴中国交易市场"，2010 年正式更名为"1688 采购批发平台"（见图 2-1），是中国领先的网上批发平台。1688 以批发和采购业务为核心，通过专业化运营完善客户体验，全面优化企业电子商务的业务模式。目前，该平台已经覆盖原材料、工业品、服装服饰、家居百货、消费电子等 18 个行业大类共 173 个一级产业带，约占全国一级产业带数量的 70%，提供原材料采购、生产加工、现货批发等一系列的供应服务。创办至今，1688 不断随着市场及客户的需求调整发展布局，创新变革，是中国 B2B 市场上最具有代表性的企业。

图 2-1　1688 首页

二、1688 的商业模式分析

（一）愿景及使命

1688 的企业使命是"为千万中小企业服务，让天下没有难做的生意"。具体而言，就是为国内的中小企业提供一个销售和采购的贸易平台，让国内的中小企业通过 1688 平台寻求潜在的贸易伙伴，彼此沟通并达成交易。

（二）目标市场

1688 的目标用户除了参与商品交易的国内中小企业，还包括为这些中小企业提供增值服务的其他电子商务企业。

（1）参与 B2B 商品交易的中小企业。1688 的目标客户和目标用户从它诞生之日起就非常清晰，那就是国内的中小企业。1688 定位于满足国内中小企业的各类产业和服务需求交易双方的角色，这些中小企业主要又分为采购商、供应商、生产商以及消费者。

（2）B2B 电子商务增值服务企业。它们包括网络营销服务商、技术外包服务子商务咨询服务商，以及网络培训机构等。这些企业既是 1688 的用户，也是合作伙伴。

（三）产品及服务

从 1688 的网站导航上可以看到（见图 2-2），其主要为采购商也就是买家提供了阿里旺旺（商务沟通软件）、我的进货单、询价单和交易管理等产品或服务；为供应商也就是卖家提供了线上基础设施、诚信通服务、数字营销平台、客户管理、询盘管理、生意参谋等产品或服务。此外，还为买家和卖家提供一系列的保障服务，例如买家保障、阿里规则、商家认证和商家品质等服务。

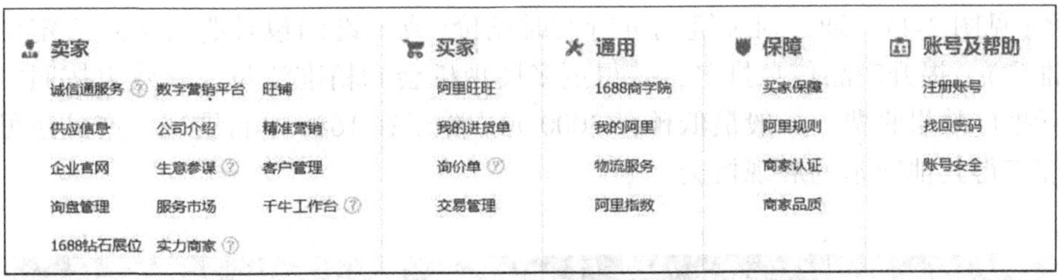

卖家			买家	通用	保障	账号及帮助
诚信通服务	数字营销平台	旺铺	阿里旺旺	1688商学院	买家保障	注册账号
供应信息	公司介绍	精准营销	我的进货单	我的阿里	阿里规则	找回密码
企业官网	生意参谋	客户管理	询价单	物流服务	商家认证	账号安全
询盘管理	服务市场	千牛工作台	交易管理	阿里指数	商家品质	
1688钻石展位	实力商家					

图 2-2　1688 的主要产品及服务

（四）盈利模式

1688 的收入来源主要有会员费、广告费、竞价排名费以及实力商家等。

1. 会员费

1688 的用户分普通会员和收费会员两种。针对普通会员，1688 平台不收取任何费用；收费会员需要付费开通诚信通服务。2002 年 3 月，阿里巴巴推出"诚信通"服务，是 1688 平台针对内贸企业量身打造的电子商务基础会员服务，为商家生意链路提供"建站发品—营销推广—交易履约—客户管理"的经营能力（见图 2-3），并通过经营指引提升商家经营效率，全方位助力中小企业进行数字化转型，让生意更简单！目前，诚信通的收费标准为每年 6688 元。

2. 广告费

1688 是中国较大的 B2B 电子商务平台，网络广告自然是其主要收入来源之一。1688 在主页和各行业子网页的首页都有投放广告，提供了多种广告形式，包括文字广告、图片广告、动态 Flash 广告、邮件广告和弹出广告等，这些广告形式可以根据广告在网页中的位置、类型等进行收费。

图 2-3　诚信通的经营能力

3. 竞价排名费

竞价排名一直是阿里巴巴有力的创收工具,阿里巴巴推出"营效宝"服务(见图 2-4),通过对关键词进行实时竞价(或关键词包月购买形式之定位推广),提升产品信息排名,获得更多展现机会和精准流量,营效宝按照实际推广效果收费,一般最低预存 3000 元。除了在 1688 平台展现,产品还可能获得其他网站的展现机会。

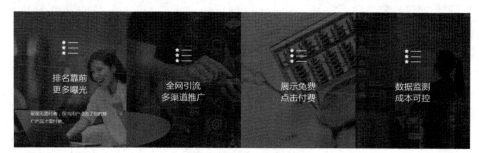

图 2-4　营效宝的功能

4. 实力商家

2015 年,1688 采购批发平台推出实力商家会员服务,重点扶持实力商家,引领中小企业转型升级。实力商家将获得比诚信通会员更多的权益,包括专属旺铺、专属图标、资源扶持和专属服务等。实力商家会员需要承诺提供质量、发货、换货等相关保障服务,从商品到服务更好地满足买家的需求,提升买家的体验。2022 年,实力商家会员的收费标准为每年 36800 元,另外还需要缴存不低于 16000 元的保证金。

5. 超级工厂

2020 年,1688 采购批发平台发布了一款重要的产品:超级工厂会员服务。这个服务主要提供官网打造、场景营销、数据洞察、专业培训、权益扶持等核心服务，以帮助超级工厂更好地拓展市场，并提升其数字化经营能力。到了 2022 年，超级工厂的会员的收费标准是每年 106800 元，并且用户还需要存入不低于 16000 元的保证金。这是一个针对有高度需求的企业提供的服务，旨在帮助这些企业更有效地运营其工厂业务。

（五）核心能力

1688 及其母公司阿里巴巴集团，凭借在电子商务领域的多年经营，为中小企业开展电子商务活动提供了众多优质的产品和服务，其核心能力主要体现在以下几个方面。

（1）阿里巴巴的品牌知名度已经深入人心。从 2003 年起，阿里巴巴集团开始针对国内中小企业进行系统性的营销和推广，多年的经营和推广使得阿里巴巴在国内中小企业当中建立了极高的知名度和信誉，这种知名度和信誉已经成为其他竞争对手难以在短期内超越的核心竞争力。

（2）1688 的注册用户多，产品覆盖面广。1688 作为全国最大的 B2B 电子商务网站，是全球首个企业注册用户超过 1.2 亿的平台。普通采购商可以在 1688 上找到任何自己想要的商品，这种商品类别大而全的优势是其他任何 B2B 电子商务网站所不具备的。

（3）1688 拥有完整的电子商务服务体系。1688 经历 20 多年的发展，现已构建了较为完整的服务体系，其通过支付宝、诚信通、数字营销、菜鸟物流等一系列服务，撑起了中小企业 B2B 采购服务链。同时，引入大量的淘宝商家来 1688 采购或批发商品，吸引了大量供应商。在自有生态体系建设下，1688 已经成为中国 B2B 电子商务市场的核心中坚力量。

三、1688 的经营模式分析

在创建之初，1688 的商业模式就非常明确，那就是通过服务中小企业来赚取利润。因此，在整个发展过程中，1688 始终定位于 B2B 平台，坚持不懈地面向国内广大中小企业推广自己的产品和服务。

（一）构筑综合性信息平台

1688 将自己定位为信息中介平台，专做信息流的相关产品和服务，在平台上汇聚了大量的市场供求信息。1688 还在充分调研企业需求的基础上，构建了大量独具特色的网站栏目。例如，商业机会、产品展示、公司全库、行业资讯、价格行情、以商会友、商业服务等。这些充满现代商业气息而又丰富实用的信息吸引了大量的商家访问网站。

（二）灵活的市场运作方式

在 1688 发展早期，很多中小企业对 1688 的商业模式还不熟悉，对电子商务还有很多质疑。为了吸引用户，1688 采取了"曲线发展"的经营策略：首先，放低会员的准入门槛，免费注册会员，赠送免费的产品展示空间、电子邮件，并提供大量免费的供求信息；其次，通过论坛汇聚商友，加强口碑效果，为网站带来了流量和人脉。

1688 利用适度的市场运作。例如，收购雅虎中国扩大品牌影响力，还通过投放电视广告等进行线下品牌营销活动，提升了品牌价值和知名度。

（三）提供会员服务及增值服务

1688 通过推出特色的付费会员服务和其他增值服务，不仅丰富了网上交易市场的服务项目，还使网站的收入来源更加多样化。

（四）进行生意经教育

为了让更多的网商了解电子商务、掌握电子商务的基本操作技巧，进而购买网站服务，1688 自 2002 年开始举办以"帮你上网做生意，让你生意更成功"为主题的全国系列会员培训会，还成立了名为"e 商之道"的专业培训机构。该机构的宗旨就是把电子商务的理念传遍全国，打消中小企业上网做生意的顾虑，为 1688 开拓市场创造了有利条件。2004 年"阿里学院"成立，旨在帮助中小型企业和广大网商真正掌握并成功运用电子商务理念和使用电子商务平台，提高企业的综合竞争力。

（五）直销与渠道并存的销售模式

2008 年以前，诚信模式的推广主要采用直销模式（包括电话推广、展会推广或线下登门拜访）。例如，1688 的目标客户每年都要加许多类似广交会之类的展销会议，阿里巴巴的推广人员就利用企业参加展会的机会进行一些低成本的推广活动。随着市场竞争的加剧，2008 年后，1688 开始尝试渠道推模式，招募渠道商帮助其推广"诚信通"产品。

四、案例总结与建议

（一）案例总结

1688 成功的第一步是抢先占领市场，通过初期的"免费会员制"快速吸引国内的中小企业入驻，并进行准确的定位，即绕开物流和资金流，专注信息流，提供海量的信息，使企业能够找到传统渠道无法获取的供求信息。在资金流相对容易解决的时候推出相应的接口工具——支付宝，占领先机并为自己的平台提供强有力的支撑。

该平台在商品与服务方面做得很好，不仅提供本土化特色服务，而且利用第一步成功开展了企业的信用认证。信用一直是电子商务的痛点，1688抓住这个关键问题，创新了中国互联网上的企业诚信认证方式——诚信通。

从 1688 的商业模式上看，其价值在于帮助中小企业解决经营中的各种难题，协助其完成某些经营环节的电子商务化。1688 利用自身强大的市场推广能力，把大量中小企业引入网站平台所构建的"托商所"，其聚合效应和规模效应愈发突出，在行业内建立了极高的竞争壁垒。随着 1688 品牌知名度的上升，品牌价值又促进了融资的便利，使其在发展的关键期不必受资金短缺的掣肘，迅速地进行市场推广，以及稳妥地处理股权结构问题，保证了市场占有率和公司控制权的稳定，最终成为中国电子商务 B2B 市场的"领航者"。

(二) 建议

第一，拓宽盈利模式。随着国内电子商务市场的发展成熟，网站新会员的增长速度放缓，1688 以会员费为主的盈利模式稍显乏力。除了会员费，1688 可以提供更多的付费服务，如专业培训、咨询服务等，以满足不同用户的需求。这些服务可以针对不同层次的用户，提供更为个性化的服务，增加收益。

第二，丰富产品的品类。1688 的采购方主要来自淘宝网的店铺，过分依赖淘宝网导致网站的产品类型集中在生活日用品等领域。1688 可以加大对工业原材料和非标准品等产品的推广力度，吸引更多的采购方。

第三，加大品牌建设。1688 上的企业信息泛滥，推广过于依靠精准营销，商家建立更大范围的品牌知名度的难度较大。因此，第一，1688 可以加大对站外推广渠道的投入，帮助中小企业扩大品牌知名度；第二，1688 可以尝试引入更多的创新营销方式，如社交媒体营销、内容营销等，以降低商家建立品牌知名度的难度；第三，1688 可以通过举办线上线下活动等方式，提高用户的参与度和黏性，从而增加商家的曝光率。

五、实训作业：撰写电子商务案例分析报告

根据收集的资料和分析的结果，撰写《慧聪网电子商务案例分析报告》。其中至少具备以下几个部分的内容：

①报告封面。

②慧聪网的基本情况汇总。

③慧聪网的商业模式、技术模式、经营模式、管理模式和资本模式（除

商业模式分析为必选项外，其他内容可择重点分析，资料较少可不写）。

④案例的总结与建议。

案例 2-2：京东——B2C 电子商务排头兵

一、京东的基本情况汇总

1998 年，京东成立，主要代理光磁商品。2004 年，京东正式涉足电子商务领域，同时京东多媒体网正式开通。2007 年，"京东多媒体网"正式更名为"京东商城"。2013 年，"京东商城"正式更换域名、标识和吉祥物。与此同时，"京东商城"也更名为"京东"（网站首页如图 2-5 所示）。2014 年 5 月，京东在美国纳斯达克证券交易所正式挂牌上市，是中国第一个成功赴美上市的综合型 B2C 电商平台。京东是中国电子商务领域受消费者欢迎和具有影响力的电子商务网站之一，在线销售家电、数码通信、电脑、家居百货、服装服饰、母婴、图书、食品、在线旅游等 12 大类数万个品牌百万种优质商品。2020 年 6 月，京东集团在香港联交所二次上市，募集资金约345.58 亿港元，用于投资以供应链为基础的关键技术创新，以进一步提升用户体验及提高运营效率。2022 年 7 月，京东位列 2022 年《财富》中国 500强排行榜第七名。

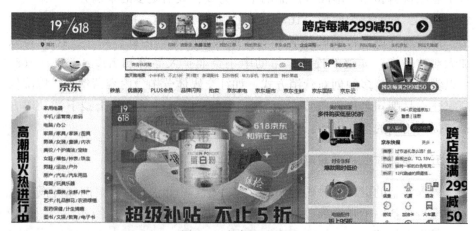

图 2-5　京东网站首页

二、京东的商业模式分析

(一)愿景及使命

京东早期的使命是"让购物变得简单快乐",2013 年企业使命升级为"让生活变得简单快乐",2018 年再次升级为"科技引领生活"。虽然京东的企业使命发生过多次变化,但企业的愿景一直是"成为全球最值得信赖的企业"。京东的价值观是"客户为先、诚信、协作、感恩、拼搏、担当"。京东秉承"客户为先"的经营理念,致力于为消费者提供丰富优质的产品、便捷的服务和实惠的价格,打造广大用户的优质网购入口。

(二)目标市场

京东的目标用户主要定位于强调交易效率、购物体验和商品品质的中高端网络购物客户。从需求上分析,京东的主要消费者是计算机、通信、消费类电子商品的主流消费人群;从年龄上分析,京东的主要消费者为 20~40岁的人群;从职业上分析,京东的主要消费者是公司白领、公务人员、在校大学生和其他网络爱好者。随着京东实现全品类经营,其用户群体已经扩展为绝大多数的网络消费者。现如今,无论是个人用户还是企业用户,无论是在校大学生还是上班族,无论是男性用户还是女性用户,无论是一二线城市还是三四线城市,京东都能覆盖,这表明京东的目标市场越做越大。

总体来讲,京东的目标客户分为两类:自营业务的目标客户主要是产品供应商及其他交易服务商;第三方平台的目标客户则包括第三方企业卖家和广告主。

(三)产品及服务

一直以来,京东在 3C 数码、家电、母婴、快消品等领域处于领先地位。京东除了自营业务,还逐步开放了第三方平台,并提供了许多其他服务,具体如下:

(1)零售业务。京东在线销售计算机、手机及其他数码产品、家电、汽车配件、服装与鞋类、奢侈品、家居与家庭用品、化妆品与其他个人护理用品、食品与营养品、书籍与其他媒体产品、母婴用品与玩具、体育与健身器材以及虚拟商品等多种品类。

(2)开放平台业务。自 2012 年起,京东就向第三方买家开放在线销售平台,允许其在京东上开设网店,并可灵活选择配送、物流、仓储等相关的交易服务。

(3)企业采购业务。截至 2019 年上半年,京东采购业务已经占据了我国企业电商化采购市场 51.2% 的份额,并同 96 家国资委直属央企实现了独家合作，世界 500 强企业中有 428 家企业选择京东企业采购服务。

（4）广告服务业务。广告主可以通过京东旗下的营销平台——"京准通"进行品牌或产品的推广，其服务包括以下几种。

①京东快车：是一款按点击付费的广告产品，站外提供搜狐首页、网易首页的展示位，而站内则在商品列表页、搜索页左侧等位置提供推广展现，其计费方式为 CPC（按点击计费）和 CPM（按每千次展现计费）。

②京东直投：是一款精准定向引流的付费广告产品。广告主通过京东直投可在百亿级腾讯流量中针对目标用户进行精准的广告推送。主要是在 QQ 空间、腾讯朋友网、QQ 客户端（QQ 秀）、每日精选页卡及腾讯网等处提供优质资源展位，其计费方式为 CPC（按点击计费）和 CPM（按每千次展现计费）。

③京选展位：汇聚了京东最优质的营销推广位，例如提供京东首屏 banner、一级类目 banner 等推广展位拥有海量的品牌曝光机会，其计费方式为 CPD（按展现天数付费）和 CPM（按每千次展现付费）。

④京挑客：是一种广告联盟推广方式，汇聚了购物分享、返利、娱乐等 15 种流量资源，其计费方式为 CPS（按实际成交金额付费，点击、展现均不扣费）。

（5）自营物流服务。2009 年，京东成立了自有快递公司，其物流配送速度、服务质量得以全面提高。京东分布在华北、华东、华南、西南的七大物流中心覆盖了全国各大城市。目前，京东将市场划分为华北、华东、华南、东北、华中、西南和西北 7 个区域，并且在北京、上海、广州、沈阳、武汉、成都和西安这 7 个城市建立了物流中心并设立中心仓。

（四）盈利模式

京东是以自营型 B2C 电子商务模式起步的，其盈利大部分源自直接销售收入，还包括第三方平台服务收入、广告收入和资金沉淀收入，下面分别进行介绍。

（1）自营商品收入。京东的自营业务主要是京东直接向厂家进货，通过京东平台进行网络销售，赚取采购价和销售价之间的差价。此外，厂商返点和其他补贴获利也是京东的一种盈利模式。

（2）开放平台收入。京东的开放平台为用户提供信息发布、交流，吸引第三方经营者开设店铺，京东为其提供技术服务并收取费用。开放平台的服务收入包括：平台使用费、保证金和软件交易服务费。2022 年，保证金根据商品品类的不同分为 30000 元、50000 元、60000 元和 100000 元 4 档，平台使用费一般为 1000 元/月。

（3）广告服务收入。京东为自营商品的供应商和开放平台的第三方经营者提供多样化的广告并收费。广告服务收入是京东重要的经营收入之一，包括展示广告收入、品牌促销收入、首发专场活动收入等。

（4）物流服务费。2012 年 1 月，京东正式开放物流服务系统平台，其物流系统除满足自身需求还对外提供物流服务，京东通过向第三方商家提供物流服务并收取一定的费用。

（五）核心能力

京东以"诚信"这个金字招牌打开市场，在商品价格、物流服务、在线服务、售后服务等方面将"品质京东"体现得淋漓尽致。

（1）商品价格更低廉。京东通过较低的价格从生产商、经销商处买入商品，降低了采购成本，因此能以低于市场的价格销售商品。

（2）物流服务质量高。京东采用自营物流模式，为用户提供物流配送、货到付款、移动 POS 机刷卡、上门取换件等服务。此外，京东还陆续推出了 211 限时达、次日达、定时达、自提、京尊达、京准达等服务。这些服务都大大提高了用户的购物体验，让京东在电商市场中更具竞争力。

（3）在线服务更周全。京东不仅为消费者提供了正品行货、机打发票等其他同类平台也具备的服务，而且推出了"价格保护""延保服务"等特色服务。

（4）售后服务有特色。除了传统的售后服务，京东还拥有自己的特色服务，包括售后 100 分、售后到家、上门换新、闪电退款、以换代修等，满足了消费者的不同需求。

三、京东的经营模式分析

为了更好地利用已有网站资源，也鉴于商品品类扩张的压力，京东商城逐步开放第三方平台，吸引第三方商家入驻，在开展自营业务的同时兼顾第三方平台业务。京东的第三方平台依附于京东的自营体系，商家的黏性较高。为了避免商品同质化，为消费者提供更优质的服务，相较于其他平台的数百万商家入驻量，京东有意控制商家数量，只有数万商家入驻。

（一）京东店铺合作模式

目前，京东的第三方开放平台为商家提供了 4 种合作模式，即 FBP、SOP、LBP 和 SOPL 模式，下面分别进行介绍。

FBP 模式是一种全托管模式，京东为商家提供一个独立操作的后台，商家需要负责提供商品信息上传、咨询答复、商品推广宣传等事宜。京东则提供仓储来管理销售商品，完成购物订单配送和收款，并开具发票给消费者。这种模式需要商家拥有足够的备货能力。

SOP 模式是一种京东提供的电子商务平台，允许商家通过该平台自主完成商品信息上传、展示、商品定价、咨询答复、商品销售、发票开具、物流配送服务及售后服务等操作。该模式主要适用于拥有完备的货物、仓储和配送资源的商家，它们可以通过这个平台直接管理自己的商品销售和物流配送等方面，实现更高效地运营。

LBP 模式是一种京东配送方式，该模式允许商家在消费者下单后将商品发送到消费者附近的京东分拣中心，然后由京东负责进行配送。这种模式主要适用于库存比较紧张、商品种类繁多、需要快速送达的商家，比如服装、鞋类等商家。

SOPL 模式是一种京东提供的电子商务后台服务，该模式允许商家通过京东提供的独立操作后台，自主完成商品信息上传、展示、商品定价、咨询答复、商品销售、发票开具等操作，同时将配送和客服等环节交由京东负责。

(二)京东店铺入驻类型

商家入驻京东，填写入驻申请时，需要选择入驻的店铺类型，并提交相关资质证明。京东的店铺主要有旗舰店、专卖店、专营店 3 种类型。

(1)旗舰店：指商家以自有品牌(商标为 R 或 TM 状态)，或由权利人出具的在京东开放平台开设品牌旗舰店的独占性授权文件(授权文件中应明确独占性和不可撤销性)，入驻京东开放平台开设的店铺。

(2)专卖店：指商家持他人品牌(商标为 R 或 TM 状态)授权文件在京东开放平台开设的店铺。

(3)专营店：指经营京东开放平台相同一级类目下两个及两个以上他人或自有品牌(商标为 R 或 TM 状态)商品的店铺。

四、案例总结与建议

(一)案例总结

京东的成功离不开其自营物流模式，它除了自建物流，还与第三方物流分工合作。京东经营的品类丰富，产品有保障，它除了通过自采自营来保障产品的品质，对平台上入驻的商家也极为严格。京东与腾讯的合作也极为重要，它不仅为京东带来了巨量的流量支持，还极大提升了用户的购物体验，触达更广泛的用户群体，并不断扩大京东在移动电商市场上的份额。此外，京东围绕零售市场，不断加大技术投入，优化其对产品流通各环节的管理能力，赢得了广大消费者的信赖，最终成为网络销售模式中最具代表性的电子商务企业。

（二）建议

京东在电子商务领域面临着日益严峻的市场竞争。例如，传统线下零售巨头如苏宁易购进军电子商务市场，社交电商平台拼多多后来居上，以及天猫商城在物流服务和售后服务方面的加大投入，都对京东的市场份额带来了冲击。随着京东增长速度的放缓，以及在其他新兴领域的投资加大，其库存周转率和应付账款周期可能会受到影响，进而影响其核心竞争力。因此，京东需要深化并开放其在电子商务前后端的服务能力，以增加除产品销售盈利之外的其他收入来源。

此外，随着线上线下的消费场景不断融合，消费场景变得越来越多元化和碎片化。京东需要思考如何打破仓储、物流、技术、营销等环节之间的链条，以更加模块化的方式快速响应消费者的需求，即实现去中心化。只有如此，京东才能更及时地捕捉到消费者的需求并迅速提供服务。

五、实训作业：撰写电子商务案例分析报告

根据收集的资料和分析的结果，撰写《每日优鲜电子商务案例分析报告》。其中至少具备以下几个方面的内容。

①报告封面。

②每日优鲜的基本情况汇总。

③每日优鲜的商业模式、技术模式、经营模式、管理模式和资本模式（除商业模式分析为必选项外，其他内容可择重点分析，资料较少可不写）。

④案例的总结与建议。

案例 2-3：淘宝网——C2C 电商模式

一、淘宝网的基本情况汇总

淘宝网是亚太地区较大的网络零售、商圈，由阿里巴巴集团在 2003 年5 月创立，淘宝网的主页如图 2-6 所示。随着淘宝网规模的扩大和用户数量的增加，淘宝网也从单一的 C2C 网络集市变成了包括 C2C、团购、分销、拍卖等多种电子商务模式在内的综合性零售商圈，目前已经成为世界范围的电子商务交易平台之一，其发展历程如下：

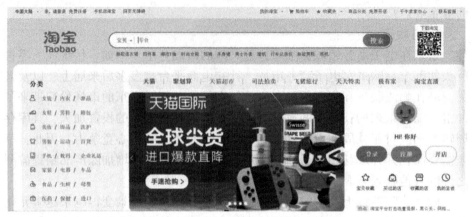

图 2-6　淘宝网首页

◇　2003 年 5 月 10 日，淘宝网成立，10 月推出第三方支付工具"支付宝"，以"担保交易模式"使消费者对淘宝网上的交易产生信任。

◇　2004 年，推出"淘宝旺旺"，将即时聊天工具和网络购物相联系。

◇　2007 年，淘宝网不再是一家简单的拍卖网站，而是亚洲最大的网络零售商圈。

◇　2008 年，淘宝 B2C 新平台淘宝商城上线。

◇　2010 年 1 月 1 日，淘宝网发布全新首页，此后聚划算上线，然后推出一淘网。

◇　2011 年 6 月 16 日，阿里巴巴集团旗下的淘宝公司分拆为三个独立的公司，即沿袭原 C2C 业务的淘宝(Taobao)，平台型 B2C 电子商务服务商淘宝商城(Tmall)和一站式购物搜索引擎一淘网(etao)。

◇　2012 年 1 月 11 日上午，淘宝商城正式宣布更名为"天猫"。

◇　2021 年 10 月 12 日，淘宝在双 11 前发布的最新版本(10.4.10)中，已正式上线"长辈模式"。

◇　2022 年 1 月，淘宝直播发布 2022 年度激励计划，支持中腰部及新达人的成长。

◇　2022 年，阿里旗下淘宝 App 完成信息无障碍改造，未来将持续投入、升级标准。

二、淘宝网的商业模式分析

(一)愿景及使命

2002 年淘宝网成立之初，宣称其使命是"没有淘不到的宝贝，没有卖不出的宝贝"。2008 年淘宝网五周年之际，明确其终极目标是"成为全球零售业的巨头"。淘宝网的使命就是"建设开放、协同、繁荣的电子商务生态系统，促进新商业文明"。

(二)目标市场

淘宝网的目标客户分为三类：个人卖家、个人买家和网商。这三个类别共同构成了淘宝网的目标客户群体，也是淘宝得以持续发展的关键所在。对于淘宝网来说，了解和满足这些不同客户群体的需求，提供更优质的服务和产品，是其持续发展和成功的重要保障。

(1)个人卖家：个人卖家在淘宝网上开店，销售各种商品。这些卖家可能是从传统的实体店转型到线上，也可能是直接在淘宝网上开店的新一代创业者。他们利用淘宝平台提供的在线交易和支付系统，方便快捷地向个人买家销售自己的产品。

(2)个人买家：个人买家是淘宝网最重要的目标客户群体。淘宝网作为一个综合性的电子商务平台，提供了大量种类繁多的商品，从日常生活用品到高科技产品，无所不包。这些个人买家利用淘宝网进行购物，满足自己的消费需求。他们可能是年轻的网络购物者，也可能是习惯于在线购物的中老年人群。

(3)网商：尽管天猫商城已经从淘宝网中分离出去，但淘宝平台上依然聚集了大量的中小企业网商。这些网商在淘宝网上开设店铺，进行在线销售，将产品销售给个人买家。对于中小企业来说，利用淘宝平台可以节省大量的传统渠道成本，同时也可以获得更广阔的市场和销售机会。

(三)产品及服务

淘宝网为注册用户提供网络购物平台，其主要产品和服务包括为买家提供的商品的搜索、信息的分享、商品的购买以及信息交流等服务，以及为淘宝卖家和企业网商提供的广告服务、店铺装修、店铺管理等服务。淘宝网发展至今，其服务范围、种类和产品非常丰富和全面。

1. 产品

淘宝网提供的商品从汽车、电脑到服饰、家居用品，珠宝手表分类齐全，除此之外还设置了网络游戏装备交易区，虚拟货币交易区，文化玩乐，生活服务等。目前淘宝平台的销售产品类型已经从手机、笔记本、化妆品为主逐步扩展到话费充值卡、衣服、食品、宠物食品等日常生活用品等。

2. 服务

(1)阿里旺旺：淘宝官方推荐买家与卖家之间使用阿里旺旺进行交流，阿里旺旺是淘宝网推出的一款 IM(即时聊天)工具，该软件可以保存双方的聊天记录。淘宝网支持阿里旺旺的聊天记录可以作为交易纠纷的法律依据使用。

(2)支付宝：支付宝是淘宝官方推荐使用的支付工具，是淘宝交易安全体系的重要组成部分。在交易中，买家会先将钱款支付给支付宝，此时钱款由支付宝负责保存，并不立刻支付给卖家，等待卖家货物运达，买家验货表示满意时才将钱款打入卖家账户。如果发生交易纠纷，双方可提交快递单复印件和商品照片等交易证明，由淘宝网仲裁是否将钱款打入卖家账户或者退还给买家。

(3)交易安全：淘宝网要求卖家开设网上店铺之前必须通过实名验证，即必须提交身份证号等可以证明卖家真实身份的信息，以便发生交易纠纷时帮助交易双方通过法律途径解决问题。

(4)信用制度：淘宝网采用交易完成后买家与卖家相互打分互评方式进行信用制度评定。信用评级分为"好评""中评"和"差评"三个等级。另外，买家还可以对物流公司、卖家发货速度、商品与卖家描述相符程度三项指标进行0~5分的匿名评价，这项评价是可选的。卖家获得的评分将在网上店铺中显示，供买家参考。

(四)盈利模式

淘宝网之所以在庞大的电子市场中一路领先，主要依靠其独特的盈利能力，例如网络广告、佣金和软件租金分成等。

1. 广告收入

淘宝网作为一个电子商务平台，为卖家提供了多种宣传和推广商品的方式，其中包括多种板块打网络广告的措施。例如，搜索页面的直通车关键词竞价排名、首页的焦点图和关联图等都是淘宝网为卖家提供的广告模式。直通车关键词竞价排名是指在买家搜索商品时，愿意为某个关键词出价的卖家会在搜索结果页面的前面展示。这种广告模式可以帮助卖家提高商品的曝光率和点击率，从而促进销售。首页焦点图和关联图则是淘宝网为卖家提供的另一种宣传推广方式。这些广告位通常显示在淘宝网的首页或其他流量较大的页面上，能够吸引更多的用户点击并进入卖家的店铺和商品页面。

这些广告模式是淘宝网目前最主要的广告模式，它们对于淘宝网的盈利和卖家的营销策略都非常重要。通过这些广告模式，淘宝网可以向卖家收取一定的广告费用，从而实现盈利。同时，这些广告模式也可以帮助卖家提高商品的知名度和销量，从而实现双赢。

2. 插件租金收费

虽然淘宝网为卖家提供了免费开店的途径，但经营过程中需要使用各种插件，这些插件有些是免费的，有些需要收费。但若要更好地经营店铺，一般需要购买相关的插件，如图片空间、网店版本、装修工具、统计分析工具和促销工具等，这些插件基于淘宝网庞大的卖家群体，一经推出就会引起卖家试用，进而购买这些插件，为淘宝网带来了稳定的现金流。

3. 佣金

淘宝网开发的支付宝支付系统不仅能在淘宝网中使用，也能在其他购物网站中使用，但这些网站需要根据网上交易的比例缴纳费用。此外，淘宝网还引入了"消费者保障计划"（Consumer Protection Plan，CPP）。这个计划需要卖家缴纳一定的诚信押金，通常为 1000 元人民币。这笔押金是淘宝网为了保护消费者权益而设立的一种保障措施。如果卖家在经营过程中出现违规行为或纠纷，这笔押金可以用于对消费者进行赔偿。

4. 在线软件租金分成

淘宝网中的插件软件并不全是淘宝自己开发的，而是第三方软件开发公司开发的在线工具。如果第三方软件开发公司开发的在线工具在当年的累计销售收入超过了 15 万元，那么需要向淘宝网支付该年销售总收入中超过 15 万元部分的 45% 作为分成费用。这种合作方式可以帮助淘宝吸引更多的第三方软件开发公司来开发优秀的在线工具，从而提升平台的服务质量和用户体验。同时，也可以帮助第三方软件开发公司获得更多的销售机会和收入来源，从而实现共赢。

（五）核心竞争力

淘宝网作为亚太地区较大的网络零售商，其核心竞争力主要体现在以下几个方面：

1. 技术、技能优势

淘宝网依托阿里巴巴集团雄厚的技术和先进的理念，率先采取了许多创新措施，这些创新举措基本成为了行业的规范和发展方向。淘宝网的技术技能优势主要表现在以下几个方面：首先，淘宝网拥有强大的技术研发能力，不断推出各种新的功能和服务，如淘宝 App、淘宝直播等，这些功能和服务极大地提升了用户体验和购物效率。其次，淘宝网拥有先进的数据分析能力，通过对用户行为和消费数据进行分析，能够准确掌握消费者的购物需求和购物习惯，为精准营销提供了强大的支持。

2. 有形资产优势

阿里巴巴集团充裕的现金流为淘宝网的发展提供了强大的后盾。淘宝网在发展过程中，依托阿里巴巴集团的财务实力和资金支持，能够快速扩张和发展。同时，阿里巴巴集团还为淘宝网提供了丰富的资源支持，如物流、支付等基础设施的建设，为淘宝网的发展提供了强大的后援支持。此外，阿里巴巴集团还实施了"大淘宝战略"，将淘宝网打造成为全球最大的电子商务生态系统之一，为淘宝网的发展提供了政策保障和资源支持。

3. 无形资产优势

淘宝网的品牌形象和影响力在中国市场受到极大的关注。"淘宝"已经成为人们的口头语，这有利于口碑营销和品牌传播。淘宝网在品牌建设方面的成功得益于其始终坚持用户至上的原则，不断优化用户体验，通过多种营销活动和创意设计打造独特的品牌形象。此外，淘宝网在用户口碑传播方面也较为出色，通过用户评价、社交媒体等渠道收集用户反馈并及时改进，不断提升用户的满意度和忠诚度。

三、淘宝网的经营模式分析

（一）免费推广策略

淘宝网成立伊始，就坚持认为中国当前的网购市场还不成熟，消费者无法接受收费服务，坚持全面推广免费策略，在极短的时间内吸引了巨大的顾客群体，迅速地抢占市场并进行了市场扩张。

（二）支付系统

支付宝账号和淘宝账号关联，在申请淘宝账号时一并生成。支付宝作为第三方支付平台，使得买家可以在收到货并确认与网上信息无误后付款，极大地提高了网络交易的安全性。淘宝还支持多种交易方式，比如信用卡消费、货到付款等。

（三）信用评价体系

淘宝网自创立之初就意识到网上交易的关键是解决诚信问题，因此一开始就建立了平台的信用评价体系。在交易完成后，淘宝会邀请买家对卖家进行打分，包括商品评价、物流服务和服务态度等，均是五星制打分。消费者可在确认收货后的 15 天内，对店铺进行评分，淘宝平台利用买家反馈的信息，更新卖家的信用和积分，为后来的消费者提供参考信息。同时，淘宝也会让卖家给买家打分，包括买家的信用和好感度等，也为以后与之交易的卖家提供参考。

（四）其他

淘宝网还提供消费者维权通道、售后保障等，对于售后纠纷进行处理，为维护消费者的合法利益提供帮助。

消费者维权通道是指淘宝网为消费者提供的投诉、申诉和纠纷解决途径。消费者可以在淘宝网上提交投诉，说明自己的问题和诉求，淘宝网会及时受理并尽快给出回复和处理意见。如果消费者与卖家之间存在争议或纠纷，淘宝网会介入其中，协调双方解决问题，保障消费者的合法权益。

售后保障是指淘宝网为消费者提供的售后服务保障措施。淘宝网要求卖家提供一定期限的售后服务，如退换货、维修等。如果消费者在购买商品后遇到问题或故障，可以联系卖家进行售后服务。如果卖家未能履行售后服务承诺或存在其他问题，淘宝网将会介入并协助消费者解决问题，保障消费者的合法权益。

四、案例总结及建议

（一）案例总结

淘宝网商业模式的成功主要归因于以下几个方面：

1. 本土化的 C2C 模式

淘宝网最初商业模式是 C2C 模式，即"消费者对消费者"模式，它为消费者提供了一个安全、高效、便捷的交易平台，也为中小商家提供了一个展示和营销的机会。这一模式的设计在很大程度上满足了中国年轻消费者的需求，特别是早期的免费策略使得淘宝网在短时间内迅速崛起。

2. 多元化细分产品体系

淘宝网通过不断地拓展产品体系，涵盖了人们日常生活的方方面面，满足了不同年龄段和消费需求的消费者。这种多元化细分的产品体系，使得消费者能够在淘宝网上找到自己所需的各类商品和服务，从而提高用户的黏性和满意度。

3. 引领节日消费潮流

淘宝网通过创造节日购物狂欢，如"双 11""双 12"和"年货节"等，提高消费者的购物积极性和购买欲望。这些购物节日不仅带动了销售额的快速增长，还为整个电子商务行业树立了榜样。

（二）发展建议

1. 与线下企业的深度合作，应对消费升级

随着人民生活水平的不断提升，人们的消费需求不再是简单的低价，网购商品的质量和服务如果过差将会倒推消费者转向传统销售市场。消费升级将会促使电商企业优胜劣汰，提供更高质量的产品和更高质量的服务是其在激烈的市场竞争中立于不败之地的关键。淘宝网与线下企业的深度合作模式，不仅有助于拓展销售渠道、提升品牌形象，也能降低成本和提高售后服务质量。

2. 农村淘宝市场、海外市场的开拓

在过去的几年中,淘宝网已经通过千县万村计划和天猫国际的建立,积极开拓了农村市场和海外市场。这些市场开拓的努力为淘宝网带来了新的增长机会和用户群体,同时也满足了不同消费者的需求。这些市场开拓策略的成功实施,不仅扩大了淘宝网的用户基础和销售额,也提升了品牌影响力和市场竞争力。未来,随着国内消费者对海外商品的需求不断增长和电子商务技术的不断进步,淘宝网可以继续深化海外市场的布局,提供更多优质的海外商品和服务。同时,随着农村市场的不断拓展,淘宝网也可以继续关注农村消费者的需求和特点,通过精准营销、定制化商品和服务等方式,提高农村消费者的购物体验和满意度。

五、思考题

①你认为淘宝网的信用评价系统如何?
②如何解决淘宝平台的商品质量问题?

案例2-4:美团网——O2O 生活服务平台

一、美团网的基本情况汇总

美团网(如图2-7所示)是中国领先的生活服务电子商务平台,成立于2010年3月4日,由王兴创办。该网站主要提供美食、酒店、电影等优质服务,拥有美团、大众点评、美团外卖等消费者熟知的 App。美团网的服务涵盖餐饮、外卖、生鲜零售、打车、共享单车、酒店旅游、电影、休闲娱乐等200多个品类,业务覆盖全国2800个县区市。

近年来,美团网聚焦"零售+科技"战略,与广大商户和各类合作伙伴一起,努力为消费者提供品质生活,推动商品零售和服务零售在需求侧和供给侧的数字化转型。此外,美团网始终坚持以客户为中心,不断加大在科技研发方面的投入,以更好地承担社会责任、更多地创造社会价值、与广大合作伙伴一起发展并实现共赢。

2023 年,美团网的各项业务保持稳定增长。在服务零售方面,美团也取得了稳步复苏的好态势。其中,美团闪购业务保持强劲增长势头,日订单量峰值再次突破1100万,年活跃商家数同比增长30%。另外,在线营销服务收入和来自新业务的收入也有所增加。

图 2-7　美团官网首页

二、美团网的商业模式分析

(一)愿景及使命

美团网是一家在生活服务领域具有领先地位的科技公司,其愿景和使命都是围绕着为消费者提供更好的生活服务展开的。

美团网的愿景是"把世界送到消费者手中",这个愿景展现了美团网的野心和目标,即通过科技手段,将世界各地的优质商品和服务送到消费者手中,让消费者能够更加方便、快捷地享受到各种生活服务。这个愿景的实现需要依靠人工智能等高科技手段的支撑,同时也需要美团网在生活服务领域的深厚积累和资源整合能力。

美团网的使命是"帮大家吃得更好,生活得更好",这个使命表达了美团网的初心和责任,即通过提供优质的生活服务,让消费者能够吃得更好、生活得更好。美团网在生活服务领域的覆盖面很广,包括外卖、到店、酒店、旅游等,这些业务都与人们的日常生活息息相关,美团网通过提供这些服务,帮助人们省去了繁琐的生活琐事,让生活变得更加便捷和高效。

美团网的价值观是"以客户为中心　正直诚信　合作共赢　追求卓越",这些价值观是美团网行事和经营的基础。其中,"以客户为中心"是指美团网始终将客户的利益放在首位,通过不断优化服务来满足客户的需求;"正直诚信"是指美团网始终坚持诚信经营、遵守商业道德规范,不欺骗客户、不侵犯客户权益;"合作共赢"是指美团网始终坚持与合作伙伴、供应商等共同发展、互利共赢;"追求卓越"是指美团网始终追求卓越的业绩和创新,不断提升自身的核心竞争力。

(二)目标市场

美团网服务于大众用户市场,目标群体为 18~40 岁,接受过一定文化教育的中产或者中产以上的阶层。这部分人群具有强大的消费力,也是当今网民的主体。美团网的客户定位比较清晰。

(1)线上顾客:线上顾客又分为线上已消费顾客和线上未进行消费顾客两类,线上已消费顾客既是当前美团网的主要顾客群体。

(2)线下顾客:线下顾客和线上尚未进行消费顾客构成了美团网潜在客户群体,对于这类顾客,美团网充分利用现有顾客网络进行"顾客关系管理",推出"返利活动"进行市场推广,人们可以通过这些平台帮美团网介绍给更多的人。

(三)产品及服务

该平台以客户为中心,为消费者提供外卖、酒店、电影、民宿、公益等吃喝玩乐一站式生活服务。美团网向消费者推荐多种优质且物超所值的本地生活服务,同时致力于帮助消费者发现好玩、新鲜的生活方式。

(1)外卖:美团外卖是美团旗下最主要的业务,提供即时配送服务,是全球领先的餐饮外卖服务提供商。

(2)酒店:美团酒店是美团旗下的综合住宿服务平台,也是中国最大的移动端酒店预订平台,第二大酒店分销平台。

(3)电影:猫眼电影是美团旗下一家集媒体内容、在线购票、用户互动社交、电影衍生品销售等服务的一站式电影互联网平台,是中国最大的电影 O2O 平台。

(4)民宿:美团民宿是国内领先的住宿分享平台,专注为旅行者提供个性化民宿住宿体验,为个人房东提供营销、售卖、线下保洁等服务。美团民宿 App 于 2017 年 4 月 12 日正式上线,目前覆盖北京、上海、广州、深圳、成都、杭州、重庆、苏州等 300 多个热门旅游城市,房源数量达 70 万套。

(5)公益:美团公益平台由美团发起,定位于"互联网+公益"服务平台,通过创新科技为慈善组织提供均等化、精准化信息发布和募捐服务的同时,为网民搭建安全、简单、便捷的公益捐赠渠道,推动中国公益慈善事业发展,共创美好生活。

(四)盈利模式

美团网的收入来源主要是佣金收入、广告收入和配送收入等方式。具体方式如下:

（1）佣金收入。从商家服务费、产品宣传费用中提取佣金的方式是美团网最基本的盈利模式。与国外的团购网站直销的模式不同，美团网充当组织者的中介作用，为合作的商家提供网络推广，通过商家所销售的产品，从总额中抽取一定的佣金。

（2）广告收入。广告收入是美团网盈利的一部分收入，美团针对外卖商家积极推出了线上营销产品和服务，越来越多有能力的外卖商家或品牌商利用美团外卖平台展开营销，美团外卖业务收入中营销收入的占比持续提升，广告收入提点率提升将推动总体提点率提升，并带动单均收入提升。

（3）配送收入。配送费收入是美团外卖的主要营收来源。目前对于这家刚破千万订单的外卖平台而言，探索规模化的盈利渠道，实现长期盈利将是接下来重点努力的方向。

（五）核心竞争力

1. 品牌优势

美团网于 2010 年成立，业务模式最初为 O2O 团购。美团品牌为美团外卖提供了品牌背书，美团网客户量从而轻松地向美团外卖进行了客户引流，汇聚大量客户进行新的消费，美团外卖赢得了广泛好评。2017 年美团网推出海外酒店、"美团打车"、榛果民宿。同年 9 月，美团旅行 App 上线。这些方面与原有的团购和外卖一起发展，形成协同效应，多角度联动发展。当下，美团正在打造一款集团购、外卖、打车、跑腿、旅游、酒店等多领域服务于一体的休闲娱乐平台，建立品牌矩阵。

2. 顾客忠诚度高

美团的客户满意度高于行业平均水平，并打败了其主要竞争对手百度外卖与饿了么。与此同时，美团客户的推荐意愿也高于行业平均水平。超过一半的美团外卖客户愿意或非常愿意向周围人推荐此外卖平台。由此可以得出，美团外卖的客户满意度最高，其顾客更愿意把此软件推荐给其他人，美团外卖的顾客对该软件的忠诚度最高。

3. 服务质量高

为保证服务质量水平，美团自主研发了"天网"和"天眼"两个系统。"天网"系统是美团将入网经营商户的信息进行数字化处理的电子档案系统，能将商户的证照资质与政府系统对接，方便国家监督管理部门了解商户的情况。而"天眼"系统主要用来收集消费者的评价、评分，形成一个餐饮业市民评价大数据系统。由于美团外卖完整的信息系统，优质高效的配送服务，在各大外卖软件中，美团外卖口碑相对较好，客户满意度越高，忠诚度越高，客户会选择二次消费，从而形成良性循环。

三、美团网的经营模式分析

O2O 的主要模式就是线上订购、线下消费，是消费者线上进行商品订购，再到线下实体店进行现实消费的购物模式。这种新型电商模式能够吸引更多热衷于实体店购物的顾客避免遇到传统网购的以次充好、图片与实物不符等虚假信息的现象，导致自身的正当权益受到损害。

（一）产品策略

美团网推出的产品类型主要有美食、酒店、休闲娱乐、生活服务类等。在选择商家时，其内部有一道相当严格的审批程序，偏重选择一些具有知名度的商家，从而保证产品质量和服务水平，也不需要再花大力气去宣传和推广。

（二）价格策略

美团网坚持低价策略，正好迎合消费者偏重同质低价商品的心理。以低于市场价的团购价格，刺激消费者购买欲望，很多在消费者心中可望不可即的品牌或商家在团购价的优惠下成为普遍消费得起的商品。

（三）渠道策略

美团网采用了线上与线下相结合的模式，客户通过在线支付团购成功后，将会收到美团网发送的电子消费券。除此之外，美团也提供实物商品的团购服务，这些商品由商家发货并通过物流公司送达消费者手中。然而，美团网的核心业务是服务型团购，并不需要担心物流、运输和仓储等问题。

（四）促销策略

美团网运用广告、抽奖、邀请返利等营销策略来推广团购活动。以邀请返利为例，当用户成功购买商品后，复制购买链接并分享给自己的好友，好友在规定期限内通过该链接成功购买商品，用户便能获得一定的返利。这种策略有效地激励了老用户积极发掘新用户，从而帮助美团网不断扩大用户群体，提高品牌影响力。

四、案例总结与建议

（一）案例总结

美团网是一家提供城市生活服务的综合性平台，其商业模式的成功主要体现在以下几个方面：

（1）团购模式：美团网为消费者提供团购服务，让消费者以更低的价格购买商品或服务。同时，商家也可以通过美团平台吸引更多消费者，提高销售额。

（2）外卖模式：美团网为消费者提供外卖服务，让消费者可以在家或办公室享受美食。商家则可以通过美团平台扩大销售渠道，提高销售额。此外，美团还提供跑腿、代买等服务，满足消费者更多的生活需求。

（3）旅行模式：美团网为消费者提供旅行服务，包括机票、酒店、景点门票等。消费者可以在美团平台上预订旅行产品，享受更优惠的价格和更便捷的服务。

（4）到店消费模式：美团网为消费者提供到店消费服务，让消费者可以在平台上查找附近的餐厅、电影院等商家，并享受优惠价格。商家则可以通过美团平台吸引更多消费者，提高销售额。此外，美团网还提供预约、排队等服务，满足消费者更多的消费需求。

（二）建议

针对美团网的商业模式的不足之处提出如下建议：

（1）加强与商家的合作：美团可以与商家建立更紧密的合作关系，提供更多支持和帮助。例如，为商家提供数据分析、营销方案等服务，帮助商家提高经营效率；与商家共同开展促销活动，提高双方的销售额；为商家提供培训和指导，帮助他们更好地利用美团平台等。

（2）提升用户体验：美团可以不断优化平台功能，提高用户体验。例如，提供更便捷的支付方式、更完善的售后服务、更精准的推荐服务等；加强平台的稳定性和安全性，保障消费者的信息安全；定期收集用户反馈和建议，不断优化平台功能和服务等。

（3）加强技术研发：美团可以加强技术研发，提高平台的智能化水平。例如，通过人工智能等技术为消费者提供更精准的推荐服务；通过大数据分析为商家提供更有效的营销策略；通过云计算等技术提高平台的处理能力和稳定性等。

（4）拓展国际市场：美团可以拓展国际市场，将商业模式复制到海外市场。例如，在海外市场开展团购、外卖等业务；与海外合作伙伴建立合作关系，共同推广美团品牌；针对海外市场进行产品和服务的本地化改造等。

（5）加强品牌宣传：美团可以加强品牌宣传，提高品牌知名度和美誉度。例如，通过各种媒体和渠道进行广告宣传；与知名品牌或人士进行合作推广；参与公益活动或社会责任项目等。

五、思考题

①美团网推出美团优选意义何在？
②美团网如何应对消费升级，未来该如何变革？

第3章 新零售案例分析

【学习目标】

通过对本章的学习，了解新零售概念提出的背景、产生的原因和发展趋势，重点掌握新零售的内涵和特征，理解新零售发展的主要模式，了解智能零售、无界零售等相关概念；通过相关案例分析，深刻理解新零售模式在各行各业的实践与运用。

【引导案例】

超级物种——小米之家，创造高频消费场景①

2016 年，小米之家开了 51 家店，几乎是每个 Shopping Mall 里人流量最大、销售额最高的单店。每个店平均 250 平方米，平均达到 1000 万美元/年的销售额，目前"小米之家"的坪效(每平方米的销售额)排在世界第二，仅次于 Apple 的零售店。

2013 年，雷军启动"小米生态链"计划，预计 5 年内发展 100 家创业公司，初衷是想在它们身上复制小米模式，实则小米生态链是小米构建其生态系统的战略一步。目前，小米生态已经连接激活超过 5000 万台设备，小米生态链企业数量已经达到 77 家，年收入高达 150 亿元，其中 5 家成为估值超过 10 亿美元的独角兽。

---

① 《超级物种——小米之家，创造高频消费场景》，https：//www.hishop.com.cn/xls/show_ 34866.html。

小米生态链产品的全新品牌：米家(小米智能家庭)应运而生。Logo 由"米家"拼音首字母组成，形如可信赖的盾牌，又形如充满生活趣味的猫。品牌理念是：做生活中的艺术品！串起每个人生活的点点滴滴。

小米生态链是一个基于企业生态的智能硬件孵化器，以小米手机为核心，生态链企业为周边，结盟、投资企业为外围的"小米生态"结构战略，其基本打法是："入资不控股，帮忙不添乱"的投资逻辑、以工程师为主的投资团队、矩阵式全方位孵化，成为全球智能硬件领域产品出货量最大、布局最广的生态系统。

小米生态链投资是一种赋能型投资模式，由小米公司输出做产品的价值观、方法论，对接团队需要的、小米拥有的电商、营销、品牌等资源，围绕小米公司本身建立起一系列矩阵，产品包括智能可穿戴设备、净水器、空气净化器、平衡车、插线板等。

小米的生态链更是一个共享经济体平台，具有产业放大器的效应，借助于小米的品牌(软硬件+互联网服务)、1.5 亿的用户群、自有渠道(小米网和小米之家)、供应链支持、投融资的支持(基金和银行)和社会影响力，好的团队和项目放上去，以提升创业企业的能力。很多创业公司在走进生态链后，得到小米的背书，共享庞大的小米用户基础，共享营销渠道，共享供应链，品牌很快推向市场，然后被用户熟知。

"小米之家"将生态链的所有企业团结起来，围绕消费者的智能家居生活，具有丰富的品类宽度。这一点，很多用户不理解，他们认为小米好像不够专注了。其实，这是对小米商业模式的不了解。

不管你喜欢与否，一场有关新零售的革命就这样在全球范围浩浩荡荡地开始了……

第一节　新零售的内涵及特征

一、新零售的内涵

2016 年 10 月，阿里巴巴创始人马云在杭州云栖大会上首次提出"新零售"这一概念。他认为，纯电子商务时代已经过去，未来 10 年、20 年"电子商务"将会淘汰，取而代之的是线上、线下与物流融合的"新零售"时代。

2016年"双十一"，阿里CEO张勇对"新零售"的阐述更加系统、清晰，他认为新零售是用大数据和互联网重构"人、货、场"等现代商业要素形成的一种新的业态（见图3-1）。阿里更是将2017年定义为"新零售元年"，以突出这种新的零售模式的重要地位。

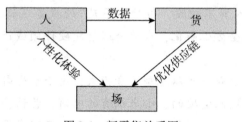

图3-1　新零售关系图

无论是新零售还是传统零售，均离不开"人、货、场"这三个要素，只是在不同的技术环境下，侧重点略有不同而已。电子商务出现之前，传统的线下零售以"场"为核心，而新零售则是要通过融合线上与线下渠道，重塑人、货、场三者之间的互动关系。新零售时代，首先要回归零售本质，实现以"人"为本，一是基于消费大数据进行客户画像，有助于了解消费者的深层次需求，无限触达消费者内心；二是通过个性化推荐技术提升消费者的购物体验，进而逆向驱动供应链。其次，"货"也应该由大规模生产转向小众化定制模式，以满足消费者个性化的需求，通过商品的数字化呈现，增强商品与消费者的互动性。最后，"场"强调更加多元化的消费渠道和更加智能化的消费场景，促使线上线下有机结合起来。

所谓新零售，即企业以互联网为依托，运用大数据、人工智能等先进技术手段，对商品的生产、流通与销售过程进行升级改造，进而重塑业态结构与生态圈，并对线上服务、线下体验以及现代物流进行深度融合的零售新模式。此外，有学者也提出新零售就是将零售"数据化"。线上消费者信息能以数据化呈现，而传统线下消费者信息数据化难度较大。不管如何去定义新零售，新零售都可总结为"线上+线下+物流，其核心是以消费者为中心的会员、支付、库存、服务等方面数据的全面打通"。

"新零售"一出，各零售和电商"大咖"都对新零售提出了自己的见解，"无界零售""智慧零售"等新词也应随之出现，如表3-1所示。

表 3-1　　　　　　　　　　各零售和电商"大咖"对新零售的见解

名词	公司	理　解	时间
新零售	阿里巴巴	阿里巴巴零售行业要将线上、线下、物流、数据有机结合，以人为本，为消费者提供更加个性化、定制化的服务	2016 年 10 月 13 日
	小米	新零售就是效率革命，新零售的需求是结合线上线下，用互联网的思维来帮助实体零售转型升级，改善消费者体验，提高效率	2016 年 10 月 13 日
无界零售	京东	从后端来讲，无界零售的核心是供应链一体化，把供应链和商品、店存、货物全部升级成一个系统，减少品牌商的操作难度；从前端来讲，无界零售的核心还是满足消费者随时随地消费的需求	2017 年 7 月 10 日
智慧零售	苏宁	智慧零售是指通过互联网、物联网、大数据及人工智能等技术的运用，构建用户、商品、支付等零售要素的数字化，实现采购、销售、运营等零售运营的智能化，以更高的效率、更好的体验为消费者提供产品和服务	2017 年 12 月 19 日

二、新零售的发展因素

促进新零售的发展可以归结为以下几个方面的因素：

(一) 政策推动

近年来，国家和地方政府纷纷出台相关政策和意见，鼓励和支持零售转型升级，线上线下融合发展。例如，在《国务院办公厅关于推动实体零售创新转型的意见》中提到，要引导实体零售企业逐步提高信息化水平，将线下物流、服务、体验等优势与线上商流、资金流、信息流融合。《电子商务"十三五"发展规划》中也提出，要推进电子商务与传统产业深度融合，"协调和创新"引领发展，促进电子商务经营模式融入传统经济领域，开创线上线下互动融合的协调发展局面，加快形成网络化产业，全面带动传统产业转型升级。由此可见，推动实体零售创新转型已是大势所趋。

(二) 科技创新

技术创新是新零售的必要条件，随着人工智能、物联网、大数据、智能机器人、虚拟现实、区块链等"黑科技"的不断发展和成熟，使得新商业基础设施初具规模，并在零售业中得到了广泛应用，促使零售的很多环节发生了变化。科技的高速发展也给消费者创造了更好的购物体验：数据分析技术、定位技术等有助于商家和消费者互相了解，使得 C2B 柔性制造成为可能；机器视觉技术为无人零售提供了解决方案；AR/VR 技术可以提供线上、线下综合的消费体验；物联网使流通中的任何商品信息电子化，让物流、信息流和资金流真正融为一体；区块链技术可以解决交易中各方的身份认证、信用保证、产品溯源等基础问题。

(三) 消费升级

消费需求是新零售的牵引力，消费者的变化代表着市场的变化，自然也是新零售所要跟随的趋势。在经历了十多年的网上购物之后，消费者慢慢发现，网上买东西虽然便宜又方便，但是出现了体验感不足、商品的品质得不到保障、货不对板等问题。随着新中产阶层的崛起，消费者需求不断升级：对品质的要求越来越高，对服务性的体验越来越重视，对个性化产品的需求越来越多。这种消费观念和消费需求的变化促使零售业不得不发生变革，必须将线上服务与线下体验进行有机融合。

(四) 行业转型

转型创新的步伐在加快，电子商务经过几年的高速增长，线上增量空间开始收缩，增速减慢，存量市场主导，流量业务天花板渐显，企业纷纷从线上转到线下寻求新的增长空间，这必将导致线上线下的融合。

三、新零售的特征

具体来说，新零售呈现出以下几个方面的特点。

(1) 渠道一体化。企业或商家能够将线上网店和线下实体门店有效连接起来，实现数据的深度融合，从而能够在线上进行宣传和销售，线下进行企业形象展示并为消费者提供服务体验。

(2) 经营数字化。将零售数据化，通过数据化管理，企业能够打造多种零售场景，从而沉淀商品、会员、营销、交易、服务等数据，为企业或商家的运营决策提供丰富、有效的数据依据。

(3) 卖场智能化。通过引入智能触屏、智能货架、智能收银系统等物联设备，增强卖场的体验感，提升购物的便捷性；同时进行大数据、云分析，从而更便捷、有序地管理库存、销售等问题。

(4) 高效的运营模式。企业通过大数据模型能够预测商品的销量和损耗，同时通过在每个门店管理者的手机上安装单品管理的 App，能够帮助门店更加精准地下订单，未来甚至可能做到人工智能自动下单。

（5）高效的赋能体系。一个成熟的新零售模式应该包括渠道、营销、场景、数据、数金融、物流、组织、服务、技术和供应链多方赋能，打造完整的赋能体系。因此，赋能是新零售的典型特征。

第二节　新零售运营模式

在新零售模式下，实体零售与电子商务的商业形态不再对立，线上线下融合发展将是电子商务发展的新常态。目前对于各行各业来说，新零售主要有以下几种运营模式。

一、初级模式：实体店的内在变革

实体店的内在变革是新零售的初级模式，这是现阶段被引用最多的新零售模式。多业态、多渠道并行的新零售已经成为传统零售企业转型的突破口，永辉超市、家乐福等纷纷布局新零售。永辉超市不断进行门店升级和创新，先后推出永辉红标店、永辉绿标店、超级物种、永辉生活、永辉 mini 店、永辉卫星舱、集市生活，涵盖从综合购物需求到厨房一日三餐场景、从远到近、从店到家的多业态融合。

2017 年永辉超市推出了"超级物种"旗舰店，"超级物种"的创新之处在于，利用永辉超市的供应链，以生鲜作为主要引流产品，通过高性价比吸引大量的中高端消费者，而便利的结算流程和餐饮服务的叠加，则有效提高了消费者的复购率。

永辉生活 App，是永辉新零售品质商品和全新消费体验的线上服务平台，整合永辉旗下超级物种、永辉生活、Bravo 等业态，为消费者提供安全健康的新鲜食材和品质商品，创造线上、线下一体化的惊喜消费体验。永辉生活 App 既能在旗下各业态门店内实现购买、支付等自助化、智能化消费，又能线上下单配送到家，且全场满 18 元包邮、最快 30 分钟送达、提供线上会员专享价。

2018 年年底，永辉超市在福州开出全国首家永辉 mini 店。永辉 mini 店偏重家庭生活消费，品类齐全，主打生鲜，聚焦厨房场景，商品除了有蔬菜、水果、肉、鱼、冷藏食品、休闲食品等，还有纸杯、厨具、餐具等厨房用品，覆盖三四线城市。以大店为依托，子母店协同，且可用较轻模式如小程序、拼团等在店内嫁接一部分到家业务。

二、中级模式：线上导流，线下体验

"线上导流，线下体验"是新零售的中级模式，它将线上和线下进行结合。随着电子商务的发展，诞生了很多互联网品牌，如三只松鼠、妖精的口袋、完美日记、花西子等，他们通过天猫、淘宝等平台打开了市场，赢得了消费者的认可后，将线上的商品搬到线下卖，从而实现供应链转型。

三只松鼠是中国第一家定位于纯互联网食品品牌的企业，成立于2012年。由于网络红利缩减，从2016年开始布局线下投食店。通过运用数字化战略，将线上优势在线下供应链和渠道端重置，加速铺设以体验和品牌为重点的投食店，便捷触达用户的松鼠联盟小店，实现从电商品牌向制造型自有品牌多业态零售商的角色定位加速转变。

此外，小米之家也通过线上的影响力，把线上的流量导入线下的小米之家门店，然后在门店中以多品类的系列商品来引起消费者的关注，在增强消费者消费体验的同时，使消费者能够购买不同品类的商品，从而增加销量。

三、终极模式：线上线下一体化

线上线下一体化是新零售的终极模式，新零售需要的不是简单的"从线上到线下"或者"从线下到线上"，而是打通线上线下、物流、服务等各个环节融合发展，即全盘打通全渠道融合运营，这样才能成功布局全渠道柔性供应链管理。要实现这个目标，通常需要大数据的支持、配送模式的优化和精准的客户画像。

银泰百货下沙工厂店利用阿里大数据描绘出周围5000米的消费者画像，据此确定门店装修风格、商品品类等。银泰百货通过阿里及其成熟的互联网技术，监控商品价格趋势，了解消费者群体的消费偏好，将商品和消费者精确匹配。此外，实行线上线下同步购物结算，购物者在结束购物后不需要排队结账，只需扫描商品上的二维码，打开相应的App，筛选购物清单，用支付宝完成支付即可。消费者可以选择当天直接在商场提货回家，也可以等待门店商品配送到家。

盒马鲜生也被称为阿里巴巴新零售的探路者，其核心逻辑是"仓店一体"，既是超市的门店，又是电子商务的线下仓库。盒马鲜生主要借鉴手机淘宝和支付宝的用户数据，了解目标客户的整体用户画像及线上购物活跃度，根据周边支付宝的活跃用户数量以及用户购买力来决定选址。消费者既可以到盒马鲜生的实体店去体验及消费，通过线上App下单并完成支付，

这样可以将线下客流吸引到线上，刺激用户产生消费黏性，同时有利于收集线上和线下下单用户的所有消费数据，将商品和消费者精准匹配。此外，为了实现"3 公里范围，30 分钟送达"的高效配送，盒马鲜生门店内采用了全自动物流模式，从前端体验店拣货到后库装箱，都由物流带传送。

第三节　新零售创新业态——无人零售

一、无人零售的定义

无人零售是指在没有营业员、收银员以及其他商店工作人员的情况下，由消费者自助进行进店、挑选、购买，支付等全部购物活动的零售形态。狭义的无人零售主体集中在开放货架、自动贩卖机、无人便利店三类，如图 3-2 所示。

图 3-2　无人零售三种形态

无人零售主要有三大流派。一是互联网流派，基于二维码识别技术。例如，便利货架、自动贩卖机、便利蜂和小 e 微店。互联网流派一般流程较为繁琐，购物体验与线下超市差别不大，应用较为广泛。二是物联网流派，基于 RFID 技术。例如，缤果盒子和 7-11 无人便利店。三是人工智能流派，基于机器视觉、传感器融合技术、生物识别技术等。

二、典型的无人零售企业

新零售概念提出后，零售行业创新加速。伴随着人工智能在各个领域的渗透，无人便利店的概念进入大众视野，分布在街头巷尾的实物也开始被发现。最先打响"无人便利店"概念的是亚马逊于 2016 年 12 月推出 Amazon Go 无人零售商店，它的推出有一定的革命性，对国内外在零售业态的探索具有一定的影响。

随着科技和人工智能应用研究的深入，加上零售人不断认清商业的本质，商业已经进入了以消费者为中心的时代，因此大多数人开始关注离消费者最近的业态——便利店。同时，不断探索新技术如何赋能便利店，使之变得效率更高、服务体验更好，因此，无人便利店应运而生。

（一）自动售货机类

自动售货机是最早形态的无人零售形式，自助售货机作为一种自助式零售终端，消费者只需选择商品、扫码/现金支付、取走商品三个步骤，购买流程简单，点位分布灵活，可以渗透到楼道、地铁站等门店难以进入的空间，应用场景丰富，满足随机性的消费需求。

1. 莱杯咖啡

2015年12月26日成立，属于北京咖趣科技有限公司，是自助咖啡无人零售领域国内产品技术领先的品牌，拥有国家多项技术研发专利。莱杯咖啡是集"咖啡现磨+自动智能贩卖+数据场景"为一体的物联网新零售运营平台，打破传统线下的咖啡消费场景和价格，让每个用户随时随地"莱杯"好咖啡！它的消费场景很多，比如学校、写字楼、医院和办公室等多种场合。

2. 友宝

友宝成立于2010年，在全国范围内经营智能售货机业务，目前已成为中国自动售货机运营商领导品牌。它采用先进的互联网理念，对所有售货机进行24小时的联网管理，改变了自动售货机行业的运营模式，极大地提高了管理效率，目前已开拓五个业务大区（华北—北京、华东—上海、华中—武汉、华南—广州、西南—成都）近30家分公司。

（二）开放货架类

无人便利货架/货柜多采用开放式的货架或货柜，消费者通过手机扫描货架上的二维码，再进入相应的App或者小程序页面，根据该货架所在的地理位置进行选购、入袋、支付。目前，无人便利货架/货柜多定位办公室休闲食品消费场景，通常选择白领集中的高端写字楼和科技产品园区等地点布局，设置在企业茶水间、写字楼大厅、联合办公的休闲区域，提供以包装食品和瓶装饮料等为主要品类的商品。目前，应用尚处于初期，覆盖率不高，应用场景挖掘和消费群体覆盖率仍有很大的拓展空间。

1. 小e微店

被上班族称作"贴心服务站"的小e微店，是北京小易到家电子商务有限公司于2016年打造的无人值守式自助购物模式。它主要解决企业员工日常工作中休闲购物的需求，并力求其提供极致便利的购物体验。目前，小 e 微店已经成功入驻宏碁、海尔、智联、51job、小米等百余家公司。

"小 e 微店"是基于移动互联网和 LBS 定位技术，为用户提供无人值守、自助购物的消费场景；用户可通过手机扫码，移动支付，自助完成购物，免去传统门店的排队收银环节，"小 e 微店"主要布局在高端写字楼、科技园区企业内部，为众多白领用户提供距离最近、最便捷的服务。

2. 每日优鲜便利购

每日优鲜便利购于 2017 年 6 月正式上线，是生鲜电商每日优鲜旗下子公司，2017 年 12 月独立运营，专注于无人零售领域，借助线下智能设备向用户提供优质商品和服务。2018 年与腾讯战略合作，结合商品识别算法、免密支付、用户购买行为匹配等方案，实现取物关门后自动结算、"即拿即走"的流畅购物体验。

(三) 无人便利店

无人便利店主要通过将身份识别、RFID 标签、移动支付、360°无死角监控、消费行为的大数据采集分析等前沿科技应用到传统便利店，以实现自助购物、自助支付。在场景选择上，无人零售商店目前除了布局在人口流动密度较大的商区，需要随时购买消费产品的住宅、景区、办公区、学校等区域也是企业布局的重点。

1. Amazon Go

2016 年 12 月，美国电商巨头亚马逊在西雅图开张了第一家无人零售便利店——Amazon Go。推出半年以来，国内外来自零售、AI、自动化行业的业内人士对其关注良多。

Amazon Go 主要运用于目前市场上已经较为成熟的机械视觉等一系列传感器和深度学习技术，来提升线下购物的新模式。它的最大卖点就在于消费者可以不用再排队结账，但由于成本过高以及技术的缺陷，Amazon Go 目前难以实现大规模复制开店。

2. 缤果盒子

2016 年 6 月初，首家缤果盒子在上海成立，隶属于中山宾果网络科技有限公司，定位于全新社区智能化项目，是一家 24 小时无人值守便利店，主要面向高档小区和高级写字楼，目的是为高端社区居民提供更高品质的生鲜及便利服务。

缤果盒子采用人脸识别技术，顾客通过微信扫码进店，选好商品后将其放置在收银台检测区，检测区自动出现收费二维码，扫描 RFID 自助收银。

3. 淘咖啡

阿里巴巴推出了自己的无人计划——淘咖啡(无人咖啡馆),集商品购买、餐饮于一身,采用人脸识别技术,用户通过手机淘宝扫码便可进入无人零售店,离店前通过"支付门"会被自动扣款。这种模式高度依赖网络,使用 RFID 标签会限制商品的材质和数量,增加成本。

4. F5 未来商店

F5 未来商店 2015 年 4 月 29 日成立于广州佛山,是一家利用机器自动化结合算法替代人工的 24 小时智能无人便利店。F5 未来商店有自营与加盟两种运营方式,店铺实用面积在 30~60 平方米,核心技术是机械臂+智能仓储,它能够提供便利商品和鲜食,用机械臂实现自助加工烹煮,用户在微信商城支付。

三、无人零售的发展趋势

(一)对顾客管理的智能化

通过大数据和人工智能技术,对消费者行为进行深入分析,能够更好地理解消费者需求,提供个性化的服务和产品。这也有助于企业更精准地锁定目标客户,提高销售效率。同时,通过 360°全方位画像,企业可以更深入地了解消费者的喜好、购买习惯等信息,为消费者提供更个性化的服务。

(二)对商品管理的智能化

随着柔性制造和个性化商品需求的增长,智能化商品管理成为必要。通过智能化手段,企业可以根据市场需求和消费者反馈,灵活调整产品线,满足多样化需求。同时,智能化商品管理还可以提高库存管理效率,减少商品的浪费和损失。

(三)对供应链管理的智能化

供应链是企业运营的重要环节,智能化供应链管理可以提高企业的运营效率和准确性。通过建立高效的供应链系统,企业可以实现库存监控、订单处理、物流配送等环节的自动化和智能化,降低运营成本,提高企业效益。

(四)对物流管理的智能化

物流是零售业的重要环节,物流管理的智能化可以提高物流效率和准确性。通过智能技术,企业可以实现物流仓库的优化部署,合理堆放商品,优化物流配送路径等,提高物流效率和准确性。这将有助于减少物流成本,提高客户满意度。

第四节　案例分析

案例 3-1：盒马鲜生——线上线下高度融合

一、盒马鲜生的基本情况汇总

盒马鲜生成立于 2015 年 6 月，采用"线上+线下+现代物流"的新零售模式，整合了生鲜超市、餐饮体验以及网上仓储 3 个功能，是阿里巴巴集团旗下以数据和技术驱动的新零售平台，也是阿里巴巴对线下超市完全重构的新零售业态。盒马鲜生希望为消费者打造社区化的一站式新零售体验中心，用科技和人情味带给消费者"鲜美生活"。

盒马鲜生不仅支持生鲜类产品的线上、线下全场景购买，还支持到店即食和生鲜类产品的加工与配送，将生鲜产品生产商和生鲜产品消费者紧密地连接在一起，从而大大缩短了生鲜产品到消费者手中的距离，既降低了成本，又缩短了运输的时间。此外，盒马鲜生还可以做到 3 公里半小时内免费把商品送到消费者手中，满足消费者的需求。

盒马鲜生作为生鲜超市+餐饮模式的新业态，主要解决消费者对于"吃"的场景化需求，同时覆盖日用高频消费品类。通过打通线上线下并实现线上、线下同款同价，为消费者提供"人到店"和"货到人"的可选即时消费方式；通过对门店业态进行重新整合，将超市和餐饮结合，强化对于生鲜品即食场景的需求满足，盒马鲜生的模式如图 3-3 所示。

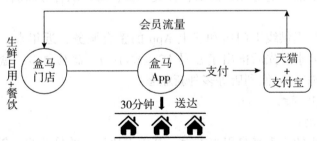

图 3-3　盒马鲜生模式(来源：艾瑞网)

二、盒马鲜生的商业模式分析

(一)战略定位

盒马鲜生是阿里巴巴进军生鲜电商的重要布局，也是阿里开拓"新零售"领域的"第一样本",通过线上线下相结合的方式开创零售新业态。盒马鲜生被称为生鲜零售中的新物种,它是超市、便利店、餐饮和菜市场的集合。从战略定位上看,盒马鲜生以"生鲜食品"为主,针对中高端年轻人群,走中高端的精品路线。

(二)目标市场

在客群方面,盒马鲜生明确定位为一二线城市的中高端客户。一方面,中高消费群体对于生鲜产品的消费需求及消费能力都会相对较高,且对于价格相对不太敏感;另一方面,盒马鲜生的"重资产"模式需要靠高客单来冲抵成本,以保证正常的盈利。

盒马鲜生的目标群体主要有三类:第一,晚上大部分时间在家的家庭用户。这一部分人群对买菜做饭有着很强的需求,尤其对生鲜类产品需求量高,离家 3 公里免费配送、30 分钟送达,对这类人来说,选择盒马鲜生App 下单无疑是最方便的。第二,基于办公室场景推出针对性便利店或轻餐,许多上班族早上来不及准备午餐,中午在线上订餐的时候顺便就完成了对其他需要产品的购买,线下引流补充线上。第三,周末会带着孩子去超市的用户。这一部分人会更加注重真实的体验感,传统超市一到周末人群拥挤,而盒马鲜生场景宽敞,并且有配套的餐饮店,方便一家人同行。

(三)产品及服务

在产品方面,盒马鲜生主要提供中高端商品,其中生鲜占比 20% 以上,包括中高端单品帝王蟹、澳洲龙虾等。其线上产品主要包括新鲜水果、时蔬净菜、肉禽蛋品、海鲜水产、乳品冻食、云超特卖、餐饮烘焙、休闲零食、酒水饮料、粮油百货等几大模块,种类丰富,可以从各方面满足消费者的日常消费需求。

盒马鲜生提供线下门店和线上 App 的整合服务,近年来,为了满足不同消费者的需求,先后推出了盒马 F2、盒小马、盒马菜市、盒马 mini、盒马小站和 Pick'n Go 便利店等多种新业态。

(四)盈利模式

1. 商品销售

盒马鲜生的收入来自很多方面,其中占比最多的是开业一年半以上的盒马鲜生门店的线上订单,占比达到 60%。而线下门店的收入大部分是来自零售、食材烹饪的加工费以及加盟费等。

2. 品牌溢价

从商品品牌看,通常可以分为传统的品牌商品、自有品牌商品和海外品牌商品,这里最大的溢价并非来自传统的品牌商品,而是来自自有品牌和国外品牌。自有品牌要求零售商可以清楚地了解消费者特征，并整合生产厂家做出自己的自有品牌，进而形成超高溢价；国外品牌就看能否以消费者所接受的价格提供网上较少销售的商品。因此，无论是自有品牌还是国外品牌，都对企业的供应链体系有着极高要求。盒马鲜生目前更注重产品引进，利用供应链优势和高新技术的熟练应用提供了种类繁多的产品。种类齐全、价格优惠成了盒马鲜生赚取溢价的来源之一。

3. 便利溢价

生鲜产品属于快消品，比如饮料、奶制品、零食等。对于蔬菜水果来说，"无品牌"商品是最为常见的，类似于传统的菜市场，不仅溢价低，损耗率也惊人。当面对年轻消费者时，消费者们信奉"颜值即正义"，希望能有高品质、高形象的蔬菜水果。于是，盒马鲜生将生鲜产品加工包装好，在降低人为损耗的同时，也增加了便利性和美观性，变成了"为便利付费"。

4. 体验溢价

对于厨艺不精的消费者来说，再昂贵的生鲜都无法满足消费者享用美食的需求。盒马鲜生线下门店提供现场烹饪服务，完美解决了消费者的厨艺问题。这种融合了生鲜超市和海鲜餐馆的经营方式，极大地提高消费者的消费体验。盒马鲜生还极力打造场景体验的消费方式，将商品按照不同的生活场景分类，方便消费者根据不同生活场景的需要挑选商品。

(五)核心竞争力

1. 流量和资金支持

盒马鲜生隶属于阿里巴巴集团，天猫和淘宝平台为其提供了强大的用户流量支持，同时阿里旗下的支付宝、菜鸟驿站以及饿了么等，也为盒马鲜生提供了流量数据支持，通过使用大数据、移动互联网以及人工智能等技术手段使盒马鲜生实现了人、货、场的最优化配置。

此外，阿里巴巴集团的资金支持为盒马鲜生的店铺快速扩张提供了可能，也为其他行业进入者打下了较高的资金壁垒。

2. 源头直采，优质低价

通过源头直采，省去中间环节，既保证了菜品的新鲜度，也降低了产品的价格。其次，盒马鲜生利用"贴体技术"的包装让菜品能够保存得足够新鲜，与日日鲜蔬菜合作，将每包蔬菜规定在一盘的量，当天卖不完的货品也会在当天进行处理，不会囤货。此外，盒马鲜生的部分海鲜、水果和天猫超市相通，都由天猫在海外的采购团队来完成，实现协同采购，降低成本。

3. 高效物流配送

物流是生鲜电商竞争力构成的重要因素，生鲜品的特殊性，配送时间长不仅影响商品的新鲜度，还影响产品的折损率，从而影响企业的配送成本。盒马鲜生综合运用大数据、移动互联网、智能物联网、自动化等技术及先进设备，实现"人、货、场"三者之间的最优化匹配。为了实现"三公里范围，半小时送达"，盒马鲜生采用了"前店后仓"模式以及全自动的物流体系，实现短距离的快速配送，在一定程度上减少商品的折损率。

4. 大数据技术的有效应用

建设完善的高科技设备有利于积累大数据，通过 Wi-Fi 探头、射频捕捉、盒马鲜生 App 等技术手段，从门店周边、货架陈列、线上平台等渠道抓取用户数据，建立数据模型，再加上阿里巴巴的大数据与云计算技术支持，从而为新门店选址、实体店优化商品结构、升级门店陈列、感知消费者偏好、增强顾客黏性等方面提供参考。

5. 新鲜的全渠道体验

商店、店内系统、闪电配以及支付宝快速支付的共同作用，构成了盒马鲜生的全渠道体验，并打通了线上线下的商品信息以及资金流，可为用户提供多种购买形式。用户可以选择到店下单、送货上门；通过手机应用下单，送货上门；线上下单，然后到门店自提。盒马鲜生通过 App、电子价签等实现实体店的智能前台服务，方便用户扫码支付，并可以通过电子价签背后的系统随时查看店内所有商品的库存量和实时价格，从而降低成本、提高效率。

三、盒马鲜生的运营模式分析

（一）App+电子价签+支付宝支付

盒马鲜生店内所有商品都采用电子价签，并配有该商品专门的二维码，员工通过 PDA（移动手持终端）绑定商品和电子价签之后，不仅能够一键调整商品价格，还能实现随时调整商品库存。通过电子价签，保证其线上和线下商品的一致，消费者可以放心在网上购买，不需要再到线下看货；消费者也可以直接在线下购买，不必再到网上查询价格。可以说电子价签的使用，在一定程度上为盒马鲜生节省了人力、物力和财力，降低了运营成本。

（二）自动补货系统

盒马鲜生的自动补货检测系统也可以帮助供应商更好地进行补货。无论是线上订单还是线下订单，盒马鲜生的拣货人员都是直接从货架取货，所以商品的库存可以很直接地反映出，从而准时、有效并及时地传递补货信息。

（三）大数据系统

把线下门店和线上销售的数据进行汇集处理，依靠阿里在大数据方面的积累，通过深度挖掘消费者数据，将数据不断沉淀，反向导入平台化体系，进而分析数据与数据之间的交叉网点，去理解消费者的具体诉求，利用前端的销售数据去影响后端的供应链生产，形成闭环后可有效地控制成本。

盒马鲜生借助强大的数据系统以及供应商体系，在供应商的管理上十分科学合理，对供应商管理十分精细，使得盒马鲜生不仅减少了库存的浪费，并且通过这种供货少且快的供应商管理模式，也能更好地保证盒马鲜生商品的新鲜程度。

（四）互动购物体验

盒马鲜生采用的是将线上电商和线下门店消费及体验相结合的互动营销模式，盒马鲜生增加了拣货、流转、打包、配送、烹饪等环节。消费者也可以选择在实体门店进行采购，并将采购的商品交给盒马鲜生专门的后厨进行烹饪环节，烹饪完成之后，消费者可以选择自取菜品或者由机器人呈送。此外，盒马鲜生还会为消费者提供各种各样的娱乐方式，以此来增加用户黏性，比如亲子活动、以 VR 技术为基础的互动游戏等。

四、案例总结与建议

（一）案例总结

"新零售"概念出现后，盒马鲜生可谓异军突起的样板。盒马鲜生的新零售模式有以下三个亮点。第一，盒马鲜生将仓库前置，实现了卖场与仓库的统一。前置仓的模式不仅扩大了配送范围，覆盖了更多用户群体，还提高了商品的配送效率。3 公里 30 分钟内配送，既解决了隔日送达中仓储、配送成本的问题，又有效提升了用户的消费体验。第二，盒马鲜生重构了商品结构，打破了传统零售售卖商品单一化的方式，即强化了现场体验，根据消费场景需求，实施"零售+外卖+堂食+加工服务"的全新服务组合。显然，盒马鲜生不仅为用户提供商品，更为用户提供多样化的生活方式，以此拉近品牌与用户的距离，提升用户黏性。第三，盒马鲜生的数据转化能力强，除了线上订单，在线下实体门店也可以大量搜集用户数据，并对这些数据进行转化和存储，以便分析和再利用用户资源，进而降低人工成本。

（二）建议

盒马鲜生的成功之道值得借鉴，但其也存在一些问题亟待解决：

1. 开通多样化支付渠道

在盒马鲜生的实体店中，结算过程虽然能够实现自助式服务，但主要通过支付宝结账。新颖的支付手段对于年轻人来说不成问题，但对于学习能力稍差的老年人来说，就变成了一个障碍，店内需要大量工作人员进行宣导和帮助。在"互联网+"时代背景下，人们支付方式日益多样化，盒马鲜生应顺应时代要求，开通多样化支付渠道，方便消费者支付结算，减少排队等待时间，提高新零售运作效率。

2. 改善顾客体验

无论是传统还是新零售，顾客和商品都是核心。盒马鲜生的目标用户是高收入白领，他们对价格敏感度低，但对体验感要求较高。现实中，超市人流量大，餐饮区在高峰期常需长时间等待，高价海鲜、牛排被放在一次性餐盘中，与价格不匹配，导致用户体验不佳，口碑下降。用户体验式消费是新零售的未来方向。消费者不仅满足于优惠，更追求社交服务和人性化体验，提升效用需求。结合线上电商和线下实体，提供全方位体验，如停车预约、休闲娱乐、指引、解读和会员服务。

3. 创新重模式运营方式

盒马鲜生采用重模式运营，涵盖市场推广、技术研发、仓储、采购、物流配送和售后服务，其中技术研发、仓储、采购和物流是重点投入。还需要引进专业管理团队，适应电商与实体店模式切换。因此，盒马鲜生的运营和管理成本较高，消费者需承担一定成本压力。

为降低成本，盒马鲜生可考虑外包非核心业务或引入合作商分担资金风险，同时简化运营管理成本。建立标准化培训体系和操作规范，提高培训效率和质量，降低管理成本。通过模式创新和优化，盒马鲜生可实现更高效、低成本的运营，提升竞争力。

五、思考题

①为了满足不同群体和场景需求，未来盒马鲜生还可推出哪些创新业态？
②谈谈盒马鲜生的新零售模式面临怎样的风险和挑战？
③盒马鲜生模式对变革新零售有哪些启示？

案例 3-2：居然之家——多渠道融合新零售模式

一、居然之家的基本情况汇总

居然之家成立于 1999 年，其业务涵盖家具建材销售、室内装饰、家居养老等多个领域，在家居方面最早做到"一站式"购物，全国有近 200 家门店，是行业内的领军企业。

2016 年 9 月 27 日，在"互联网+"和 O2O 领域不断展开探索与实践的居然之家逐渐开始向大家居、大消费转型。2018 年 2 月，阿里巴巴以 54.43 亿元投资居然之家，持股为 15%，并将阿里的互联网思维与传统的家居建材卖场相融合，与居然之家在全国 27 城的数个门店进行新零售的试点，居然之家开启了大家居新零售之路。2018 年 8 月 11 日，北京居然之家家居连锁集团与盒马鲜生牵手后的首个门店正式落地居然之家顺义店。2019 年 12 月 26 日成功上市，公司正式更名为"居然之家新零售集团股份有限公司"，公司未来发展方向"大家居　大消费　新零售"。

截至 2021 年年底，经营了 421 个家居卖场，包含 95 个直营卖场及 326 个加盟卖场，在武汉市核心商圈以及湖北省荆州、黄石、黄冈、十堰、咸宁、孝感、荆门等主要城市经营 7 家现代百货店、1 家购物中心、137 家各类超市。2021 年集团销售额突破 1040 亿元，被评为"北京十大商业品牌"，也是唯一一家连续 17 年一次不落斩获此殊荣的品牌，并在 2021 年"3·15 国际消费者权益日"期间，公司荣膺"2021 保障消费者权益先进单位"及"全国匠心品牌"称号。

居然之家作为中国泛家居行业的龙头企业之一，已在中国市场打拼 20 多年，它是中国为数不多的率先实施家装产业链条化、创新型线上线下大型综合家装新零售的零售商之一。

二、居然之家商业模式分析

(一)战略目标

居然之家是一个以"大家居"为主业的全国性商业连锁集团，致力于让家装家居变得快乐简单。其业务范围涵盖室内设计、装修、家居建材销售、智能家居、智慧物流、后家装服务以及百货商场、购物中心、生活超市等多业态。居然之家秉持专业化和市场化的价值观，注重规范化和服务为本，坚守诚信为本、用心做人、树立口碑的原则，同时强调执行至上和拿业绩说话的管理理念。此外，居然之家注重团队精神和共同发展，不断学习和创新，与时俱进，为顾客创造美好家居生活。

(二)目标市场

居然之家的目标市场主要是针对家装和家居市场。他们致力于提供一站式购物的便利服务，包括家具、家居饰品、装修服务等，以满足消费者对于家庭装修和家居生活的需求。居然之家也注重在行业中树立标杆，推动行业的发展和进步。他们的目标是成为消费者信赖的家装和家居服务提供商，并持续改进，不断创新，以满足消费者不断变化的需求。

（三）产品及服务

1. 数字化的门店业务

（1）居然智慧门店。居然之家新零售集团主要负责家居大卖场的经营管理，通过统一市场准入标准、统一收银和统一售后服务等服务管理模式，完成了从传统家居市场向现代零售商业的蜕变，成为高端时尚家居的代名词。居然之家持续推动家居行业智能化升级，树立智慧新零售标杆，目前已经与阿里巴巴集团共同完成了 292 家线下智慧门店改造。

（2）武汉中商。武汉中商集团有限公司是以零售为主业的"零售多业态、连锁跨区域、治理现代化"的商业集团公司。主业包括现代百货、购物中心、超市等业态。现有购物中心 1 家，现代百货 7 家，超市 134 家，网点覆盖湖北省内 10 个城市，营业总面积近 60 万平方米。

2. 互联网家装业务

（1）居然智能。居然智慧家是居然之家为适应万物互联时代的到来而打造的数字化 S2B2C 智能家居产业服务平台。公司以苹果、华为智能家居系统代理为依托，搭建智能家居通用 SaaS 系统，实现不同系统数据的互联互通，进而赋能不同品牌的代理商，给消费者创造更好的智能家居消费和服务体验。

（2）居然数装。居然数装秉承"让家装变得快乐简单"的企业使命，以设计的数字化为核心，通过赋能设计师从而更好服务消费者全链路打造 S2B2C 数字化家装管理平台。旗下拥有专注别墅大宅的顶层设计中心、服务个性化定制的乐屋、整装套餐的快屋、向第一方开放的童鱼买手和辅材+主辅材供应链平台以及小象监理平台等。

（3）智慧物联。智慧物联是居然之家为帮助家居建材经销商提高物流运营效率，改善消费者服务体验而打造的 S2B2C 数字化物流服务平台。平台通过与经销商数据的互联互通和智能配单，开创仓储免费、按销售计费的物流新模式，是中国第一家为家居大件的仓储、加工、配送、安装提供一体化物流服务的专业服务商。

（4）建材超市。北京居然之家建材超市有限公司成立于 2003 年，是居然之家下属的全资子公司。公司秉承居然之家"先行赔付、绿色环保、向消费者倾斜"的经营理念，以"打造国内最专业的五金涂料超市"为发展方向，倾力为广大消费者奉献标准化的服务和高品质的商品，以良好的信誉为供应商和合作伙伴提供发展平台。辅料销售中心自 2017 年以来，作为建材超市延长产品经营链条的重要组成部分，汇聚了国内外装修辅料类的知名品牌，通过辅材+APP 为家装工长提供完整供应链采购与配送服务，致力于打造最大、最专业、最高效的家装工长服务平台。

（5）居然管家。北京居然海星科技有限公司（简称"居家保"）是居然之家旗下智能家居服务平台，居家保平台通过 SaaS 数字管理、AI 智能等技术手段，深耕用户需求，精准解决用户痛点，为用户提供高端定制服务，收纳服务、家政服务、保洁服务、家电清洗等一站式居家服务。"居家保"致力打造专业、品质、效率，有温度的融合性服务平台，并推出"不满意就免单"服务标语，为用户每一次体验保驾护航。我们建设独立的培训基地，全方位培训每一位劳动者，强化劳动者服务能力提升，为用户提供更专业与优质的服务体验，同时提升劳动者企业认同感与工作成就感，让劳动者有尊严。

3. 金融信息服务

（1）居然小贷。北京居然之家小额贷款有限责任公司是经北京市地方金融监管部门批准设立的经营小额贷款业务的专业机构，成立于 2016 年，一直坚持产业金融定位，致力于为居然之家产业集群内上下游中小微企业和个人消费者提供贴切、灵活、方便、快捷的金融服务，构建产业与金融相互融合、互动发展、共生共荣生态圈，践行国家普惠金融政策。

（2）保理公司。天津居然之家商业保理有限公司是居然之家旗下提供保理融资服务的金融服务平台，主要基于应收账款债权转让开展保理业务，客户对象为家居产业链上下游企业。

（3）融资担保。居然之家（天津）融资担保有限公司是经天津市地方金融监督管理部门批准设立的专业融资担保机构，致力于与银行等金融机构合作，广泛整合各类金融资源，为居然之家产业集群内上下游中小微企业对外融资提供融资担保服务，帮助中小微企业获得便捷、灵活及低成本融资。

4. 物流服务

消费者从家居卖场或者其他消费渠道购得家具，最终都要将其运送回家中，这项运送服务是完成家具购买的最后一项工作。然而，很多家居卖场以及商家没有专业的运送团队，未能做好这项工作，使得消费者购物体验差，从而导致消费者对一些品牌产生不好的印象，影响品牌口碑。居然之家正是意识到这项工作的重要性，开始建设自己的智慧物流园，完善自身的"最后一公里"工作，保障企业良好口碑，构建全新的生态盈利模式，也拓宽了企业的收入渠道。

（四）盈利模式

居然之家早就意识到仅靠单一的"自营+委管"经营模式盈利是不可靠的，因此不断探索和发展其他多个领域。居然之家坚持以主营业务获取租金收入为主，多元化探索发展以互联网为依托的泛家居业务，向消费者提供互联网家装和零售服务，不断满足不同消费者对于良好居住条件的需求。居然之家还开拓了金融领域的服务，更便捷地为那些在经营过程中对资金有较大需求的中小微企业进行贷款。另外，居然之家还在天津打造了自己的智慧物流园，进而加快居然之家生态链的形成。整体而言，居然之家的盈利模式逐渐多元化，包括家具业务收入、金融服务收入和物流服务收入等。

（五）核心能力

1. 大数据赋能运营升级消费体验

新零售实现行业线上、线下、物流三方融合的同时也形成对前台、中台、后台的三方赋能，以数据驱动家居产业的布局形态。在前台，通过对实体卖场、电商购物平台等多端口的用户数据沉淀，进行全息用户画像分析，充分了解每位顾客的消费诉求，根据其喜好进行个性化家居定制服务，提高消费满意度的同时增强客户消费黏性。在中台，用数字统一市场，以过往顾客消费数据为导向，逆向驱动产品研发设计，实现消费方式逆向牵引生产制造。在后台，3D/4D打印技术、AR/VR、人脸识别技术等科技的运用使家居产品的制造方式多元化，而数字化门店的设立在保留体验式消费的同时，增设了自动结算、库存优化、客户追踪、个性促销等优点，升级了传统家居卖场的消费体验。

2. 多业态跨界融合迎合消费需求

家居品类属于低频次消费，体验性也较强，消费者在选购家居品类时通常一定要有"逛"的体验，这就包含了顾客对于场景化的需求。新零售赋能家居行业后，传统家居体验馆实现虚拟与现实的家庭场景体验，通过VR沉浸式的装饰效果体验吸引门店顾客进店率，通过加入餐饮、娱乐等业态以高频消费行业带动低频消费行业。此外，不少家居企业还将线下场馆升级为智慧门店，场景化的布局带来消费沉浸式体验，引发共鸣，店内的RFID和视频监控将记录顾客的轨迹和行为，通过用户画像寻找消费点，指导店内商品企划，实现精准营销，提升门店及品牌形象。

3. 智能优化供应链提升运作效率

家居行业新零售模式改变了原有家居行业产业链冗长、市场分散的痛点。新零售的赋能使家居行业原有小型卖场逐渐消失，而以红星美凯龙、居然之家为代表的龙头品牌逐渐扩大布局，品牌精简，行业结构随之清晰，以品牌直采或签订合作供货等方式缩短了上游生产商和企业的距离，而新零售的数据化运行，也让消费市场的数据能实时传送到生产商，打破原有供应链中信息断层的弊端，实现按需生产、个性定制，也简化了物流等待时间，提升了整个供应链各环节的运作效率。

4. 大数据贯通个性定制平台

大数据时代，一切都要有"据"可循，现在的消费者在关注商品本身的同时还关注商品背后的参与感和认同感，强调个性化定制，传统工厂加工的成品家居已经不能满足这些需求，因此，一些家居企业开始尝试 C2B 模式，以消费数据驱动生产设计，在线下门店内推出 DIY 设计软件平台，让顾客自主设计和渲染要定制的家居产品，等待顾客确定设计意向并下单后，再进行定制化生产。此外，企业还与淘宝、天猫等平台合作共享数据，来全面了解消费人群的兴趣爱好、购买行为、消费模式等，从而做出全息用户画像，更有针对性地服务顾客。

三、案例总结与建议

随着移动互联网的发展和电商购物平台的涌现，消费者对家居生活物品的需求从满足日常起居逐渐转变为追求美观舒适，乃至个性化。他们对家居产品的关注点也在不断变化，从高性价比到健康环保，再到智能化。在选购方式上，他们从实体家居店逐渐转向网络平台，乃至现在的 O2O 模式。家居行业的风向标始终随着时代的潮流和人们对于生活品质的追求不断前进。

家居零售业在经历了从传统门店到转型电商的阶段后，开始试水"新零售"。从"大家居"到"泛家居"，再到如今的"大消费"时代，家居行业一直在探索和尝试变化中不断前行。当下，"新零售"概念盛行，不少传统行业都以此为转型契机，其中传统家居卖场也开始借助这股东风进行大改造。腾讯与红星美凯龙合作，阿里入股居然之家，京东联合曲美家居打造时尚生活体验馆。无论是阿里的新零售、京东的无界零售还是苏宁的智慧零售，都在加深线下实体门店与线上商家的融合。此外，像苏宁极物、淘宝心选、小米有品、NOME 等生活家居品牌商也参与数字化改造活动。

因此，新零售风口下的家居行业似乎是一条无边际的路，没有远方的光明，只有眼前无尽的探索。

五、思考题

①居然之家的新零售如何带动家具行业的变革和发展？
②居然之家的新零售模式体现在哪些方面？
③居然之家如何实现乡村振兴？

案例 3-3：优衣库——不一样的新零售

一、优衣库的基本情况汇总

优衣库（UNIQLO），由柳井正创立于 1984 年，是日本迅销集团旗下的服装零售企业和核心品牌。它最初的零售方式是大卖场，给消费者提供自助购物的体验，2000 年开始在网上实行直销。优衣库在中国品牌服装零售业率先推出网购业务，于 2008 年 4 月 16 日正式上线网络旗舰店。2016 年，优衣库首次采取"线上线下同款同价""线上购物，门店取货"的新零售策略。随着科技的不断发展，通过大数据、AI 智能等技术，优衣库一直在不断探索服装新零售的创新模式。

二、优衣库的商业模式分析

（一）战略定位

优衣库坚持将现代、自然简约、高品质且易搭配的商品提供给全世界的消费者，倡导"百搭"理念，采用超市型的自助购物方式，以高性价比吸引客户，坚持"衣服是配角，穿衣服的人才是主角"的穿衣理念，看似简单的基本款，只要经过精心搭配也能够展现自我个性。

优衣库以成为世界性的休闲品牌企业为目标，一直贯彻低成本经营，以短时间、低成本，让生产与销售直接挂钩。无论在任何时间、任何地方，无论是谁，都能穿着以市场较低价格持续提供的具有时尚性的高品质基本款的休闲服装。

（二）目标用户

优衣库创业初期主要是以学生、家庭主妇等为代表的低收入群体，客户渗透率较低。2005 年后，通过产品定位的调整，演变成"中产阶级的基础款衣物"，提供不同年龄、不同性别的全类基础款，能够应对任何消费者。为了满足"让所有人都能穿的休闲服装"的经营理念，优衣库满足儿童、青年、中年、老年和不同性别的穿着习惯和风格，为不同年龄层设计不同主题系列的衣服，满足各个人群的搭配，使客户充分展现自我个性。

（三）产品及服务

优衣库提供的产品主要是休闲服装，大致包括男装、女装、童装和婴幼儿装（上装、下装，内衣等），包括外套、羽绒服、法兰绒系列、摇粒绒系列、牛仔裤系列、HEATTECH 保暖衣、童装等多种基础品类。

优衣库在新零售方面提供了线上线下同价、线上下单，快递/门店自提，线下试衣，线上下单快递到家等服务，真正做到全渠道营销，线上线下整合统一。

优衣库根据线上客户下单的地理位置、日活跃度、复购率等相关数据进行分析，构建了大数据模型。通过这一系列的数据分析，来提供开店选址和各方面决策的参考，同时优衣库实现了线上与线下同价同品，避免线上渠道的单独统计。

优衣库还自行研发 App，提供电子 POP 优衣"码"，可以通过 App 和"码"了解产品信息，实时查询每件产品的颜色、尺码和相关的店铺库存信息，并且还可以找到最近的线下门店。它还采用 App 实体店位置指引、实体店专用二维码等设计达到线上引流到店的目的。以"双十一"为例，当天线上"售空"后，消费者可以凭借"提货凭证"短信到线下自提，第二天，线下实体店就引爆了。

优衣库还做了很多消费升级，如上线了虚拟的衣柜服务，可以根据用户的性别、穿衣风格还有当地的天气，给网购用户推荐合适的商品，这些都是通过数据分析实现的。优衣库在用户体验上付出了很大的努力，尽可能抓住每一个可以优化的消费场景。比如，2017 年 7 月，优衣库门店数字化升级再出新招——推出"智能买手"电子屏终端。在诸多可投放到门店的智能设备中，"智能买手"电子屏让优衣库门店购买率提升了 15%。"智能买手"呈现给消费者的内容主要分三块：新品上市、促销信息以及穿衣搭配。此外，消费者完成任何一个操作，点击步骤不会超过四步，大大节省了体验时间。

（四）盈利模式

一是通过网上和实体店面销售服装来获取收入。优衣库采取直销方式，其收入主要来源于其通过直营店与 B2C 网站等渠道销售出去的各类服饰。

二是通过网上和实体店铺销售配件来获取利润。优衣库在销售各类服装的同时还同时为客户提供帽子、皮带等产品，这类产品的出售也为优衣库带来了可观的收入。

三是通过过程控制获得利润。优衣库通过过程控制实现价值转换，依赖 IT 及其他辅助系统完成消费信息传递，从而提升公司运营现金流的能力。公司的高效过程控制效率让公司有了更多的预算，提高了 SPA 模式中零售终端的扩展能力，形成了良性循环的商业模式。

（五）核心竞争力

1. 生产管理

优衣库采用 SPA 模式进行生产管理，这种模式使他们能够直接控制设计和制造过程，从而降低成本、提高品质。此外，他们通过与供应商建立紧密的合作关系，确保了原材料和生产过程的控制，进一步降低成本、提高效率。这种模式也允许他们快速反馈销售数据，调整产品设计，以满足消费者的需求。

2. 店铺管理

优衣库通过强化店长的角色和作用，使每个店铺都有其独特的个性和吸引力。这种策略让店铺能够更好地适应当地的市场环境和消费者需求。店长被赋予更多的自主经营权，可以根据店铺的特点自行调整订货量、店铺布局和商品陈列。这种策略的实施，使优衣库在各地的店铺都能保持一致的高品质和高效的运营。

3. 库存管理

优衣库以周为单位进行精细化的库存管理，这种策略使他们能够快速适应市场变化和消费者需求的变化。他们通过每周的例会制度，及时了解和分析销售数据，调整生产和销售策略，从而迅速锁定畅销产品。这种精细化的库存管理策略，使优衣库能够有效地控制库存水平，避免过度或不足的库存，节省了运营成本。

4. 人才管理

优衣库致力于吸引和保留优秀的人才，他们的薪酬与绩效挂钩，激励员工发挥最大的潜力。他们积极从各个领域吸引优秀的人才，同时培养内部员工成长。这种人才管理策略不仅为优衣库带来了优秀的人才，也激发了员工的积极性和创新能力。

三、优衣库的运营模式分析

1. 合理选址扩张线下门店

优衣库采取的是直营店的模式，门店主要都分布在消费力较强的一二线城市，在很多三四线城市几乎没有。优衣库注重合理选址，希望通过实体场景提升消费者的购物体验。互联网的发展、新零售的崛起、高科技的应用使得门店更加酷炫。例如，优衣库深圳万象城店内的智能小 U（见图 3-5），主要有三个集成单元，上面是 AR 摄像头，负责完成顾客身体扫描识别。中间是一个约 60 寸大小的可触摸电子屏。电子屏的右侧则是一套 4D 增强现实的摄像头和语音播放单元。顾客站在智能小 U 面前，设备自动完成对顾客的无感识别。顾客可触摸屏幕商品清单，点击自己喜欢的服饰，电子屏会文字提醒是否进入 4D 虚拟试穿功能，如果顾客点击确认，屏幕会出现顾客虚拟试穿的画面。

图 3-5　优衣库深圳万象城店内的智能小 U

2017 年 7 月，优衣库在全国百家门店推出"智能买手"电子屏（见图 3-6），内置感应系统，在 5 米范围内主动问候，提醒消费者一键直达虚拟零售空间，一屏汇聚优惠资讯、新品推荐、时髦搭配和趣味互动，体验创意科技带来的智能购物乐趣。优衣库并没有实行会员制，此举在于通过这个简单的"电子屏"，通过"智能买手"与顾客互动的频次、观看时间、点击页数、转化购买率进行记录，积累更多的粉丝，有助于沉淀更多的会员，实现更有效的购物转化。

（二）线上渠道相互融合

优衣库门店的覆盖范围是有限的，为了扩大销量、增强品牌效应，逐渐打造线上销售渠道，主要包括优衣库官网、优衣库 App、优衣库官方旗舰店、优衣库微信小程序等多平台口。

早在 2009 年 4 月 16 日，优衣库就在淘宝网开设旗舰店，借助淘宝的品牌与影响力开展中国电子商务，同时，在淘宝的经验、技术、人员的多重支持下，完善网上零售业务体系。目前，天猫官方旗舰店是优衣库的主要销售渠道。

优衣库还自主开发了 App，支持在线购物、二维码扫描、优惠券发放以及线下店铺查询，其中，在线购物功能是通过跳转到手机端的天猫旗舰店来实现的，优惠券发放和线下店铺查询功能主要是为了向线下门店引流，提升

图 3-6 "智能买手"电子屏

用户到店消费的频次。

此外，优衣库还利用微信小程序功能，查看优衣库所有商品的库存、颜色、尺码，如果想试穿可一键导航至附近的实体店，省去了切换程序的步骤。不仅成本低，还可以和自己的公众号、App 绑定，更好地营销自己的产品，留住用户。

四、优衣库的创新点分析

（一）"门店自提"模式

2016 年"双十一"，优衣库首次尝试采取"线上线下同款同价""线上商品，门店取货"的新零售策略，消费者线上下单付款后，可以选择到就近的门店自行取货，实现所见即所得，当天夺得天猫服饰类冠军，正式开启探索新零售。2017 年"双十一"，优衣库持续探索线上线下联动，让消费者提前享受"双十一"优惠活动，并且线上和线下都延长活动时间，"线上下单，全国门店 24 小时内速提"服务，让消费者既享受了线上便宜的价格，又提升了消费者的体验。

（二）全渠道销售

2018 年，优衣库推出了"掌上旗舰店，一键随心购"，融合了官方网站、移动端 App、微信小程序和线下扫码等多种购买场景，打通了微信公众号粉丝、线下自有流量、商业流量和腾讯社交流量多平台入口。通过数据整合与分析，优衣库不仅能获取更加精细的用户画像，与顾客之间的关系也随之改变——从单向流量触达转向立体的"数字触点"。

（三）大数据与云计算助力

优衣库通过大数据和云计算发展新零售，利用大数据和云计算进行数据分析，掌握消费者的爱好以及购物偏好，从而使管理者更好地做出产品决策。同时，这些数据也是优衣库丰富的客户资源库。线上和门店消费者的购物反馈也能在第一时间传达至设计团队作为参考。

五、案例总结及建议

（一）案例总结

优衣库是一家以提供高性价比产品为主的日本连锁服饰品牌，其新零售模式在业界具有独特的特点和优势。

首先，优衣库在产品方面注重实用性和舒适性，以基础款为主打，注重面料和工艺，同时价格亲民。在研发方面，优衣库拥有自己的研发中心和代工厂，能够自主设计和生产高质量的产品。

其次，优衣库在销售渠道方面采用了直营店和在线销售两种模式。通过实体店和在线平台，消费者可以更加方便地购买到优衣库的产品。此外，优衣库还采用仓储式、自助式购物模式，消费者可以自助选择商品，提高了购物的自由度和便捷性。

再次，优衣库注重品牌推广和营销策略。通过与知名品牌合作，推出联名款式和限量款式，增加品牌曝光度和吸引力。同时，优衣库还采用社交媒体等线上渠道进行宣传和推广，吸引年轻消费者的关注和支持。

最后，优衣库在管理模式方面注重数字化转型和精益化管理。通过数字化技术实现销售、库存、物流等数据的实时更新和管理，提高管理效率和精准度。同时，优衣库还采用精益化管理的理念和方法，通过数据分析和优化流程等方式，不断提高经营效率和客户满意度。

（二）建议

1. 提升消费者的购物体验

科学技术在服装零售的应用中难免存在着一定的局限性。例如，使用AR、VR技术的时候，因为客户数据输入不够准确或摄像头影像捕捉不清晰而使效果呈现出现误差，从而造成不良消费体验，不利于品牌提升。因而，优衣库可通过优化算法加入更多的创新元素来提高消费体验。

2. 加强消费者的隐私保护

大数据是一把双刃剑，既为企业提供了用户画像的帮助，也增加了消费者敏感信息泄露的风险。互联网的公开特性使得信息泄露的风险加大，而数据分析和数据挖掘让这种风险进一步加剧。为了降低风险，需要消费者、政府和行业协同发展。首先，应提高消费者的数据隐私维权意识，并自觉采取防范措施；其次，企业应加强网络安全保护技术和管理措施；最后，行业应更加规范严格，明确可用数据、不可用数据和禁用数据。只有通过多方面的协同努力，才能更好地保护消费者数据隐私，降低风险。

3. 加大宣传新零售营销模式力度

在服装领域，从线上到线下引流客源的宣传是有限的，可以通过多种方式来加大品牌宣传的力度。在线下店铺可以采用视频或动画的方式去进行个性的宣传。在线上，可以尝试在淘宝等常用电商平台的 App 上设置开屏广告，加深消费者对相关活动的第一印象；还可以在社交平台上进行宣传，人际传播是传播消费体验的有效方法之一，在拥有强关系的社交平台上进行宣传可以引导消费者进行交流，并提升还未参与体验的消费者的兴趣。

六、思考题

①优衣库采取了哪些创新策略实现线上和线下的相互导流？
②优衣库的创新模式给服装企业带来了哪些启示？

案例 3-4：Amazon go——即拿即走，免排队

一、Amazon go 的基本情况汇总

2016 年 12 月 5 日，亚马逊在美国华盛顿州西雅图开了第一家线下"黑科技"零售店——Amazon Go，直到 2018 年 1 月 22 日 Amazon Go 才向公众开放，这也是亚马逊推出的首个无人零售店。Amazon Go 颠覆了传统便利店、超市的运营模式，使用计算机视觉、深度学习以及传感器融合等技术，彻底跳过传统收银结账的过程，实现即拿即走的便利购物模式，打响了零售革命的第一枪(Amazon Go 线下商店见图 3-7)。

二、Amazon go 的商业模式分析

(一)战略定位

Amazon Go 的愿景是打造"没有排队、无需收银员"的全新零售模式，消费者可以通过自动化科技随意取货付款，提高购买效率，让购物更便捷。其使命是通过尝试新技术和创新方法，以最简单、最自然的方式，为消费者提

图 3-7　Amazon Go 线下商店

供让他们感到愉悦的购物体验。在这个愿景和使命的指引下，Amazon Go 旨在通过技术手段提升零售效率，优化消费者的购物体验。它利用计算机视觉、深度学习以及传感器融合等技术，实现了自动结账和无人值守，为消费者提供了更加快捷便利的购物方式。

Amazon Go 的定位是出售新鲜预制食品的便利店。这样定位的目的有三个：一是预制食物可以较快地开始盈利，货架少了，昂贵传感器和摄像头安装量也降下来了；二是在大都市区开店并快速扩张，可以集中生产和配送，让预制食物在保持新鲜的同时降低成本；三是 Amazon Go 可以更精准地满足目标用户的需求。

（二）目标市场

Amazon Go 的目标市场主要是发达国家市场和新兴市场。其中，发达国家市场包括北美、欧洲、日本等传统的消费市场，这些市场已经形成完备的购物习惯和网购环境，而且人们能够接受亚马逊提供的高品质服务和产品。同时，亚马逊也在努力开拓新兴市场，如印度、巴西、澳大利亚等，这些市场规模巨大，有着极高的增长潜力。此外，Amazon Go 也针对不同类型的商店，包括便利店、生鲜超市、大型商超等，开发相应的独立运营 AI 终端，以满足不同应用场景的需求。

据《华尔街日报》的数据统计，对于都市中成长起来的"千禧一代"而言，在食品杂货的购物上他们追求方便，在日常用餐上也不像老一代人那么讲究和守时，三餐和正餐的概念正变得越来越淡。Amazon Go 正是瞄准了这类需求，在公司楼下、大型商圈、都市中心提供健康、新鲜、易得易食的快餐，用充满科技感的购物体验吸引大都市中年轻、富足、忙于工作但追求健康、高质量饮食的人们。在忙碌拥挤的上下班时间段内，这些都市白领大多不介意为健康和便利付出一些体验上的溢价。

（三）产品及服务

Amazon Go 是一种全新的无人超市模式，采用技术自动化和计算机视觉监测的方式来处理购物和结账流程，以提供更高效、更无缝的购物体验。以下是 Amazon Go 的产品和服务：

（1）Amazon Go 应用程序：消费者可以下载 Amazon Go 应用程序用于进入商店、获取商品和自动化结账。

（2）无人超市：高度自动化的无人超市包括商品货架、计算机视觉系统、传感器和其他必要设备，以实现自动检测、分析和跟踪物品，不需要人工干预和付款处理。

（3）Just Walk Out 技术：这是 Amazon Go 无人超市的核心技术，利用计算机视觉、机器学习和传感器，可以自动检测和跟踪顾客拿取和放回货物的动向，从而提供一种无需收银、无需扫码直接结账的购物体验。

（4）商品：商店内提供各种商品，包括食品、饮料、零食、生活用品等琳琅满目的商品，从小食品到整箱饮料一应俱全。

（5）客户服务：在 Amazon Go 的商店中，仍有员工为顾客提供支持，包括设备操作指南、门店布局指引以及商品信息咨询等。

（四）盈利模式

Amazon Go 通过商品销售、分成和合作、数据销售以及商业计划和市场营销等多种方式获得收益。这些创新的盈利模式为 Amazon Go 提供了可持续且可扩展的商业模式，并树立了在零售、数据和物流等领域的技术领袖企业的地位。

（1）商品销售利润：Amazon Go 销售零食、饮料、便当、杂货等商品，从商品中获得销售利润。因为 Amazon Go 采用无人超市的模式，降低了人力成本和库存管理成本，使得 Amazon Go 的零售价格更有竞争力，吸引更多消费者，提高销售利润。此外，Amazon Go 销售高品质的商品，如 Amazon 自有品牌、机场商店和鲜花商店等。

（2）分成和合作利润：Amazon Go 与食品、汽车和其他零售品牌合作，销售它们的商品，并从合作销售中获取一部分分成。这种盈利模式得益于合作伙伴的品牌，吸引消费者前来购买。

(3)数据销售利润：Amazon Go 的技术平台收集并分析消费者的购买数据。这些数据可以为其他企业提供有价值的信息，例如消费者的购买行为、喜好和趋势，以及他们在哪里购物等。这些数据的收集和销售可以成为 Amazon Go 通过硬件和应用程序收集数据的另一种有效方式。

(4)商业计划和市场营销利润：Amazon Go 是 Amazon 的一项创新业务，吸引众多媒体和消费者的关注，通过宣传和新产品推广，为 Amazon 带来大量的商业计划和市场营销利润。

(五)核心竞争力

Amazon Go 的核心竞争力主要体现在技术领先、用户体验至上、数据驱动运营、品牌优势和运营效率卓越等方面。这些优势使得 Amazon Go 在无人便利店中具有较强的竞争力，为消费者带来了全新的购物体验。

(1)技术领先：Amazon Go 采用了先进的计算机视觉、深度学习以及传感器融合等技术，实现了自动结账和无人值守，为消费者提供了更加快捷便利的购物方式。这种技术创新使得 Amazon Go 在无人便利店中处于领先地位，为消费者带来了全新的购物体验。

(2)用户体验至上：Amazon Go 的无人便利店模式为消费者提供了新颖、便捷的购物体验，同时省略了排队结账等环节，节省了消费者的时间和精力。这种以用户为中心的设计理念使得 Amazon Go 在市场中具有较强的竞争力，吸引了大量消费者的关注和喜爱。

(3)数据驱动运营：Amazon Go 通过收集和分析消费者购物数据，可以更好地了解消费者需求和行为，为商品选品和库存管理等提供数据支持，提高运营效率。这种数据驱动的运营模式使得 Amazon Go 能够更好地满足消费者需求，提高销售额，创造更多利润。

(4)品牌优势：亚马逊是全球知名的电商平台，拥有庞大的用户群体和广泛的品牌知名度。Amazon Go 作为亚马逊旗下的无人便利店品牌，可以利用亚马逊的品牌优势进行推广和发展。这种品牌优势使得 Amazon Go 在市场中更容易获得消费者的信任和认可。

(5)运营效率卓越：Amazon Go 的无人值守模式可以减少人工成本和运营成本，提高运营效率和盈利能力。这种高效的运营模式使得 Amazon Go 能够在市场中快速扩张和发展，提高市场份额和竞争力。

三、Amazon go 的运营模式分析

(一)购物流程

消费者在进店前先下载好 Amazon Go 的 App，并与自己的亚马逊账号进

行绑定，生成一个二维码。消费者进店时只需用手机在门口的机器上进行扫描即可进入购物。当消费者从货架上拿起一件商品时，它会在传感器的追踪下自动加入一个虚拟的购物车；当消费者放回商品，会自动更新购物车，甚至还可以从 App 中直接查看具体商品的库存状况。当消费者离店时，系统会自动算出消费的金额，并自动从其亚马逊账户中扣款，实现即买即走，省去排队结算的时间。

（二）核心系统

Amazon Go 核心系统分三部分：识别动作、识别物品、识别人。从货架角度来看，动作只有两种：拿走和放回。

1. 动作识别

采集客户的手进入货架平面前和离开货架平面后的图像，将两者进行对比，就可以判断出是拿取物品还是放回物品。如果是拿取物品，进入前的手和进入后的手及手中物品的图片的特征是可区分的。简单来说，进入之前的手是空的，是没有商品的，离开后的手里是有物品的。如果是放回物品则相反。

2. 物品识别

当客户从货架上拿下物品后，图片识别系统会保存该物品的图片，结合货架上的感应器识别出物品的名称、代码和数量，记录在其购物车中。当用户将某个物品放回货架上时，系统先确定用户与该物品的关联关系（判断该物品是否在购物清单中），通过检索图片，与被放入物品进行比较，识别物品，并更新（删除）物品清单。同时，系统还要识别被拿出的物品是否与所在位置表示的物品一致，例如，如果商品 A 被误放在 B 物品处，一定要判定出是商品 A 而不能记录成商品 B。

3. 人识别

Amazon Go 需要实时识别"对某商品进行了某动作的人是谁"。Amazon Go 是通过位置来识别人，图像音频 GPS 都可以提供定位，通过多个数据判断可将位置缩小到足够小。

（三）核心技术

Amazon Go 店内使用的设备主要有摄像头、麦克风、红外感应器、压力感应器和荷载感应器等，使用的技术主要包括计算机视觉、深度学习及感应器融合技术。

四、案例总结及建议

（一）案例总结

无人便利店的核心不是要"消除"所有人工环节，而是在一定程度上节约人力成本，从战略层面来看，更重要的是在于将线下场景数字化、提升运营效率、实现精准营销，并通过提供更便捷的结账方式提升用户体验。

Amazon Go 虽然已经成功实现了对人的识别追踪以及商品的匹配，但这家无人超市仍然在技术上存在不少需要解决的问题。例如，在 Amazon Go 的店铺天花板上布满的配备有深度感应装置的摄像机主要依托于以摄像头为主的视觉传感器，而如何准确识别具有相似身体特征的消费者，怎样防止儿童随便乱拿乱放并准确归位，对相似的品牌或者包装进行分辨和归类等问题，还需要进一步优化技术。

（二）建议

Amazon Go 未来可以选择成为技术服务提供商，这样可以更快地推广自己的解决方案，并通过自己的平台获取其他便利店、零售商品牌的线下用户行为数据，进行精准营销等操作。此外，Amazon Go 未来也可以选择自建店路线，在目前线上获客成本不断提高的大背景下，亚马逊可以通过线下渠道建立自身的竞争优势，为线上业务引流。通过自建店的模式，初创企业能够更好地掌握消费者的购物习惯、优化货架摆放、提升仓储管理和运营效率等。

总之，对于初创公司来说，短期内技术提供商的路线可以快速铺开产品，提高技术水平并建立技术壁垒。然而，当系统识别度较低时，初创企业可能很难找到愿意成为"试验品"的下游零售商。长期来看，以技术提供商为目标的企业可能会很快触及天花板而被收购，或者拓展业务范围成为 AIaaS 提供商，也可能会专注于数据处理成为大数据营销平台。因此，初创公司在选择发展路线时需要充分考虑不同路线的优劣势以及自身的实际情况。

五、思考题

①Amazon Go 的无人零售依托哪些技术实现即拿即走？

②Amazon Go 的无人零售如何控制成本，使其成为一种普及的购物模式？

③无人超市未来会普及吗？谈谈你的观点和想法。

第 *4* 章 共享经济案例分析

【学习目标】

通过对本章的学习，了解共享经济在国内外的发展现状及发展趋势；熟悉共享经济的定义；理解共享经济的演变历程；重点关注共享经济理念对各行各业的变革和影响；通过对典型案例的分析，特别是商业模式的分析，理解其产品、服务和核心能力。

【引导案例】

高灯自由薪：数字化人企商业协作助力灵活就业①

高灯自由薪是高灯科技旗下数字化人企商业协作服务平台，依托领先的AI、区块链技术和大数据技术，打造自由职业者与企业商业协作的全链条服务生态，包括智能匹配、流程管理、信用评价、成长体系、金融服务、服务保障等数字化服务。

1. 助力多渠道灵活就业

数字经济大潮下，各种新业态新模式不断涌现，就业模式从传统的"公司+雇员"向"平台+个人"转变。这为劳动者提供了低门槛、多元化的创富机会，肯定了知识、经验、技术、特长持续带来经济收益的可能性，加速了大批有创意、有能力的自由职业者成长。零工经济不仅是历史趋势、新时代"打工人"的选择，也成为了新时代就业的"蓄水池"和"压舱石"，更成为了

---

① 《高灯自由薪：数字化人企商业协作助力灵活就业》，引自《2021年中国共享经济发展年度报告》。

80

当下"稳就业""保民生"的重要渠道。高灯自由薪充分发挥自身技术和网络优势，为 4000 多家新经济平台企业提供服务。目前平台上活跃着近 70 万自由职业者，在全国 50 多个城市上线灵活就业岗位超过 300 个，灵活就业岗位涵盖推广、内容创作、知识分享、配送、咨询等诸多领域。高灯自由薪一方面帮助企业匹配调度人力需求的波峰波谷，助力企业组织管理升级、提升运营效率，同时还为自由职业者提供需求智能匹配、学习成长、福利保障等全方位的灵活就业服务保障体系。

3. 技术助力人企协作效率升级

高灯自由薪以现代信息技术为依托，积极开拓人企商业互联服务市场。一是采用行业领先的数据加密技术、安全算法以及金融级身份认证，让人企协作更加安全，让交易双方的信任更加简单；二是基于大数据、AI 算法和数据安全搭建大数据实时分析和应用平台，为人企商业协作精细化运营及应用提供支撑；三是打通金融支付基础设施，通过技术手段持续提高结算成功率和秒级到账率。高灯自由薪基于大数据和领先的 AI 技术，构建了四大商业协作引擎和两大流量池。四大商业协作引擎为智能匹配引擎、招募引擎、工作任务管理引擎、结算引擎。其中：智能匹配引擎利用 AI 算法为人力资源供需双方提供数字画像、人力需求波峰波谷调度等功能；招募引擎可以实现全民猎头、资源渠道对接等海量招募功能；工作任务管理引擎可以实现技能评级、绩效考核、任务管理等功能；结算引擎可以实现收入管理、理财、纳税管理等功能。两个流量池为私域流量池和公域流量池，其中：私域流量池中，入驻企业商户与自由职业者基于自有合作资源建立"一对一"合作关系，入驻企业商户基于高灯自由薪工作任务管理引擎的 PaaS 层搭建个性化的任务分发、考核、结算私域管理平台，实现任务管理数字化；公域流量池为开放的任务发布和承接平台，入驻企业商户和自由职业者通过招募智能匹配引擎和招募引擎，可以完成人员招募、供需撮合与匹配、员工考核、结算等多项任务。社会生产力的提高本质是效率的提升，高灯自由薪的使命正是提升人与企业的商业协作效率，提升整个社会的生产效率，提升商业协作的底层能力。高灯自由薪始终坚持通过数字化需求的信息分析与匹配，一方面，帮助更多的企业适应新型组织结构，提高人力资源的匹配效率，提升人效，优化管理；另一方面，通过大数据分析匹配，让更多自由职业者能够通过平台的服务，找到能真正发挥所长的工作岗位，让自己的时间和能力价值最大化。

第一节 共享经济的内涵及特征

一、共享经济的内涵

共享经济(Sharing Economy),也称为分享经济,正在逐渐改变人们的生活和工作方式。这个概念是从"协同消费"一词演变而来的。协同消费这个概念在20世纪70年代由马科斯·费尔逊和琼·斯潘思提出,定义为"与一个或多个个人共同消费经济产品或服务"。随着人们对分享经济现象认识的深入,分享经济的概念、形态和模式也在不断地发生变化。到目前为止,尚无统一定义,本书认为,共享经济是指利用互联网等现代信息技术,以使用权分享为主要特征,整合海量、分散化资源,满足多样化需求的经济活动总和。

这一定义至少包含以下3个基本内涵:

(1)新形态。互联网(尤其是移动互联网)、宽带、云计算、大数据、物联网、移动支付、基于位置的服务(LBS)等现代信息技术及其创新应用的快速发展,使分享经济成为可能。

(2)优配置。面对资源短缺与闲置浪费共存的难题,分享经济借助互联网能够迅速整合各类分散的闲置资源,准确发现多样化需求,实现供需双方快速匹配,并大幅降低交易成本。

(3)新理念。工业社会强调生产和收益最大化,崇尚资源与财富占有;信息社会强调以人为本和可持续发展,崇尚最佳体验与物尽其用,分享经济集中体现了新的消费观和发展观。

二、共享经济的特征

作为互联网时代全新的经济形态,与传统经济模式相比,分享经济具有以下典型特征,如图4-1所示。

(一)技术特征:基于互联网平台

正是因为有了互联网尤其是智能终端的迅速普及,使得海量的供给方与需求方得以迅速建立联系。互联网平台并不直接提供产品或服务,而是将参与者连接起来,提供即时、便捷、高效的技术支持、信息服务和信用保障。离开互联网,现代意义上的分享经济将不复存在。

此外,移动互联网、物联网、大数据、云计算、基于位置的服务(LBS)、移动支付、近场通信等一系列信息技术的不断成熟和创新应用,也

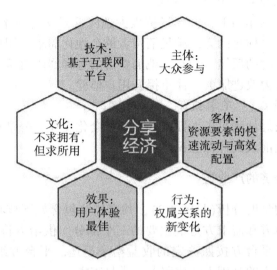

图 4-1　分享经济的特征(来源：艾瑞网)

是共享经济爆发式发展的关键支撑条件。

(二)主体特征：大众参与

足够多的供给方和足够多的需求方共同参与是分享经济得以发展的前提条件。互联网平台的开放性使得普通个体只要拥有一定的资源和一技之长，就可以很方便地参与到分享经济中来。同时，分享经济属于典型的双边市场，即供需双方通过平台进行交易，一方参与者越多，另一方得到的收益越大，两个群体相互吸引，相互促进，网络效应得到进一步放大。在分享经济中，参与者往往既是生产者又是消费者，其个体潜能与价值往往能得到最大发挥。

(三)客体特征：资源要素的快速流动与高效配置

现实世界的资源是有限的，但闲置与浪费也普遍存在，如空闲的车座、房间、设备、时间等。分享经济就是要将这些海量的、分散的各类资源通过网络整合起来，让其发挥最大效用，满足日益增长的多样化需求，实现"稀缺中的富足"。

(四)行为特征：权属关系的新变化

一般而言，分享经济主要通过所有权与使用权的分离，采用以租代买、以租代售等方式让渡产品或服务的部分使用权，实现资源利用效率的最大化。从实践发展看，分享经济将渗透更多的领域，股权众筹等业态的出现已经涉及所有权的分享。

（五）效果特征：用户体验最佳

在信息技术的作用下，分享经济极大地降低了交易成本，能够以快速、便捷、低成本、多样化的方式满足消费者的个性化需求。用户评价能够得到及时、公开、透明的反馈，会对其他消费者的选择产生直接影响，这将推动平台与供给方努力改进服务，注重提升用户体验。

（六）文化特征："不求拥有，但求所用"

分享经济较好地满足了人性中固有的社会化交往、分享和自我实现的需求，也顺应了当前人类环保意识的觉醒。

三、共享经济的产业链

从产业链的角度分析（见图 4-2），共享经济包含如下核心组成部分，其中供给方、平台方和需求方是最主要的三个部分。供给方将闲置资源汇总，并交予平台方，平台方按照一定的收益给予返还。平台方组织这些服务要素，在搜集需求方的基础上达成服务，满足需求。

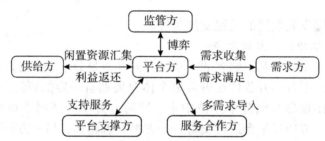

图 4-2　共享经济产业链（资料来源：国信证券经济研究所）

四、共性经济的演变

（一）共享经济 1.0 时代

共享经济 1.0，一般是指以获得一定报酬为主要目的，基于陌生人且存在物品使用权暂时转移的一种新的经济模式。

代表：以 Uber、Airbnb 等为代表的共享经济商业模式属于基于 C2C 的商业模式。

（二）共享经济 2.0 时代

共享经济 2.0 中的资源由平台生产，运营和维护，换言之，这是一个基于 B2C 的商业模式，社会上闲置资源的不足由企业自行补足。

这类模式典型的代表有共享单车、共享充电宝等。其实共享经济 2.0 更

加接近于租赁模式，平台生产资源，用户租用资源，其相对于共享经济 1.0
最大的优势在于，服务品质的可标准化使得产品可以尽可能地优质，这可以
显著提高用户体验共享经济。

（三）共享经济 3.0 时代

平台依旧不占有资源，不生产资源，资源是通过整合线下闲置资源获取
的，但是，平台不只是做信息的调度，还要对这些闲置资源进行优化整合和
标准化，再通过统一规范的渠道将资源提供给需求端，可以将这种模式概括
为基于 C2B2C 的商业模式。

第二节　共享经济的分类

目前，对共享经济的类型划分尚未形成一个统一的标准，角度不同，划
分的类型不同，本书将其归纳为以下几种分类：

一、按照交易主体分类

共享经济的概念在诞生之初，强调的是大量闲置资源的相互流通，这一
行为可以发生在个人与个人之间、企业与企业之间，目的在于寻求供需平
衡，减少产能过剩的危机。但当这一概念演变为真正的商业模式后，以往严
格意义上的完全共享，在实践过程中受到了诸如信任、服务标准化、资源限
度等一系列的阻碍。于是在商业环境中，共享经济的概念逐渐延伸至 B2C
自营（例如分时租赁）、C2B（例如手机回收）、C2B2C（例如二手服装寄售）、
B2B2C（例如服务众包）等形式，如图 4-3 所示，本质上还是强调"使用而非
拥有"的核心，充分提高资源的使用效率。

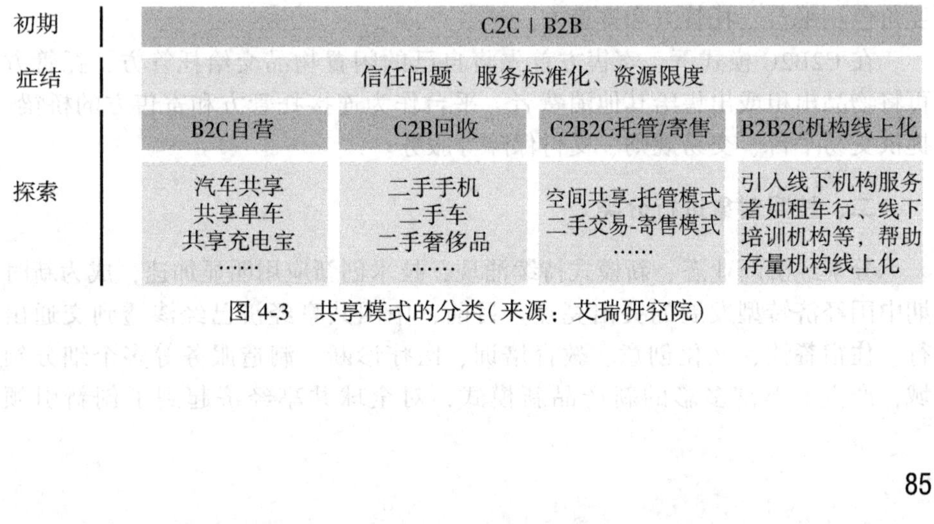

初期	C2C｜B2B			
症结	信任问题、服务标准化、资源限度			
探索	**B2C自营**	**C2B回收**	**C2B2C托管/寄售**	**B2B2C机构线上化**
	汽车共享 共享单车 共享充电宝 ……	二手手机 二手车 二手奢侈品 ……	空间共享-托管模式 二手交易-寄售模式 ……	引入线下机构服务者如租车行、线下培训机构等，帮助存量机构线上化

图 4-3　共享模式的分类（来源：艾瑞研究院）

（一）共享经济 C2C 模式

共享经济 C2C 模式，每个人既可以是供给方，又可以是需求方，通过移动互联网技术去中心化，供应方和需求方在移动互联网平台上完成分享交易，典型的代表企业有国外的 Airbnb 和 Uber，国内的滴滴出行等企业。早期的共享经济基本上都是 C2C 模式的，利用互联网搭建个人与个人连接和分享的平台，使社会中的闲置品和资源流动起来，以求更好更高效地进行利用。

（二）共享经济 B2B 模式

共享经济 B2B 模式，供应方和需求方都是企业，企业和企业之间分享闲置产能、闲置资产、闲置人员，供应方能以过剩资源的共享来降低企业的经营成本，需求方能以非常低的成本来获取企业所需的资源，从而达到双赢的效果。

（三）共享经济 B2C 自营模式

共享经济 B2C 模式即以租代售模式，当下汽车行业这种模式比较多，传统企业面对消费者的卖新、卖多为目的转向以提供租赁服务为核心目的，如宝马和 Uber 的合作，通用汽车以及北京的各种类型的以租代购获得京牌的企业。

（四）共享经济 C2B 模式

共享经济 C2B 模式即供应方是个人，需求方是企业，企业借助社会化的力量运作，通过众包满足临时性的劳动力需求，企业甚至可以不是实体企业，而是虚拟运营，国内这种模式有猪八戒网。

（五）共享经济 C2B2C 托管/寄售模式

共享经济 C2B2C 托管/寄售模式是一种新型的商业模式，它允许消费者通过平台将自己的闲置物品出租或出售给其他消费者。这种模式包括三个主要角色：平台、托管方和寄售方。

在 C2B2C 模式下，寄售方首先将自己的闲置物品交给托管方，托管方再将物品出租或出售给其他消费者。平台作为连接托管方和寄售方的桥梁，提供交易平台、交易规则、支付保障等服务。

二、按照对象进行分类

分享经济新业态、新模式持续涌现，技术创新应用明显加速，成为新时期中国经济转型发展的突出亮点。目前，中国共享经济已经渗透到交通出行、住宿餐饮、文化创意、教育培训、医疗诊断、制造服务等多个细分领域，产生了丰富多彩的新产品新模式，对全球共享经济起到了创新引领效果。

按分享对象划分，分享经济主要包括以下类别，如图 4-4 所示：

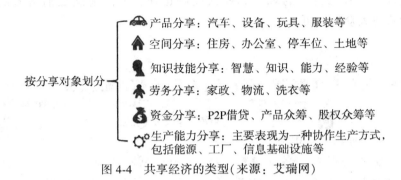

按分享对象划分
- 产品分享：汽车、设备、玩具、服装等
- 空间分享：住房、办公室、停车位、土地等
- 知识技能分享：智慧、知识、能力、经验等
- 劳务分享：家政、物流、洗衣等
- 资金分享：P2P借贷、产品众筹、股权众筹等
- 生产能力分享：主要表现为一种协作生产方式，包括能源、工厂、信息基础设施等

图 4-4　共享经济的类型（来源：艾瑞网）

一是产品分享，这种类型的分享经济主要涉及实物产品的共享，例如汽车、设备、玩具、服装等，代表性平台企业有滴滴出行、Uber、易科学、RenttheRunway 等。

二是空间分享，这种类型的分享经济主要涉及空间的共享，例如住房、办公室、停车位、土地等，代表性平台企业有 Airbnb、小猪短租、Wework、Landshare 等。

三是知识技能分享，这种类型的分享经济主要涉及智慧、知识、能力、经验的共享。代表性平台企业有猪八戒网、知乎网、Coursera、名医主刀等。

四是劳务分享，这种类型的分享经济主要涉及生活服务行业的劳务分享，代表性平台企业有河狸家、阿姨来了、京东到家等。

五是资金分享，这种类型的分享经济主要涉及资金的共享，如 P2P 借贷、产品众筹、股权众筹等，代表性平台企业有 LendingClub、Kickstarter、京东众筹、陆金所等。

六是生产能力分享，这种类型的分享经济主要表现为一种协作生产方式，包括能源、工厂、农机设备、信息基础设施等的共享。代表性平台企业有 AppleStore、Maschinenring、沈阳机床厂 I5 智能化数控系统、阿里巴巴"淘工厂"、Wi-Fi 万能钥匙等。

三、按照运营模式分类

共享经济的运营模式主要包括三种：出租使用权、置换所有权和提供服务（见图 4-5）。与传统交易行为不同，共享经济的核心在于所有权与使用权的分离，其目的是通过优化资源配置，实现闲置资源的有效利用。全球资源的分配不均和供需断层问题是共享经济崛起的根源。随着移动互联网的飞速发展，即时需求不断涌现，用户期望能够随时使用物品，而不一定要拥有它。这种"使用即拥有"的观念和模式能够迅速、灵活地满足消费者需求，并逐渐获得大众的认可。

图 4-5　中国共享经济行业产业链图（来源：艾瑞研究院）

（一）出租使用权

出租使用权是用户将自己闲置物品以租借的方式共享给他人使用，物品所有权仍归用户所有。典型领域有出行共享、空间共享和充电宝共享。

随着共享概念在商业化领域中的延伸，也为了满足人们对于日常出行经济、环保的诉求，目前出行共享领域给出了两种解决方案。一种是平台模式，即由个人车主或传统出租车公司提供车辆对接需求方，平台扮演的是交易撮合的角色，代表企业有滴滴出行、嘀嗒拼车等。另一种是分时租赁，即由企业主自行研发或购买车辆，租给需求方使用。区别于传统的分时租赁，共享经济模式下的租赁搭载了移动互联的信息化优势，通过大数据、物联网等技术进行车辆管理，减少不必要的资源浪费。

（二）置换所有权

置换所有权是用户将自己闲置物品出售给他人，物品的所有权由于售卖关系的建立转移至购买者手中。典型领域有金融共享和闲置交易。

金融共享，指的是消费者将手中的闲置资产，通过借贷、投资的形式提供给需要的用户，并获得相应收益的行为。目前主要有 P2P 网贷、网络众筹两种形式。P2P 网贷中又分为传统平台模式、债券转让模式、担保模式和小贷模式。网络众筹包括股权众筹、奖励众筹和捐赠众筹，相比于传统银行借贷模式，高效、高收益、高风险同时存在。

闲置交易，顾名思义，即以出租、售卖或者免费赠送的方式交换闲置物品，使闲置资源再次流通起来。根据网站中商品类型的丰富程度，分为综合型和垂直型两种。综合型网站以闲鱼、转转、二手优品等为代表，覆盖 3C 数码、母婴、服装等多种二手物品交易。而垂直型网站则侧重某一类产品，以二手车、二手手机等高价值产品为主。代表企业有人人车、瓜子二手车、爱回收等。

（三）提供服务

提供服务是指用户将自己的闲置时间、专业知识、技能等以提供服务的方式与他人共享，不涉及实物的交换。典型领域如物流、任务、技能、知识、教育和自媒体。

物流领域的共享主要是精准匹配供需双方需求后，最大化集合和利用社会闲置运力，提供物流配送服务。

技能共享即消费者将任务外包给专人服务。承担任务执行的一方需要贡献出的是自己的时间或技能。根据任务场景，所需的技能门槛，分为低技能的生活服务和专业化的职业技能。生活服务中包括日常的上门家政、衣物送洗、跑腿服务、上门搬家等。专业化服务则包括健身培训、商务服务、家电维修、上门美甲等技术含量较高的服务领域。

第三节　案 例 分 析

案例 4-1：滴滴出行——让出行更简单

一、滴滴出行的基本情况汇总

滴滴出行，简称滴滴，是中国市场上备受用户喜爱的打车应用软件。2012 年 7 月 10 日，北京小桔科技有限公司成立。2015 年 2 月 14 日，滴滴打车与快的打车进行战略合并，这一合并对滴滴的发展起到了重要的推动作用。在合并后的 2015 年，适逢滴滴打车上线三周年，滴滴正式更名为滴滴出行，并启用了全新品牌标识。这也标志着滴滴出行的品牌形象更加统一和现代化。2016 年 1 月 26 日，招商银行与滴滴出行联合宣布达成战略合作。这一合作是滴滴出行的资本、支付结算、金融、服务和市场营销等方面的重要举措。进入 2019 年，滴滴出行在自动驾驶领域取得重大进展。8 月 5 日，滴滴出行宣布旗下自动驾驶部门升级为独立公司，专注于自动驾驶研究、产品应用及相关业务拓展。这一战略决策表明滴滴出行对未来自动驾驶市场的重视和布局。2020 年，滴滴先后上线了滴滴跑腿和运货业务，同时成立了小桔国际旅行社。此外，滴滴还正式上线社区买菜小程序"橙心优选"，这也是其在社区团购领域的又一布局。2021 年 6 月 30 日，滴滴在纽约证券交易所上市，标志着公司发展进入新的阶段。

二、滴滴出行的商业模式分析

(一)愿景及使命

滴滴出行的愿景是成为"引领交通行业变革的世界级科技公司"。在价值观方面，滴滴出行将坚守正直诚信的底线，坦诚沟通和讲真话，勇于做正确的事。滴滴出行最终的战略目标是搭建一套完整的生态体系，在其强大的大数据分析和应用能力的支持下，未来滴滴出行将成为一个巨型 O2O 平台，将链接一切与出行相关的资源，满足多个应用场景需求。

滴滴出行的使命是"让出行更美好"。滴滴将进一步打造服务品牌，满足用户多样化需求，除了为用户提供标准优质的车内环境、训练有素的司机以及标准化的服务流程外，也将为用户提供个性化定制化服务。让司机真正感受到职业的尊严、拥有服务精神，进而为乘客提供更好的服务。

(二)目标客户

滴滴出行的目标用户分为两类：一类是乘客，另一类是滴滴司机。首先，目标用户一定是拥有手机支付软件和网上银行的智能手机用户。其次，乘客主要是追求高品质生活、年轻、时尚的学生及白领人群，这部分人群大多面临上下班高峰或加班到深夜"打车难"的问题，与此同时，他们能更快地接受移动支付这种交易方式，而滴滴司机可在空余时间接单以增加收入，因此更愿意接受这种打车软件。

滴滴出行平台已成为国内最大的一站式出行服务平台，其用户规模超过4.5 亿，为用户提供出租车、快车、专车、豪华车、顺风车、公交、小巴、代驾、企业级、共享单车、共享电单车、共享汽车、外卖等全面的出行和运输服务，日订单已达 3000 万个。在滴滴平台，超过 3000 万车主及司机获得灵活赚取收入的机会。

(三)产品和服务

滴滴出行的产品和服务主要围绕满足消费者在不同场景下的出行需求展开。核心产品与服务包括滴滴打车、快车服务、顺风车、代驾以及企业用车服务。

(1)滴滴打车：滴滴打车服务构建了一个平台，将出租车司机与乘客连接在一起。滴滴打车利用技术为乘客提供了方便快捷的叫车服务，同时为出租车司机提供了更多的乘客资源，从而提高了出行效率。

(2)滴滴快车：滴滴快车是一种利用社会闲置车辆和运力的服务，通过大数据智能匹配，缓解城市高峰期运力短缺的现象。这种服务模式不仅可以提高车辆的使用效率，还可以为乘客提供更加便捷、舒适的出行体验。

(3)滴滴顺风车：滴滴顺风车是一种共享出行方式，通过平台将有出行需求的乘客与有顺路能力的车主连接在一起。这种服务模式不仅可以为乘客提供更加经济、便捷的出行方式，还可以为车主带来额外的收入，实现了双赢。

(4)滴滴代驾：滴滴代驾是一种安全、健康的出行方式。通过这种服务，用户可以在饮酒、疲劳等情况下，委托专业的代驾司机代替自己驾驶车辆回家，避免了酒驾、疲劳驾驶等隐患驾驶的危害。

(5)滴滴企业用车服务：滴滴企业用车服务是一种为企业提供的出行解决方案，通过公对公结算形式，实现了企业员工一键式约、代叫车、异地预约或实时叫车等功能。这种服务模式不仅可以提高企业员工出行效率，还可以简化用车管理流程，实现了财务透明化。

(四)盈利模式

滴滴前期无任何盈利，主要是为了培养用车市场的习惯，以补贴的策略来培养客户打车习惯，同时也是为了发展用户数据，提升市场占有率。其后期的盈利模式主要分为以下几个方面：

1. 交易佣金

当消费者使用滴滴出行时，滴滴会向司机和乘客两端收取一定比例的交易费用。这个费用根据不同地区和不同出行方式有所差别，一般在20%~30%。

场景一：在同一时段、同一区域，当有很多人叫车时，如果乘客想比其他人更快地叫到车，乘客可以选择付给滴滴打车一部分信息服务费，获得优先安排出租车接单的权利。

场景二：当乘客在忙时或恶劣天气下加价叫车时，此时附近有多辆出租车在响应抢加价订单，如果某个出租车司机选择出让部分加价费用给滴滴打车，则可获得优先接单机会。

基于场景一、二，滴滴打车分别从乘客端和司机端抽取了信息服务费来获得收入。其实，这种商业模式的本质是解决司机、乘客两端信息不对称的问题，但对滴滴的大数据实时分析与计算能力有很大的挑战。

2. 广告收入

目前，除了传统的广告曝光收入以外，滴滴出行还与多品牌合作，在其导航、App 页面中植入品牌广告，同时为品牌方提供具有其专属设计的打车电子优惠券，供企业在营销推广过程中向用户提供。

此外，滴滴还在 App 上插入广告界面和链接页面，客户点击即收取相关费用；按工作日、节假日切割，分析用户历史出行记录，提取用户节假日出行数据，挖掘、预测用户日常位置的潜在信息点，描绘用户的消费需求，为广告主提供精准人群曝光、覆盖服务，赚取精准广告费用。滴滴帮助企业做到精准营销，为其带来大量流量，从而提高转化率。

3. 金融服务收入

滴滴出行旗下的滴滴金融为用户提供给了理财、商业保险、信用贷款、车险、基金、分期购车金融贷款等多项金融服务，从简单的出行需求扩张到出行周边的相关金融服务，赚取佣金或利用资金进行投资，提高平台的影响力和竞争优势。

4. 通过自有品牌营业收入

滴滴出行收购了小蓝单车后推出了自有品牌青桔出行，填补了其在两轮出行领域的空白。青桔出行在成立前期，滴滴出行收购了小蓝单车，随后青桔出行逐渐取代小蓝单车，完成滴滴出行在两轮出行领域的业务布局。

5. 信息价值挖掘服务收入

滴滴出行收集用户的地理位置信息，提供各城市实时路况信息等，并与地图公司合作，提供位置信息和城市道路信息等。这些信息可以为相关企业和政府部门提供有价值的决策参考，从而创造更多的盈利点。

(五)核心竞争力

滴滴出行的核心能力主要是数据和算法。人工智能技术已经运用在滴滴智能派单等方面，有效地提升了用户出行效率并且优化出行体验。滴滴出行在大数据和人工智能领域的布局和探索，已经走在了互联网行业的前列。

智能派单是滴滴的核心技术之一，乘客每次发单，背后都需要借助大规模分布式计算对司机和乘客进行最优匹配，不仅要将乘客与周围空闲的司机进行匹配，还要计算出最佳行驶路径，做到总时间最短，从而实现平台效率和用户体验最优化。

路径规划和 ETA(预估到达时间)两项地图技术是滴滴实现最优匹配的关键。通过对滴滴出行海量的用户行驶数据进行挖掘和学习，滴滴已经围绕最低的价格、最高的司机效率和最佳交通系统运行效率设计出全新的智能路径规划算法，能够对未来路况做出准确预测，整体考虑司机可能的走法，在毫秒级时间内算出 A 到 B 点的最优路径。

当前滴滴正在驱动人工智能技术迅速迭代升级，也已经构建了一个智能系统滴滴大脑。能够通过大数据、机器学习和云计算最大化利用交通运力，做出最优的决策，为每一位用户设计最贴心的出行方案。未来，滴滴也将积极与城市管理者携手，共建智慧交通体系，创造未来出行新生态。

三、案例总结与建议

（一）案例总结

滴滴出行是一家引领共享经济模式的出行平台，通过将闲置的车辆资源与需求方进行对接，实现了资源的最大化利用。这种模式在提高车辆利用率的同时，也满足了用户对出行服务的需求。

首先，滴滴出行通过共享经济的模式，成功利用了闲置的车辆资源。这种模式与传统的出租车模式不同，允许个人车主或传统出租车公司提供车辆，并通过平台与需求方进行对接。

其次，滴滴出行提供了多元化的服务，包括快车、专车、顺风车等，满足了用户不同的出行需求。这种多元化服务使得滴滴出行的服务范围更加广泛，提高了用户黏性。通过在 App 客户端提供预约车辆、支付费用等操作，滴滴出行利用移动互联技术提高了用户体验和便捷性。

此外，滴滴出行还通过收集和分析用户出行数据，不断优化其服务。它通过分析用户出行习惯和路线，为用户推荐更合适的出行方案，提高了用户满意度。这种数据驱动的策略使得滴滴出行能够更好地了解用户需求，并提供更加个性化的服务。

同时，滴滴出行还不断尝试新的商业模式和技术应用，如自动驾驶、新能源等，以保持其市场领先地位。这种创新精神使得滴滴出行能够不断推出新的服务和产品，满足用户不断变化的需求。通过与汽车制造商、保险公司等合作伙伴展开合作，滴滴出行获得了更多的资源和技术支持，帮助其提高服务质量，扩大市场份额。

最后，滴滴出行注重用户和司机的人身安全，通过严格审核司机和车辆的背景信息、加强运营监控等措施，确保用户和司机的安全。这种安全保障措施提高了用户对滴滴出行的信任度和忠诚度。

（二）建议

近年来，网约车行业巨头"遭"整改，BAT 等各路资本进入市场，加上传统车企频频布局网约车，2019 年网约车进入白热化的竞争。而滴滴网约车公司或将不再一家独大，因为众多车企都已经看好未来出行领域。滴滴面临的难题是，如何在保持增长的同时，面对来自神州专车、首汽约车及曹操专车等出行软件的竞争，建立起自己独特的竞争壁垒。

首先，滴滴出行应进一步巩固并加强其市场领导地位。为此，滴滴一直在积极开拓新市场和引入新的出行模式，从专车到快车再到顺风车等多元化服务，充分展示了其创新精神与市场前瞻性。最初，滴滴主要在一二线城市开展业务，这些城市拥有相对丰富的出租车资源，且消费者对于出行服务的需求也相对旺盛。然而，为了实现全面的业务覆盖，滴滴出行应将目光投向三四线城市，进一步拓宽其业务范围。

其次，寻求合作伙伴，推动国际拓展。像腾讯、阿里巴巴等互联网巨头在滴滴的成长过程中都进行了投资，这些可能成为滴滴出行的独特优势。未来，滴滴可以寻求与这些大型互联网公司进行互利的战略合作，如数据共享等。同时，通过进军海外市场，扩大市场份额，进一步提升品牌影响力。

最后，确保乘客与司机的安全是滴滴出行的首要任务。滴滴需要加强对司机和乘客的背景审核和安全教育，同时加强对运营过程的监控，提高应急响应速度。从根本上消除乘客和司机的安全隐患，使网约车的运营更加规范，从而为所有用户提供更优质的服务。

五、思考题

①滴滴出行在产品和运营方面的哪些做法值得借鉴？
②滴滴出行属于分享经济的哪种模式？
③滴滴出行的产品功能是否完善，还需要增添哪些新的服务？

案例 4-2：运满满——分享经济改变传统物流

一、运满满的基本情况汇总

运满满平台成立于 2013 年，主要聚焦于干线货运 O2O 业务，通过开发手机 App 智能配货平台，依靠移动互联网技术满足"发货"与司机"配货"的需求，是国内首家基于云计算、大数据、移动互联网和人工智能技术开发的货运调度平台。公路货运目前仍是我国物流业最主要的运输方式，长期以来存在着"小、散、乱、差"等问题。以运满满为代表的企业，正在不断努力，推动我国货运行业进行深刻变革，并最终走向高效与便捷。

运满满平台实名注册重卡司机超过 520 万、货主超过 125 万，货物日周转量 136 亿吨公里，日撮合交易额约 17 亿元，业务覆盖全国 334 个城市，已经成为中国最大整车运力调度平台、智慧物流信息平台和无车承运人。同时也是"互联网+物流"、交通大数据和节能减排的样板项目。

二、运满满的商业模式分析

(一)愿景及使命

运满满的愿景是成为中国物流业最为先进、最为可靠的合作伙伴，开创一个全新的智能货车网络联盟，具有更为优化的物流成本和更加高效的运营效率，为信息化时代下的中国货运业作出积极的贡献。同时，运满满也致力于让公路物流更美好，通过人工智能和区块链技术等手段赋能用户，并为用户提供更加便捷、高效的服务，实现全球最大智能物流生态平台的伟大愿景。

(二)目标市场

运满满的目标市场主要是公路物流领域，包括货车司机和货主。作为货运调度平台，运满满致力于通过技术创新和数据驱动的方式，为货主、承运商和司机提供高效、安全和可靠的物流配送服务。通过运满满平台，货主可以发布货源信息，承运商和司机则可以通过平台寻找合适的运输订单，实现资源的最优配置。运满满还提供了一些增值服务，例如物流金融服务、定位服务等，以满足不同用户的需求。

(三)产品及服务

运满满的产品及服务主要涉及货运物流领域，包括货主版和司机版两个版本。

货主版：构建了精准车货匹配系统，为货主提供高效、精准、安全的发货服务，并配备了动态、可视化的跟踪功能以及行车评价服务。此外，货主还可以发布货源信息进行比价，选择合适的车源，并可对司机进行定位管理，快速了解货源动态。

司机版：主要解决货运物流中"空返率"高和运力利用率低的问题。该版本为司机提供高效智能配货服务，司机可以随时随地手机配货，降低空驶。司机还可以自主搜索货源，比较后找到满意的货源信息，直接电话联系货主。另外，司机也可以主动发布空车信息，等待货主上门。

此外，运满满还为物流公司发布货源信息，提供及时了解车辆货运价格的平台，推动物流行业的发展。

(四)盈利模式

运满满的盈利模式主要是通过提供信息服务收取服务费来实现的。

在货主版，运满满提供货源信息，帮助货主和司机进行匹配。这种信息服务可以帮助货主和司机更快速、更方便地找到彼此，从而提高运输效率和降低成本。

除了信息服务外，运满满还可以提供直接的物流服务，如仓储、配送、搬运等。这种物流服务可以帮助货主解决从生产到销售的整个流程中的所有问题，从而提高了货主的效率，降低了成本。

（五）核心能力

运满满的核心能力主要体现在以下几个方面：

大数据与算法能力：运满满通过大数据分析货车司机及货主的需求、行为和习惯，并运用算法智能匹配和调度货源与车辆，提高车货的匹配效率和运输效率。

平台化运营能力：运满满通过构建智能运力平台，整合了大量的货车司机和货主资源，为双方提供了一个高效、透明、便捷的物流交易平台，从而降低了运输成本和风险。

精准的定位能力：运满满通过 GPS 定位技术，对货车司机的位置进行精准的跟踪和定位，从而实现了对货物运输过程的实时监控和智能化调度。

强大的服务保障能力：运满满拥有一支专业的客服团队，为货主和货车司机提供 24 小时全天候的在线服务，解决双方在交易过程中遇到的问题和纠纷，保障了交易双方的利益。

广泛的品牌影响力：运满满在物流行业拥有广泛的品牌知名度和影响力，这使得其能够吸引更多的货主和货车司机使用其平台，从而提高了平台的规模效应和用户黏性。

三、运满满的业务模式分析

运满满的商业模式简洁高效，为货主和司机提供实时信息匹配，解决了多年来货运领域运力极度分散、供需不匹配、信息不透明等问题，从而降低货运空载率，提高物流运行效率。"运满满"聚焦服务于四方客户，致力于公路运输行业，为车找货、货找车提供全面的信息服务。具体为客户提供以下服务：

（一）车主

司机版直击货运物流"空返率"高、运力利用率低的痛点，构造人、车、货物流生态圈，为司机提供高效智能配货服务，帮助司机在全国范围内随时随地手机配货，降低空驶。

自主搜索货源，对货源进行比较，找到满意信息后，可直接电话联系货主，也可以主动发布空车信息，等待货主上门。

（二）货主

货主版构建的精准车货匹配系统，为货主提供高效、精准安全的发货服务，同时配备了动态可视化的跟踪功能以及行车评价服务，全面保证货物安全。发布货源信息，比价，同时还可以自己寻找车源。在司机的允许之下，可以对司机进行定位管理，快速了解货源动态。

（三）物流公司

运满满为物流公司提供了一系列实用的功能，帮助物流公司扩大网上揽货业务，提高业务效率和客户满意度。首先，物流公司可以通过平台发布自己的物流专线，展示公司的优势和特色服务，吸引更多的客户和业务机会。其次，平台会根据物流公司的服务范围和客户需求进行智能匹配，为物流公司提供更多的业务机会和合作伙伴。

（四）信息部

信息部可以通过运满满平台同时发布货源及车源信息，等待车主货主的主动上门，实行线上线下统一运行，更加完善地做好第三方工作。

运满满的出现，不仅解决了司机找货源的问题，也解决了货主找司机车源等一系列问题。在方便快速找到货源车源的同时，还实现了定位系统，对于货源的动向更是有了一定的保障。

四、运满满的亮点分析

（一）实名认证

运满满对司机和货主进行严格的身份审核，保证双方都是真实、有效的用户。这种实名认证的机制不仅提高了平台的安全性，也使得司机和货主能够更加信任平台，从而更愿意使用平台提供的服务。

除了对司机和货主两方进行严格的身份审核外，为保证货主利益，平台会要求司机预先缴纳定金，防止抢单后爽约；对于不遵守规则的货主，平台也会不定期公布黑名单，充分保障司机的权益，让他们更愿意留在平台提供服务。

（二）交易关联图谱

运满满通过建立标准化的图谱，包括线路维度、关系图谱和价格图谱，优化了司机的线路，提高了车辆的载效率。这种基于大数据的图谱不仅能够帮助司机更好地规划路线，也能够让运满满更加精准地匹配货源和车辆，提高整体运输效率。

根据运满满建立的标准化图谱，在司机出发之前，平台能够预测其回程配货的概率。这一概率的高低直接影响到司机是否决定出发以及目的地的选择，因为能否配到回程货物是他们最为关注的问题。

此外，该图谱还可以优化司机的路线，实现车辆载运效率的精准调度。通常情况下，司机需要在两个城市之间往返，以往在将货物从 A 城市运输到 B 城市之后，需要在 B 城市各个物流园区寻找回程货物，既费时又费力，有时还可能导致车辆空驶。然而现在，司机在尚未抵达 B 城市时，便可以通过运满满平台匹配到返回 A 城市的货物，实现卸货后立即装货返程。若 B 城市没有立即返回 A 城市的货物，运满满也会从系统中为司机匹配就近城市的货物。

（三）放空保障

运满满推出的"满运宝"是一种"第三方保障式"的交易模式，为货主和司机提供双向保障。这种保障机制能够解决双方在交易过程中的疑虑和担忧，提高交易的成功率和满意度。同时，"满运宝"也能够促进平台上的交易更加规范、有序，提高整体服务质量。

五、案例总结与建议

（一）案例总结

总体来说，运满满的商业模式体现了互联网平台经济的特色，通过提供便捷、高效的物流服务，满足货主和司机的需求，实现商业价值。同时，运满满也在不断探索和创新，完善商业模式，提升用户体验和价值。运满满作为共享经济的典型代表，其成功主要体现在以下几个方面：

（1）有效整合闲置资源：运满满通过平台有效地整合了社会上大量的闲置货车和货源，提高了车辆的利用率和货运效率，减少了资源的浪费。

（2）降低交易成本：通过运满满平台，货主和车主可以直接交易，省略了中间环节，降低了交易成本。同时，平台提供了多种支付和结算方式，方便用户进行交易。

（3）提高匹配效率：运满满利用先进的大数据算法模型，实现了智能车货匹配、智能实时调度、智能标准报价、智能地图寻迹等功能，大大提高了匹配效率，减少了等待时间和空驶率。

（4）提供多元化服务：除了基础的货运交易服务外，运满满还提供了一系列增值服务，如保险、加油、ETC 等，满足了用户的不同需求，增加了用户黏性。

（5）建立良好的信用体系：运满满注重建立和维护良好的信用体系，通过审核机制、交易评价等方式，保证货源和车源信息的真实性和可靠性，提高了平台的信任度和口碑。

（二）建议

针对运满满的共享经济模式，以下是一些建议：

（1）加强技术研发：继续投入研发资源，不断优化和完善平台的技术和功能，提高用户体验和交易效率。例如，开发更加智能的匹配算法，提高货源和车源的匹配准确率；增加移动端的功能和服务，满足用户随时随地的交易需求。

（2）提升服务质量：不断优化平台的服务质量，提高用户满意度和忠诚度。例如，加强对货源和车源信息的审核和监管，保证信息的真实性和可靠性；增加客服人员和服务渠道，提高用户服务的响应速度和质量。

（3）加强数据分析：进一步挖掘货运数据的价值，为货源和车源的匹配、运输路线的规划等提供更有针对性的支持。同时，关注市场和行业的变化，及时调整商业模式和运营策略。

（4）拓展国际市场：在巩固国内市场的基础上，积极开拓国际市场，将运满满的商业模式复制到海外市场。通过与国际合作伙伴建立合作关系，共同推广运满满品牌，扩大市场份额和影响力。

（5）加强线上线下融合：将运满满的线上交易平台与线下的物流服务相结合，实现线上线下融合发展。例如，在平台上增加线下物流服务的入口和推荐，为用户提供更加便捷的一站式服务。这将有助于提升运满满整体的品牌形象和市场份额。

六、思考题

①运满满的盈利模式有哪些，合理吗？
②运满满是如何凸显分享思维的？

案例 4-3：喜马拉雅——"付费"知识模式的引爆

一、喜马拉雅的基本情况汇总

喜马拉雅，由余建军及其合伙人陈小雨于 2013 年 3 月共同创立，之后迅速成长为中国领先的音频分享平台。其初心和使命是通过声音传播人类智慧，以声音服务美好生活，致力于成为一家人终身的精神食粮。喜马拉雅对未来有着宏伟的愿景，期望成为全球声音生态的领导者，同时打造全球最佳的内容创业平台，并致力于成为中国创业企业的最佳雇主。

2013 年 3 月，喜马拉雅 FM App 正式上线；2014 年 5 月 22 日，喜马拉雅公司宣布获得 1150 万美元的 A 轮风险投资；2014 年年底完成 5000 万美元的 B 轮融资；截至 2018 年，喜马拉雅公司总共获得融资超过百亿元，其平台激活用户数量达到了 4.5 亿人，主播总量更是超过了 500 万。

喜马拉雅是一个综合性的在线音频平台，也是中国最大的在线音频分享平台。在内容管理上，喜马拉雅在业界率先提出来 PUGC 生态战略，内容以 UGC（用户生产内容）+PGC（专家生产内容）+独家版权组成，且打通了产业上下游形成完整的音频生态链。平台大多采用邀请优质内容生产者入驻，并全面参与其付费知识产品的生产。同时，平台也鼓励草根大众作为内容生产者上传优质内容。除此之外，喜马拉雅还将直播、社群、问答等与课程体系相结合，完善了知识服务的体系化，喜马拉雅产品所涉及的领域由知识付费，音频、直播等。与其他产品专注于某一领域不同，喜马拉雅是市面上为数不多的功能齐全的平台型产品。

二、喜马拉雅的商业模式分析

（一）战略定位

喜马拉雅致力于实现宏大的战略目标，即成为全球声音生态的领军者，并在中国打造最佳的内容创业平台。为了实现这些目标，喜马拉雅将不断推动技术和商业模式的创新，以拓展自身的业务并为全球用户提供卓越的声音产品和服务。他们期望通过自身的努力，不仅引领整个音频行业的发展，同时推动其他企业在这一领域的进步和创新。此外，喜马拉雅还致力于成为中国创业企业的最佳雇主，以推动中国的创业生态繁荣和发展。

喜马拉雅的使命是"用声音分享人类智慧，用声音服务美好生活"。他们致力于为声音内容创作者和用户搭建一个互相链接交互的平台，让创作者能够通过声音来分享自己的知识和智慧，也让用户能够通过声音来获取自己需要的信息和服务，享受更加美好的生活。喜马拉雅不仅提供了音频内容，还提供了一系列与声音相关的服务，包括音频直播、音频分享、音频上传、音频下载等，让人们能够更加方便地获取和使用音频内容。喜马拉雅也通过与其他企业合作，不断扩大自己的业务范围，为更多用户提供更加优质的服务。

（二）目标市场

喜马拉雅的目标市场主要是音频内容创作者和音频内容消费者。

对于音频内容创作者，喜马拉雅提供了一个可以展示自己才华的平台，他们可以通过上传自己的音频作品来获取粉丝和收益。同时，喜马拉雅也提供了一系列的激励政策，如流量分成、广告分成、版权收益等，来吸引更多的音频创作者加入平台。

对于音频内容消费者，喜马拉雅提供了一个丰富多样的音频内容平台，包括音频书、相声、评书、新闻、直播等，用户可以在平台上收听自己喜欢的内容。同时，喜马拉雅也提供会员服务，会员可以享受更多的音频内容特权，如无广告、优先收听等。

喜马拉雅的用户群体主要集中在 25~35 岁的年轻用户，这部分人群大多处于职业上升期，想要利用碎片的时间充实自己；这部分人群具备一定的经济实力，对于知识付费的接受程度高，他们更容易为自己喜欢的优质内容买单。喜马拉雅的用户性别分布比较均衡，男性占 52.08%，女性占 47.92%。喜马拉雅 FM 拥有丰富且品类齐全的音频内容，如政治、历史等符合男性用户的喜好；小说、娱乐等满足女性用户的需求。

总体来说，喜马拉雅的目标市场非常广泛，涵盖了从普通用户到专业人士、从个人到企业等多个层面。通过不断创新和完善服务，喜马拉雅希望能够满足不同用户群体的需求，实现持续发展和壮大。

(三)产品及服务

1. 喜马拉雅 FM 付费节目

喜马拉雅将精品栏的内容主要分为教育培训、人文、财经、英语、小语种、亲子教育、有声读物、音乐人生、历史、情感生活、相声评书共计 11 种分类。

在喜马拉雅付费精品榜中，个人提升类的节目占据了 22%，历史类节目 6%、亲子教育类别 22%、情感生活占据了 4%、人文类占据 38%，财经类占据 8%。在这些分类中，人文、个人提升和亲子教育占据了较多比例，其中在人文类的节目中播放量较多的节目有《康震品读古诗词》《余秋雨：中国文化必修课》。这类节目一般制作精良，受众一般为学生、家长以及教师，满足了他们获取知识的需求；亲子教育类主要以英语学习和幼儿启蒙教育内容为主，像《米小圈》系列节目，《米小圈》原本是在小学生中流行的校园小说。在 2016 年被改编成广播剧，主要以儿童为主要受众，趣味性十足，所以销售量一直很稳定。这类节目的畅销也给儿童教育提供了一种新思路。最后便是个人提升类节目，个人提升类节目涵盖的领域很广，有职场类节目如《马东的职场 B 计划》、个人形象塑造类节目如《声音教练徐洁：如何练就好声音》，还有个人管理类节目如《张萌：精力管理 50 课》，这类节目也是精品栏的主打节目。

2. VIP 付费节目

喜马拉雅 FM 的 VIP 专区内容主要分为三个部分：VIP 精品专栏、VIP 口碑有声书以及 VIP 好书精讲。其中 VIP 精品专栏主要采用 PGC 创作模式，VIP 精品专栏同会员付费节目相同，在内容创作上主要采用 PGC 创作模式，主播以在各个领域中影响力的人为主，像郭德纲、易中天以及《中国诗词大会》的蒙曼、于丹等，内容也更加垂直化，分类更加细化。VIP 有声书主要由网络小说改编而成，因为作品本身在创作有声作品前就已经拥有了一部分受众，而 VIP 好书精讲则主要由优秀的文学作品以及各种领域的畅销书组成，同样在节目开播前就有一定的受众群体。

(四) 盈利模式

1. 社群经济模式

喜马拉雅通过社群经济模式实现盈利。他们建立了一个音频社区，吸引大量对音频内容感兴趣的用户和音频内容创作者。创作者可以在平台上发布自己的音频内容，与粉丝互动，并形成社群。这些社群可以通过广告、付费收听等方式为喜马拉雅带来收益。

2. 广告营销模式

喜马拉雅通过广告营销模式实现盈利。他们与品牌合作，在平台上展示品牌广告，并可以通过将节目内容与产品融合的方式将广告融入节目，潜移默化地达到宣传效果，并提升用户体验。此外，喜马拉雅还通过将节目版权分销给其他平台来获取收益。

3. 内容+渠道联动模式

喜马拉雅 FM 签约了众多知名声音大咖，由他们提供专业化的内容产出。此外，喜马拉雅 FM 特别注重培养和发掘用户生成内容(UGC)，积极鼓励更多的用户加入主播行列，为平台注入更多活力。喜马拉雅大学也致力于培养优质的主播，推动"全民内容"的理念，让每个用户都能参与到内容创作中来。

在渠道拓展方面，喜马拉雅 FM 在线上拥有专业的平台和移动电台，方便用户随时随地享受丰富多样的音频内容。此外，喜马拉雅 FM 还与运营商的阅读客户端展开合作，进一步扩大其覆盖范围。在线下，喜马拉雅 FM 积极开展车载市场，为用户提供更为立体化的音频体验。

4. 个性化衍生产品模式

喜马拉雅通过与品牌合作，将音频融入家具、汽车、音响等领域，推出个性化衍生产品，实现了盈利。他们还开发了智能音箱等产品，丰富了自己的产品线。

5. 付费收听模式

喜马拉雅为用户提供付费收听服务，允许用户在试听一定数量的免费内容后，选择付费收听更多优质内容。这种模式可以提高用户的黏性和收入。

6. 电商和直播模式

喜马拉雅成功地引入了电商模式以实现盈利。他们在平台上巧妙地设立了购物专区——喜马商城，销售各类音频硬件产品以及生活用品等。这种方式不仅巧妙地增强了平台的交互性和用户黏性，也为喜马拉雅带来了可观的额外收益。

此外，喜马拉雅也有效地运用了直播模式进行盈利。用户可以在平台上实时观看各种直播内容，并通过打赏的方式支持他们喜欢的音频创作者。喜马拉雅则从中获取一部分分成收益，实现了平台与创作者的共赢。

(五) 核心竞争力

1. 内容为王

第一，与"大咖"合作。喜马拉雅与众多声音"大咖"合作，深度挖掘名人 IP 品牌价值，打造个性化内容，比如郭德纲的《郭论》、高晓松的《晓说》、马东的《好好说话》，都是喜马拉雅 FM 平台独有的优质 IP。第二，内容形式多元化。情感类、儿童类、传统文化类，只有你想不到的，没有喜马拉雅 FM 上搜索不到的。第三，精准推荐。喜马拉雅利用大数据，分析出每个用户的喜爱偏好，然后再进行精准推荐，增加用户对平台的依赖。

2. 细分受众

互联网时代，人人都有独特的媒介内容使用偏好，这也意味着长尾市场非常庞大，这也导致传统媒体日渐式微。长尾市场要求内容生产者关注庞大的尾部用户，这些用户将有可能创造极大的消费收益。喜马拉雅 FM 看中的不仅是独特的音频传播渠道，更看中互联网时代用户对媒介内容的高度细分需求。小众化、稀缺化、个人化，这才是现在的用户需求，喜马拉雅 FM 在这方面做得就很成功。喜马拉雅 FM 还注重将内容从 PGC 转向 UGC，这样用户可以自行创作内容，满足自己做主播的表达欲望。

三、喜马拉雅的经营模式分析

(一) 用户运营模式

在产品发展的初始阶段，首要任务是针对核心用户和目标用户进行拉新和推广。对于喜马拉雅 FM 而言，其初始的核心用户主要包括传统电台的有车族、对亲子教育有需求的家庭主妇、以及对碎片化时间有充电需求的上班族和学生群体。相对而言，这一阶段的运营和推广较为简单，因为目标人群相对明确。为此，可以针对用户群体了解产品的渠道进行有针对性的推广，例如通过软文推送、合作伙伴如《中国好声音》的脱口秀节目等形式进行初期推广和运营。

当产品达到成熟阶段并积累了足够的用户后，喜马拉雅 FM 便可以为 UGC 和 UGC 内容生产提供更好的环境。通过与版权所有者和出版商合作，整合内容资源，使内容生产在某种程度上不受限制。同时，随着内容的丰富和完善，喜马拉雅 FM 可以拓宽内容分发渠道，让主播的内容更容易传递到用户手中。在逐步满足主播和听众需求后，就可以寻求商业变现的机会。内容变现将激励主播产生更多优质内容，用户也将从中获得更优质的内容体验。

(二) 内容运营模式

喜马拉雅 FM 在内容方面具有显著优势，主要体现在主播资源、IP 资源和版权资源上。首先，在主播方面，喜马拉雅 FM 积极鼓励用户在平台上进行音频内容制作，并为主播提供全面的培养计划，形成了一套完整的主播成长体系，极大地激发了大众的创作热情。此外，公司在 2018 年宣布了"万人十亿计划"，将在未来一年内投入近 30 亿元，从资金、创业孵化以及流量等方面扶持内容创作者，这一举措吸引了一大批优质内容创作者的加入，并从侧面提升平台的节目内容质量。

在 IP 资源方面，喜马拉雅 FM 于 2016 年推出了首个王牌付费节目《好好说话》，该节目首日销售额便突破了 500 万元，充分展示了 IP 的力量。随后，公司开始与明星主播合作，例如郭德纲的《郭论》、蔡康永的《情商课》等节目均取得了良好的销售业绩。最近，喜马拉雅 FM 还推出了 IP 孵化计划。2018 年 1 月，喜马拉雅 FM 一次性签下了杨澜、郭德纲、蒙曼、王耀庆等超级 IP。此外，公司还与 17 家出版商达成合作，根据《中国知识服务产业报告》的分析显示，喜马拉雅 FM 与出版商和个人作者达成了合作，购置了市场上将近 70% 的有声书改编权，这一优势是其他音频平台无法比拟的。

在版权资源方面，喜马拉雅 FM 与众多版权所有者建立了紧密的合作关系，通过合法授权或购买版权等方式，整合了丰富多样的内容资源。这使得平台能够提供更为全面和多样化的音频内容，满足用户的多元化需求。同时，喜马拉雅 FM 还注重保护版权，为内容创作者提供安全的创作环境，这也是其吸引更多优秀主播和创作者的重要因素之一。

(三) 渠道运营模式

喜马拉雅 FM 通过整合线上与线下的多渠道资源，构建了一个完整的生态系统。2015 年，喜马拉雅推出了"inside"平台，该平台主要提供喜马拉雅

FM 的节目和软件支持，并与硬件厂商合作，为智能产品提供有声内容服务。

目前，喜马拉雅 FM 已经进军家居、汽车与音响领域，与多个品牌展开合作。例如，与海尔和美的智能家居系列产品合作，将喜马拉雅 FM 的节目内容植入家具。小雅系列音响是喜马拉雅 FM 在智能硬件产品方面的尝试，并取得了巨大的成功，尤其是后期将会员与小雅打包销售，更是受到消费者的热情追捧。此外，喜马拉雅 FM 还与宝马、奥迪、福特等汽车品牌合作，将喜马拉雅 FM 的内容输入车载音响。

这些合作伙伴关系的建立，使得喜马拉雅 FM 能够将自身的内容和服务更好地融入用户的日常生活，提供更为便捷和高效的有声内容服务。同时，通过与各领域的合作伙伴的协作，喜马拉雅 FM 也能够进一步拓展自身的业务范围和市场影响力。

四、喜马拉雅的创新点分析

(一)PGC+UGC 融合创作，深度广度齐发力

在起步时喜马拉雅 FM 选择 UGC 模式，给平台带来了丰富的内容；随着竞争的愈发激烈，喜马拉雅 FM 引入 PGC 内容作模式(专业内容生产模式)，不仅提高了内容生产的原创性、专业性也提高了节目的吸引力。

从广度上来说，PUGC 内容创作模式帮平台贡献了流量，从深度上来说，这种创作模式既树立了品牌又创造了价值，还降低了平台的运营成本。用户自发地建立内容创作社区，作为内容生产者和创作者，自发地在他们建立的社区内进行内容生产、成果分享等行为。而喜马拉雅 FM 作为一个平台，在内容生产的过程中扮演的则是一个整合者的角色，而整合者的任务就是将生产者们聚集在一起，让他们与用户产生创意的碰撞，于是在这种模式中喜马拉雅既帮助专业的内容生产者解决了用户该如何精准定位的难题，又能将品牌的价值发挥到最大值，极大程度地降低了人工成本。

(二)精品课程轻知识化，利用碎片化的时间

轻知识化的课程内容通常更加贴近生活，涵盖了各种实用的知识点，例如袁春楠的人生整理术课程、尹志豪的高效竞争力课程以及米小圈上学记等。这些课程相对于传统知识更能够满足人们对于碎片化时间和注意力的需求，同时更加生动有趣。

轻知识化课程具有以下特点：一是包罗万象。这类课程涵盖了广泛的知识领域，从环境卫生到天文地理等各个领域都有涉及。二是深入浅出。轻知识化课程将复杂、难以理解的知识点进行深入浅出的讲解，使其变得易于理

解和接受。这也是这类课程受欢迎的原因之一。三是精髓化。轻知识化课程通常将知识点分为 5~15 个课时，每个课时的时间保持在 10~20 分钟内。这种设置可以保证用户在学习过程中不会感到疲劳，并且能够在短时间内掌握知识点。

五、案例总结与建议

(一)案例总结

喜马拉雅作为知识共享经济的典型代表，其成功主要体现在以下几个方面：

(1)内容丰富：喜马拉雅平台上有大量的音频内容，涵盖了多个领域，如教育、娱乐、人文、科技等。这些丰富的内容吸引了大量的用户，满足了他们的不同需求。

(2)用户参与度高：喜马拉雅平台允许用户自己上传音频内容，并与其他用户进行交流和分享。这种用户参与的方式增强了用户的归属感和黏性，使得平台的内容更加丰富和多样化。

(3)多元化的商业模式：喜马拉雅采用了多元化的商业模式，包括广告、付费订阅、虚拟礼物等。这些商业模式为平台带来了稳定的收入来源，保证了平台的持续发展。

(4)技术支持：喜马拉雅采用了先进的音频技术和算法，提高了音频质量和用户体验。例如，平台支持多种音频格式，提供了高质量的音频播放和下载服务。

(5)品牌效应：喜马拉雅在国内市场具有较高的知名度和影响力，其品牌效应吸引了大量的用户和合作伙伴。这种品牌效应为平台的推广和发展提供了有力的支持。

(二)建议

针对喜马拉雅的知识共享经济模式，以下是一些建议：

(1)加强内容审核：为了保证音频内容的质量和真实性，喜马拉雅应该加强内容的审核和管理。例如，建立专业的审核团队，对上传的音频内容进行严格把关；制定相关的内容规范和要求，引导用户上传高质量的内容。

(2)提高用户体验：喜马拉雅应该不断优化平台的功能和服务，提高用户体验和满意度。例如，增加个性化的推荐功能，根据用户的兴趣和需求推荐相关的音频内容；提供高质量的音频播放和下载服务，满足用户的不同需求。

(3)加强与合作伙伴的合作：喜马拉雅应该与更多的内容提供商、广告商等建立合作伙伴关系，共同推动知识共享经济的发展。例如，与知名教育机构合作推出教育类音频内容；与广告商合作推出定制化的广告服务。

（4）拓展国际市场：在巩固国内市场的基础上，喜马拉雅应该积极开拓国际市场，将知识共享经济的商业模式复制到海外市场。通过与国际合作伙伴建立合作关系，共同推广喜马拉雅品牌，扩大市场份额和影响力。

（5）加强线上线下融合：喜马拉雅可以将线上音频内容与线下的知识分享活动相结合，实现线上线下融合发展。例如，在平台上增加线下知识分享活动的入口和推荐；组织线下的知识分享活动，吸引更多的用户参与。这将有助于提升喜马拉雅整体的品牌形象和市场份额。

六、思考题

①思考喜马拉雅未来的盈利模式。
②知识付费经济如何实现？

案例 4-4：e 电工——科技让电工服务优质高效

一、e 电工的基本情况

e 电工成立于 2005 年，隶属于杭州益电工科技有限公司，创始人是谢国强。e 电工平台是国内首创的电力服务供需交易平台，是共享经济在电力服务领域的垂直应用，通过"互联网+物联网"的方式，平台帮助很多企业解决了雇佣专职电工会遇到的难题。

目前，公司在全国范围内拥有 30 多万名注册电工和 5000 余名签约电工，涵盖 35 个细分工种，电工分布于全国 2000+县区，服务品类涉及跳闸维修、接电接线、灯具安装、开门机安装、开关插座安装、新能源汽车充电桩安装、电瓶车充电桩安装、分布式光伏勘测、电力巡检和运维等，为客户提供优质、快捷、放心的电力用工一站式服务。

e 电工平台通过对社会电工资源进行共享和数据化管控，推动了电力服务行业的标准化发展，以期更好满足"电工兼职增加收入"和"客户找到专业靠谱电工"的生活需求。

用户在平台注册后发布订单需求，在线的电工接单后双方商议报价，确定时间地点需求价格等信息后，电工上门服务维修，服务完成后由用户确认验收，最后电工获取报酬，流程如图 4-7 所示。

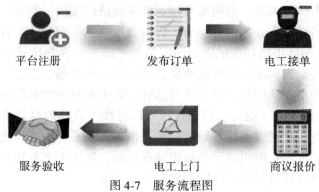

图 4-7　服务流程图

二、e 电工的商业模式分析

(一)愿景及使命

e 电工的愿景成为新时代电工的必选智慧工具。平台致力于打造一个更加开放、共享的电工服务平台，为电工提供技能提升、职业发展等方面的支持和帮助，推动电工服务行业的整体进步和发展。

e 电工的使命是有益电工技能、有益电工工作、有益电工收入。平台致力于通过数字化和智能化的手段，不断提升电工服务的质量和效率。平台将继续投入研发资源，不断优化和完善产品和服务，以满足客户的需求和期望。

(二)目标市场

e 电工的目标市场主要是电力服务企业、电工和个人用户。对于电力服务企业，e 电工致力于为其提供更加便捷、高效、安全的电力应用工具，满足企业在电工服务方面的各种需求；对于电工，e 电工打造了一个开放、共享的电工服务平台，为其提供技能提升、职业发展等方面的支持和帮助；对于有电力需求的个人用户，e 电工可以提供快速响应和高质量的电力维修服务，满足这些客户的需求。

(三)产品及服务

(1)电工服务：作为电工服务方案提供商，提供了电路检修、设备安装、电气安装等。

(2)光伏服务：主要承接各类测绘、安装和巡检订单。e 电工致力于分布式光伏领域，为光伏企业提供一站式的光伏勘测、安装、维护服务，以满足用户当前和未来的能源需求，助力企业实现能耗自主管理、多元资产保价增值，推动企业进入零排放时代。

（3）电力运维：人工安全巡检、电气预防性试验、事故抢修保障、变电站倒闸和智能运维平台。

（4）电工考证：云课堂是一个电工考证的网校，理论培训一般在线上进行，实操在线下进行，当面沟通解答疑惑。考点分布在杭州、湖州、嘉兴、宁波、台州、衢州、丽水、温州、金华、绍兴等。

（四）核心竞争力

在当今快速发展的电力服务市场中，e电工凭借其核心竞争力成为了行业中的佼佼者。这家企业不仅提供专业、安全、经济和高效的服务，更通过不断创新、优化团队、卓越的客户体验和先进的技术支持，打造出独一无二的竞争优势。

（1）创新的产品和服务：e电工不断投入研发资源，推出了一系列创新的电力应用工具和电工服务平台：智能化的电力应用工具，如智能电表、远程监控系统等。这些工具能够帮助电工快速、准确地完成工作，提高工作效率。同时，e电工的电工服务平台实现了在线下单、工作管理、进度追踪等功能，为客户提供便捷的服务体验。

（2）专业的团队：e电工拥有专业的研发团队和电工团队，具备丰富的行业经验和专业技能：研发团队对电力服务行业有深入的理解和技术积累，使得e电工能够不断创新，推出符合市场需求的新产品和服务。专业电工团队经过严格的选拔和培训，具备专业的技能和知识，能够应对各种复杂的电力问题，确保工作的高效和质量。

（3）优质的客户服务：e电工注重客户体验和服务质量，为客户提供贴心、高效的客户服务。从客户咨询、下单到后续的安装、维护，e电工提供全程跟进服务，确保每个环节都得到妥善处理，及时解决客户的问题和需求。

（4）强大的品牌影响力：e电工在电力服务行业中具有较高的知名度和美誉度，拥有广泛的客户基础和合作伙伴网络。同时，客户的推荐和口碑是e电工最宝贵的资产，为品牌带来更多的潜在客户。

（5）先进的技术支持：e电工采用了先进的云计算、大数据等技术手段，为电力服务企业和电工提供高效、便捷的技术支持。云计算技术为平台提供了强大的计算和存储能力，使得平台能够高效地处理大量的数据和交易信息，确保了服务的稳定性和高效性。同时，通过大数据分析，e电工能够深入了解客户需求、行为和趋势。此外，e电工还积极探索和应用人工智能与自动化技术，以提高工作效率和准确性。

（五）盈利模式

e 电工的盈利模式多样化，涵盖了中介费、广告盈利、线上消费和培训费用等多个方面。这些盈利模式相互补充，可以帮助 e 电工平台获取更多的收入，也能够为电工和合作商提供更多的机会和价值，实现平台的可持续发展。

（1）中介费：作为电工和电力服务需求方之间的桥梁，e 电工向电工收取一定比例的中介费。这种盈利模式不仅能够帮助 e 电工平台获取收入，还能够激励电工更积极地参与平台的服务，提高平台的运营效率和服务质量。

（2）广告盈利：e 电工平台可以向合作商投放广告，并收取一定的广告费用。这种盈利模式能够帮助 e 电工获取更多的收入，同时能够为合作商提供更多的曝光机会，实现双赢。

（3）线上消费：e 电工平台提供各种产品和服务，如电力应用工具、电工培训课程等，用户可以在平台上购买这些产品和服务。平台通过销售获得收入，同时能够满足客户的需求，提高客户的满意度和忠诚度。

（4）培训费用：e 电工平台提供电工技能培训课程，电工可以购买这些课程来提升自己的技能水平。平台通过销售培训课程获得收入，同时能够为电工提供更好的职业发展机会，增强平台的吸引力和竞争力。

三、e 电工的运营模式分析

（一）管理系统

e 电工的管理系统主要负责电工基本信息管理、电工培训、考核与授证管理、企业信息维护以及用电信息监测等。具体如下：

电工基本信息管理：管理系统对电工的个人信息进行录入和管理，包括姓名、性别、年龄、工作经验等。这些信息可以帮助平台更好地了解电工的情况，以便进行更加精准的服务推荐和管理。

电工培训、考核与授证管理：管理系统可以对电工进行在线培训和考核，以提高电工的专业技能和素质。同时，系统还可以对电工进行授证管理，根据电工的技能水平和考核成绩颁发相应的证书，以提高电工的职业认可度和竞争力。

企业信息维护：管理系统还可以对企业信息进行维护和管理，包括企业名称、地址、联系方式等。这些信息可以帮助平台更好地了解企业的需求和情况，以便提供更加精准的服务。

用电信息监测：管理系统可以对企业的用电信息进行监测和分析，包括电量、电压、电流等。这些信息可以帮助平台更好地了解企业的用电情况和需求，以便提供更加精准的服务和建议。

（二）交易系统

e 电工的交易系统包括订单提交、抢单、派单等环节。具体如下：

订单提交：企业或个人可以在平台上提交电力服务订单，包括变电所运维、电力维修、电工培训等服务需求。订单信息包括服务类型、服务时间、服务地点等。

抢单：电工可以在平台上抢单，根据自己的技能和经验选择合适的订单。抢单成功后，电工可以与需求方进行沟通和协商，确定服务细节和价格。

派单：如果电工没有抢单或订单没有被抢单，平台可以根据电工的技能和经验进行自动派单。派单成功后，电工可以与需求方进行沟通和协商，确定服务细节和价格。

对接信息管理：有些电工会与企业进行对接，负责企业电路的日常巡检和维护。对接信息在这个部分进行管理，包括对接企业的基本信息、对接电工的基本信息、对接时间、对接内容等。

（三）结算系统

e 电工的结算系统主要是根据电工提交的订单处理情况和评价系统返回的相关评价确定此次订单的价格以及接单电工的收益。具体如下：

订单处理情况：结算系统可以根据电工提交的订单处理情况，包括服务时间、服务内容、服务质量等，确定此次订单的价格。

评价系统返回的相关评价：结算系统可以根据评价系统返回的相关评价，包括基于客观数据的绩效评价和需求方的服务评价，确定此次订单的价格以及接单电工的收益。

价格确定：结算系统可以根据上述因素综合考虑，确定此次订单的价格。同时，系统还可以根据电工的技能水平和订单处理情况等因素，对电工的收益进行合理分配。

（四）生产与绩效评价系统

e 电工的生产与绩效评价系统负责实时更新订单处理进度，收集相关评价。具体如下：

实时更新订单处理进度：生产与绩效评价系统可以实时更新订单处理进度，包括服务时间、服务内容、服务质量等。这些信息可以帮助平台更好地了解订单的处理情况，以便进行更加精准的服务推荐和管理。

收集相关评价：生产与绩效评价系统可以收集相关评价，包括基于客观数据的绩效评价和需求方的服务评价。这些评价可以帮助平台更好地了解电工的服务质量和水平,以便进行更加精准的服务推荐和管理。同时,这些评价还可以为电工提供反馈和建议,帮助电工不断提高自己的技能和服务质量。

四、e电工的创新点分析

(一)组织在线,服务全面

e电工平台通过云计算和大数据技术,实现了电工和企业的在线组织和连接。平台覆盖范围广,能够及时向电工推送附近的工单提醒,方便电工快速响应并提供服务。同时,平台上聚集了众多专业持证的电工,覆盖了全国范围,能够提供全面的电力服务,包括电路改造及维修、灯具、空调、电视机、浴霸、油烟机、监控设备等全品类设备安装和拆移,以及智慧用电设备、配电柜接线等电力服务。这种在线化的组织形式和服务方式,不仅提高了电力服务的效率和便捷性,也为企业和电工提供了更加灵活和高效的服务方式。

(二)响应快、定位准

e电工平台以云服务和大数据为依托,可以快速响应并预约上门服务。平台通过精准的定向能力,能够瞄准最近的活跃电工,提高服务的响应速度和效率。同时,平台还可以通过大数据分析,对电工的技能水平和服务质量进行评估和推荐,帮助企业更好地选择合适的电工。这种快速响应和精准定位的能力,为企业和电工提供了更加高效和便捷的服务体验。

(三)交易可靠清晰,费用管理模式透明

e电工平台为接单电工提供保险服务,高额保单在降低企业用工风险的同时,也给电工自身加了一层安全保障,让电工服务更积极、更放心。同时,平台工钱提现不收手续费,整个交易流程清晰可查询,是较为合理和透明的费用管理模式。这种可靠清晰的交易方式和透明的费用管理模式,增加了企业和电工之间的信任度,提高了平台的竞争力,也为企业和电工提供了更加公平和透明的交易环境。

(四)使用方便

e电工平台具有数字化的特点,可以自动获取电工证件信息,方便企业快速了解电工的技能水平和资质情况。同时,电工也可以随时随地一键接单,提高了服务的便捷性和效率。此外,平台还提供在线培训和考核功能,方便电工随时随地学习和提升自己的技能水平。这种数字化的服务方式,符合当前互联网时代的发展趋势,能够满足企业和电工的不同需求。同时,也为企业和电工提供了更加高效和便捷的服务体验。

五、案例总结与建议

（一）案例总结

e 电工引领电工服务革新，运用云计算和大数据技术，将电工和企业紧密相连，实现资源的优化配置与共享。凭借技术优势，电工能够迅速响应并预约上门，大大提升服务速度和效率。为保证用户获得卓越体验，e 电工对平台上的电工严格筛选与培训，确保他们具备专业技术和经验。此外，平台还为用户和企业提供保险服务，全面保障各方权益。电工可根据自身时间和技能灵活接单，充分展现个性与选择权。

（二）建议

首先，持续优化平台功能。随着技术的不断进步和用户需求的多样化，e 电工平台应持续升级和完善各项功能。例如，增设在线支付功能，方便用户快速完成支付流程；优化订单管理系统，实现订单的快速处理和调度，提高工作效率。同时，平台可以引入更多智能化的功能，如语音识别、图像识别等，提升用户体验和服务质量。

其次，加强电工的培训和管理。电工的技能和服务质量直接关系到用户体验和平台的口碑。因此，e 电工应加强对电工的培训和管理，提高他们的技能和服务水平。平台可以定期组织线上或线下的培训课程，涵盖电工所需的各种技能和知识。同时，建立电工评价体系，鼓励用户对电工的服务进行评价和反馈，为平台提供改进和优化的依据。

最后，深化企业合作与定制化服务。与大型企业合作是 e 电工发展的重要途径之一。通过与企业的合作，平台可以了解企业的实际需求，提供定制化的电力服务方案。例如，与大型企业合作开展电力巡检服务、节能改造项目等，满足企业的特定需求。同时，通过与企业的合作，e 电工可以进一步提升品牌知名度和影响力。

六、思考题

①e 电工目前还存在哪些不足？
②如果在服务过程中出现了矛盾争端，e 电工平台该如何介入处理？
③e 电工平台如何建立一个更加规范的管理机制？

第5章　社交电子商务案例分析

【学习目标】

通过对本章的学习，了解社交电商的发展现状及历程，掌握社交电商的内涵及特征；掌握拼购型、分销型、内容分享型、社区团购型社交电商等主流的运作模式；通过对不同类型的社交电商模式的典型案例进行分析，重点学习新模式的盈利模式和核心能力。

【引导案例】

走走赚——社交+小程序让商家和用户都赚钱①

走走赚推出营效宝希望整合中长尾流量，通过社交+小程序的方式，帮助商家圈粉，帮助用户赚钱。平台提供商品、广告、物流、客服、售后等供应链服务。

具体而言，广告主/电商主把自己的商品、服务、广告放在营效宝里，用户通过运动、浏览、购物、分享等行为做任务，获得能量豆、积分、分红等。对于裂变带货，营效宝借助小程序叠加各种社交裂变的玩法，如糖果红包、邀请组队、师徒系统、邀请砍价、集赞、拼团等，鼓励用户分享带动社交圈子购买以及进一步成为分销渠道。

目前，营效宝上有 3000 家机构入驻，2 万件虚拟商品 SKU，包含商品、保险和广告。其盈利模式为收取 SaaS 服务费、广告服务费和交易服务费。此前，作为工具供大公司使用时，其采取一次性买断购物、广告、保险、工

----

① 《走走赚——社交+小程序让商家和用户都赚钱》，http://www.100ec.cn/detail-6511123.html。

114

具使用费的形式。

营效宝现在已与淘淘课等 9 家公司建立了战略合作伙伴关系。例如营效宝与淘淘课合作，让用户可以自销售、自金融、自商业。用户可以开设自己的淘淘课代理小店，使用平台提供的推广海报和分销体系推广，对自己的小店进行商品和人员管理。在此经营模式下，用户可以获得收入并提现；淘淘课可以获得新用户和潜在的分销代理。

此外，走走赚关注到用户的积分分散、少量且难以兑换。商家建立积分系统、开展会员营销又耗时耗力。因此，走走赚希望建立数字积分交易联盟，推出积分宝服务用户积分的发行、交易、通兑、转赠和消费，通过撮合交易费和通兑手续费获利。目前该创业团队已经与蚂蚁金服签订了数字积分合作框架协议，将会使用区块链技术做智慧营销。其推出积分宝搭建积分通兑平台，根据积分市场价值自由透明化定价，不需要将积分兑换为统一的通用积分，让不同平台的数字积分可以通兑、转让和交易。平台提供积分聚合支付，数字签名、交易服务和法务对接，资金由第三方平台进行监管，杭州互联网法院提供法律保障。

第一节　社交电子商务的内涵与特征

一、社交电商的概念

社交电商的全称是社交电子商务，早在 2010 年，Facebook 创始人马克·扎克伯格就提及"下一个引爆点将是社交电子商务"。"互联网+"浪潮的到来，推动了社交与电子商务的结合，社交电商以其较强黏性、互动性、精确用户细分与巨大商业潜力以及较低营销、时间成本迅速发展起来。社交电商是电子商务基于社交媒介的发展，在此基础上的一种衍生模式。其主要是借助于社交媒介，通过社交互动、优质内容等方式获取客户，并且对商品进行展示、分享，以有效地完成获客和商品交易的社交型电子商务模式。

亿欧智库《2019 中国社交电商生态解读研究报告》基于当下社交电商发展形势和商业模式的特点，将社交电商定义为：基于社交媒介功能，建立在社交关系基础上，通过社交活动、内容分享等方式低成本获取流量，最终实现商业变现的创新型电商模式。

易观网的《中国社交电子商务发展专题分析 2017》报告显示社交电商是电子商务的一种衍生模式，是基于人际关系网络，借助社交媒体(微博、微信)传播途径，以通过社交互动、用户自生内容等手段辅助商品的销售，同时将关注、分享、互动等社交化的元素应用于交易过程之中，是电子商务和社交媒体的融合，以信任为核心的社交型交易模式，是新型电子商务重要表现形式之一。

综上所述，社交电商的内涵包括以下三个方面：

从消费者视角看，社交电商与其购物行为的息息相关，主要体现在购物前对店铺和产品进行选择、购物中实现与卖家交流互动和购物后消费者形成的消费评价及购物分享。

从电子商务企业视角看，在电子商务活动中对社交网络进行运用，主要目的在于加强与用户的沟通交流，促进产品更加顺利地推广和销售。

从社交网络媒体视角来看，其对电子商务开展营销，主要目的在于通过推广、销售电子商务企业产品获得相应广告利润。

二、社交电商重构"人、货、场"

（一）人——流量获取及用户群体

传统电商的流量来源主要依靠广告和搜索等方式，流量集中在站内，平台中心化特征明显。商家通过投放多种形式的广告来吸引消费者，广告是传统电商网站获取流量的主要方式之一。除了广告，搜索也是电商网站获取流量的重要途径，商家为了获得更好的机会，会支付平台展位费。

社交电商的流量来源依托于社交关系，以用户流量为基础，是一个去中心化的分散式卖场，每一个用户都是一个节点，利用自己的社交关系，通过互动和传播，产生用户裂变。用户进行自传播，或者依托优质的内容积累粉丝，无须向 B 端支付广告费用，成本低。

（二）货——商品选品

传统电商是中心化的大平台，产品销量通常与品牌的知名度呈正向关系，一些优质的小众商品由于品牌知名度低，难以触达用户，因此销量不佳。

社交电商是基于特定属性人群的精准传播以及信任度，为一些产品优质的但是知名度低的品牌提供了广阔的发展空间。

（三）场——交易场景

传统电商属于需求导向型的消费，消费者一般先有购物目标需求后再在电商平台上寻找商品，"搜索"是消费者获取并购买商品的主要途径。交易从商品挑选到最后下单，整个交易过程集中在平台上完成。

社交电商商品交易发生在社群、朋友圈等不同的场景下，交易场景碎片化。相较之前的搜索式购物，社交电商的交易发生在以话题、主动分享推动的"发现"式购物场景下。

三、社交电商的特征

(一)黏性大、互动强

相对单纯性电子商务，社交电商具有鲜明的社交性质。买卖双方处于商业行为中时本质上具有利益对立性，较难在消费过程中建立信任关系，而社交电商则可借助其社交性质提升买卖双方信任感。社交电商利用人们在社交生活中更偏向于信任熟人购物评价的惯性，可对用户族群进行精准定位，并通过社交群内口碑，提高用户认可与忠诚度，从而使商品获得更高转化率与更高复购率。在人均可支配收入不断提升的今天，除生活必需品，消费者开始越来越多地对自己喜欢的商品进行购买，很多商品并非单纯地为满足消费者某项刚性需求，是一种能够提高消费者生活品质的存在，消费者对该类产品的选购，并不具备定期性，往往购买于生活闲暇空隙，通过社交平台注意到这些商品后才会产生购买欲望进而发生购买行为。

(二)用户细分精确

社交网站是面向用户而建的，用户通常都会拥有自身群组，可在不同讨论组中对信息与感想进行发布，通过社交网站群组划分，商家即可轻易地接触到大量用户层，对用户兴趣、爱好和习惯等信息有所了解，进而可对更精确的营销计划进行制定。社交电商的互动性，与传统电商推行的单项搜索相比，可有效地指导消费者对个性化非标性商品进行购买，在电商转化率上远远超出传统电商。社交电商平台本身在电商转化率上可达到 6%~10% 转化率，尤其社交平台上的顶级网红在电商转化率上可达 20%，而传统电商转化率却不超过 1%。

(三)商业潜力巨大

在社交网络上，汇集了大量真实人群，丰富的人脉资源给社交电商发展带来了巨大商业潜力。社交网站中用户都有或多或少好友及粉丝，在互联网中他们都是潜在的消费群体。这些用户除对网络购物全程参与，还可能对各自购物体验进行发布和分享，从而担当其网络"导购员"，在社交电商中不自觉地为其他潜在消费者解答"买什么"以及"在哪买"等问题，对那些尚未形成明确消费需求的用户产生激发作用，激发其消费需求，提高社交电商转化率。

(四)营销、时间成本低

我国传统电商巨头存在明显的"中心化"特点，社交电商系统大量消费者与商品被汇聚在电商巨头掌握中。社交电商平台则可对多个流量入口进行开创，每个入口可以与特性消费场景对应，并匹配相应消费群体，实现精准营销，降低消费者消费时间成本；与此同时，这种"去中心化"模式，还能降低电商营销成本。

第二节 社交电子商务的分类

2018 年可谓是社交电商迅猛发展的一年，各种平台如雨后春笋般涌现，呈现出"遍地开花"的繁荣景象。一些创业平台在激烈的竞争中脱颖而出，成为了行业的领头羊；而一些老牌电商则顺应潮流，顺利完成了转型；还有一些以专业种草为特色的平台也异军突起，为用户提供了更丰富、更个性化的选择。

社交电商按照社交对电商影响的主要环节，可以分为拼购型（主要影响分享传播）、分销型（主要影响销售模式）、内容分享型（主要影响购买决策）、社区团购型（主要影响需求获取）四种社交电商模式。

一、拼团型社交电商

拼购型社交电商通过聚集 2 人及以上用户，以社交分享的方式组团，用户组团成功后可以以比单人购买时更低的价格购买商品。拼团的发起人和参与者多通过微信分享并完成交易，通过低价激发消费者分享积极性，让消费者自行传播。拼购型社交电商平台只需花费一次引流成本吸引主动用户开团，主动用户为尽快达成订单会将其分享到自己的社交圈直至订单达成，拼团信息在用户社交圈传播的过程中，其他人也可能重新开团，传播次数和订单数量可实现指数级增长。基于其裂变特性带来的快速高效的传播效果，目前拼购已经作为一种日常营销方式被电商企业广泛采用。

拼团型典型代表——拼多多（见图 5-1），以低价拼团为核心吸引力，借助微信等社交平台，迅速聚集大量用户，并以低门槛的促销活动持续刺激用户，再以大额订单获得商家低价供货。在限定的时间内，邀请购买的人越多，价格越低。得益于这一模式，2017 年拼多多 GMV 为 1412 亿元，实现 GMV 过千亿元大关。2018 年，年仅 3 岁的拼多多正式在纳斯达克上市交易，改变电商市场局面，跻身国内电商平台第三极，与阿里、京东形成"三足鼎立"。

图 5-1　拼多多主页

二、分销型社交电商

会员制社交电商也称分销型社交电商，指在社交的基础上以 S2b2c 的模式连接供应商与消费者实现商品流通的商业模式。如图 5-2 所示：分销平台 (S) 上游连接商品供应方、为小 b 端店主提供供应链、物流、IT 系统、培训、售后等一系列服务，再由店主负责 C 端商品销售及用户维护。用户通过缴纳会员费/完成任务等方式成为会员，在不介入供应链的情况下，利用社交关系进行分销，实现"自用省钱，分享赚钱"。目前，行业中存在的分销型社交电商比较多，例如在纳斯达克上市的云集，贝店、蜜芽、每日一淘等，还有风头正旺的顺联动力也属于分销型的社交电商。

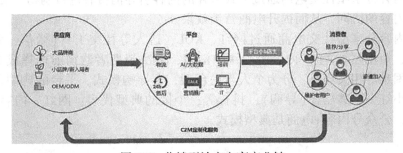

图 5-2　分销型社交电商产业链

分销型社交电商兴起的原因：社交去平台，重构传统 B 端和 C 端的关系；成熟的微商快速转化为生产力。另外，分销型社交电商上一阶段的形态是微商模式，在微商经历了大起大落后，大量微商从业人员涌入社交电商行业。成熟的微商体系快速转化为生产力，成为分销型社交电商爆发的主要原因。

分销型社交电商，则是通过高性价比的产品与高品质的服务，打造好口碑。通过围绕朋友圈的分享，获得商家推广奖励的同时，找到更多人参与进来，建立人群利益链，形成裂变。在这个过程中，用户既可以是消费者，又可以是店主，实现了平台流量与用户收益两者的双赢。对比拼团模式，这一类社交电商更加符合社交电商本质——"社交+电商"。

流量是电商的基础，社交电商的出现为高性价比流量的获取提供了解决方案。但是只靠流量并不足以构筑护城河，企业未来的发展方向仍是供应链和用户需求的满足。在经过粗放式收割流量后，社交电商开始关注供应链效率和用户满意度，企业管理开始走向精细化，促使消费者复购，以此加强商业模式的可持续性。社交电商平台前端对接用户，利用社交关系获客，重构流量逻辑，以社群形态构筑新的购物场景；后端对接供应链，提高商品履约能力。

三、社区团购型社交电商

社区团购型社交电商以社区为基础，社区居民加入社群后通过微信小程序等工具下订单，社区团购平台在第二天将商品统一配送至团长处，消费者上门自取或由团长进行"最后一公里"配送的团购模式。

社交拼团的主要交易场景在微信群。微信生态内交易、支付等基础功能，尤其是 2018 年以来微信小程序商业化功能的陆续推出，为社区拼团企业快速利用微信小程序完善自身平台用户体验提供了基础。

四、内容分享型社交电商

内容分享型社交电商通过形式多样的内容引导消费者进行购物，实现商品与内容的协同，从而提升电商营销效果。

内容分享型社交电商通过网红、KOL、达人等社交工具(微信、微博、直播、短视频等)生产内容吸引用户消费，解决消费者购物前选择成本高、决策困难等相关痛点，分为个人与平台型，有导购模式。平台的典型代表：诸如小红书、蘑菇街(导购)、抖音等；个体的典型代表：网红、内容创业者等，公众号内容+电商是典型模式。

第三节 案 例 分 析

案例 5-1：拼多多——"社交+电商"模式开创者

一、拼多多的基本情况汇总

拼多多(见图 5-4)创立于 2015 年 9 月，隶属于上海寻梦信息技术有限公司，通过"社交+电商"模式，致力于为用户提供物有所值的商品和有趣的互动购物体验，是一个专注于 C2M 拼团购物的第三方社交电商平台。2018年 6 月 30 日，拼多多向美国证券交易委员会提交招股说明书，正式开启 IPO 计划。2018 年 7 月 26 日，拼多多在纳斯达克挂牌上市。截至 2020 年底，拼多多的年活跃买家数量达到 7.884 亿，拥有庞大的用户基础。此外，拼多多平台的商品种类繁多，已经覆盖快消、3C、家电、生鲜、家居家装等多个品类，满足消费者日益多元化的需求。2022 年 9 月 1 日，拼多多上线了跨境电商平台 Tume，该平台销售的商品品类包括服装、饰品以及厨房、婴儿和宠物用品等。

图 5-4　拼多多主页

二、拼多多的商业模式分析

（一）战略定位

拼多多是一家专注于 C2M 拼团购物第三方社交电商平台。用户通过发起和朋友、家人、邻居等的拼团，以更低的价格拼团购买优质商品。其中，通过沟通分享形成的社交理念，形成了拼多多独特的新社交电商思维。拼多多追求一种简单、快乐的生活方式，通过创新的商业模式和技术应用，把实惠和乐趣带给广大消费者。

（二）目标用户

从用户地域分布上看，拼多多的目标市场主要集中在三四线及以下城市，这些地区的用户对商品的高性价比需求较为强烈。拼多多通过整合被传统电商平台排除在外的低端商家资源，成功建立起面向这些用户的中低端商品供应链，并通过社交电商的模式吸引用户流量。随着用户规模的扩大，拼多多也逐渐向一二线城市发力，推出"百亿补贴"计划等吸引高端用户的措施。

从用户性别分布上看,拼多多的用户群体中女性用户占比更大。女性用户在购物时更注重性价比,喜欢通过对比商品挑选出性价比较高的商品,也喜欢在社交平台上分享购物经历。拼多多的特性比较符合女性用户的这些需求,因此在女性用户中更受欢迎。

从用户年龄分布上看,拼多多的用户年龄在各个层次均有覆盖,其中18~35岁的用户占比较大。这一年龄段的用户对新鲜事物接受度高,喜欢尝试新的购物方式,而拼多多的社交电商模式正好符合他们的需求。同时,这一年龄段的用户也是消费的主力军,对商品的需求量较大,因此在拼多多上的活跃度也较高。

(三)产品和服务

拼多多以低价、社交电商为特色,主要提供的产品有:

(1)家居生活类:拼多多提供各种风格的家具和装饰品,包括简约风格和欧美风格等。同时,它还提供一些特色家居产品,如创意家居饰品和个性化定制家具等。

(2)服装鞋包类:拼多多上有各种时尚的服装、鞋子和包包。它与众多品牌合作,为用户提供了大量的正品服装和鞋包。无论男女装或各式鞋包,都可以在这里找到心仪的款式和品牌。

(3)其他类:除了家居生活类和服装鞋包类,拼多多还提供许多产品,如电子产品、母婴用品、美妆个护、食品饮料等。

此外,拼多多还提供如下服务:

(1)产品销售:拼多多主要通过线上平台销售各类商品,包括但不限于生活用品、食品饮料、服装鞋帽、数码电器、家具等。

(2)物流配送:拼多多在物流配送方面也有涉及,平台上的商家可以选择使用拼多多推出的物流配送服务,以保证产品及时送到消费者手中。

(3)广告服务:拼多多的平台也提供了广告服务,商家可以通过该平台进行品牌推广、促销活动等。

除此之外,拼多多还提供店铺装修、产品定位、推广营销、售后服务等一系列服务,以满足商家的各种需求。

(四)盈利模式

拼多多的盈利模式主要包括广告收益、商家保证金、佣金收入和增值服务四个方面。这些收入来源为拼多多的快速发展提供了强有力的支撑,也使得拼多多成为电商市场中的一匹黑马。

(1)广告收益:拼多多通过向商家收取广告营销费用来获得收益。商家可以通过搜索推广、明星店铺和 Banner 广告等方式在拼多多平台上进行推广，吸引更多用户关注和购买。这些广告推广方式可以帮助商家提高商品的曝光率和销售量，从而为拼多多带来广告收益。

（2）商家保证金：拼多多要求商家在入驻时缴纳一定的保证金，以确保其在平台上的信誉和服务质量。商家保证金也是拼多多的收入来源之一。虽然拼多多支持零元入驻，但在缴存足额店铺保证金之前，店铺将受到一定的限制，包括提现、报名活动、发布商品货值及库存限额等。

（3）佣金收入：拼多多还通过向商家收取佣金来获得收益。商家在拼多多平台上销售商品时，需要向拼多多支付一定的佣金，这也是拼多多的主要收入来源之一。拼多多的佣金比例根据不同的商品类目和销售额而定，一般在 5%～20%。

（4）增值服务：除了以上三种方式，拼多多还提供一些增值服务来获取收益。例如，拼多多推出了"多多进宝"等推广工具，帮助商家提高商品的曝光率和销售量。商家需要向拼多多支付一定的费用来使用这些增值服务。

（五）核心能力

拼多多的核心竞争力在于创新的模式、低价的商品和创新的技术。

（1）创新的社交电商模式：拼多多将电商和社交结合起来，通过社交分享和助力等方式吸引更多用户参与，扩大了平台的传播范围和影响力。

（2）高效的供应链管理：拼多多建立了完善的供应链管理体系，通过与低端商家的合作，实现快速响应和低成本运营。同时，拼多多还加强了与品牌商家的合作，推出"品牌馆"等措施，提升了平台的品质保障能力。

（3）优秀的技术支持：拼多多拥有优秀的技术支持团队，通过大数据、人工智能等技术手段不断优化平台运营和用户体验。

三、拼多多的运营模式分析

（一）拼单功能

拼多多最具特色的功能就是"发起拼单"。从图 5-5 中可以看出，用户有两种选择，单独购买或者发起拼单。拼单可以由自己发起，链接邀请自己认识的朋友一起购买，也可以参与由陌生人发起的拼单，每个商品只要有人下单，页面下方就会显示"某人在拼单，可直接参与"，展示区域在"评论"和"商品标题"之间，限时的数字滚动能很直接地刺激用户，使其参与拼单，而且大多数商品只需两人即可拼单成功，拼单的门槛大大降低。

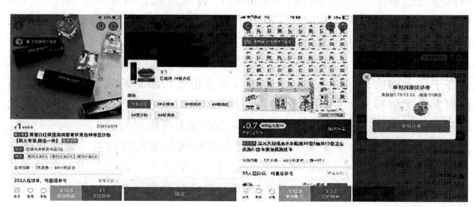

图 5-5　手机拼单页面

(二)砍价免费拿

拼多多将"砍价免费拿"功能(见图 5-6)放在了最显眼的菜单栏,用户可以通过分享给微信或者 QQ 好友等方式邀请好友帮自己砍价,只要用户能邀请足够的人帮自己砍价就有机会免费获得自己心仪的商品,这已经成为拼多多获取用户裂变式增长的主要方式。

低廉的获客成本成为拼多多一骑绝尘的关键,而且在用户分享砍价链接的过程中产生的流量红利更是难以估算。拼多多正是充分利用了微信等聚集起来的巨大的社交流量红利,在当今的电商红海中开辟出一片新天地。

图 5-6　拼多多免费拿

（三）多元化的优惠活动

拼多多的优惠活动可以用琳琅满目来形容，基本上囊括了大多数电商类产品的优惠活动。首页中的菜单优惠栏目有很多，比如限时秒杀、断码清仓、多多果园、9块9特卖等，不同优惠活动的规则略有不同（见图 5-7）。

限时秒杀　断码清仓　品牌馆　多多果园　9块9特卖

充值中心　每日好店　现金签到　金猪赚大钱　电器城

图 5-7　菜单栏界面

限时秒杀：在规定的时间段（较短）内，放出可秒杀的商品，需要发起或参与拼单即可享受优惠。

断码清仓：在规定的时间段（较长）内，展示今日清仓的商品，较秒杀品类较丰富，需发起或参与拼单即可享受优惠。

品牌馆：各类大牌入驻，品质有保证更有超低折扣优惠和大额优惠券狂撒。

多多果园：多多果园是一款寓教于乐的游戏，通过虚拟的水果园让用户了解水果的生长过程和农业知识，同时也可以通过游戏中的互动和社交功能增进用户之间的联系和互动。

9块9特卖：每天早上 10 点，晚上 8 点上新，品类也很丰富，且价格大多低于 9.9 元，需发起或参与拼单即可享受优惠。

（四）提供分享

拼多多摒弃了传统电商类别的购物车功能，增加了聊天功能，在个人中心页面新增了一个待分享功能，还有无处不在的社交元素充分体现了"社交+电商"的运营模式。

拼多多会依据用户的喜好和浏览记录向其推荐相关商品内容，例如用户一开始就搜索"运动鞋"，那么"推荐"页面就会出现"袜子"和"鞋垫"等相关商品。而且推荐的入口也有很多，比如推荐页面（主要）、聊天界面以及个人中心页面的下方。

根据用户的浏览记录推测出用户现在想买什么，准确地运用了大数据匹配帮助用户筛选商品，节省了用户的挑选时间，做到了用户界面的千人千面，这也是电商类平台的一个普遍的现象。

四、案例总结及建议

拼团模式在电商中并不是新鲜的玩法，只是拼多多将其"发扬光大"，以升级的玩法带到大众面前。事实上，"拼团"是 PC 时代的产物，由团购网站整合线下商家商品上架到线上平台，销售主体品类是电影票、餐饮等服务性商品，主要用于拉新和尾货处理，典型代表有美团、大众点评等。此时的拼团平台是一个信息中介，将线下商品放到线上拼团，再引导用户到线下店铺消费，消费之后还需要引导消费者回到网上确认付款或者分享体验，从而实现 O2O 商业闭环。PC 时代的团购行业技术门槛低、可复制性强，因此在一段时间内团购网站遍地开花，竞争加剧，团购行业逐渐走下坡路。

进入移动互联网时代，拼多多率先推出"社交+电商"模式，利用"低价+社交"的组合，以"低价好货"的商品为驱动，基于微信关系链进行社交裂变，设计了拼团模式，创造了一个基于移动端的新消费场景。拼多多早期快速崛起的关键是利用低成本获取来自微信的庞大社交流量，抓住了三四线及以下城市用户对高性价比商品的需求，进而通过热门商品来吸引用户入驻平台。

实现用户量的快速增长后，拼多多就一直致力于拓展商品品类，深化社交体系并维持推出高性价商品，形成了"高性价比平台"的标签，提升了用户的黏性，并逐步拓宽了用户群体。当然，拼多多靠的是"低价好货"吸引用户，因而在避免商品"低价低质"方面面临着很多考验。而且随着越来越多的平台进入"拼团"市场，可以预见拼多多未来将面临诸多挑战。

五、思考题

①拼多多如何打造用户的忠诚度，以及如何保障产品的质量问题？
②拼多多如何利用社交裂变模式持续发展？

案例 5-2：小红书——内容型社交电商

一、小红书的基本情况汇总

小红书成立于 2013 年，由毛文超和瞿芳在上海创立。小红书是一个集生活方式分享和消费决策于一体的社交平台，是一个典型的内容分享型社交电商平台。小红书在成立之初就获得了数百万元的天使投资，之后又陆续获得了数轮风险投资，投资金额不断扩大。截至目前，小红书已经完成了多轮融资，估值也在不断攀升。

小红书的业务范围主要是购物分享和电商交易。用户可以在平台上发布自己的购物心得、搭配技巧、产品评测等内容，也可以通过搜索关键词或浏览其他用户的分享来发现好物、获取购物灵感。此外，小红书还提供达人推荐功能，用户可以根据自己的喜好选择关注相关达人，获取更多高质量的购物建议和消费体验。同时，小红书也积极开展品牌合作和商业模式创新，向品牌商收取广告费用，以此实现盈利。

（一）小红书社区

小红书的首页就是它的"社区"，包含"关注""发现"和"附近"3 个板块。"关注"板块会显示用户关注的人发布的内容，方便用户追踪自己喜欢的人的动态；"发现"板块会推荐用户可能感兴趣的内容，涵盖视频、直播、美食、影视等多个方面，以帮助用户发现新的有趣的内容和趋势；"附近"板块则显示附近用户分享的内容，有助于用户了解周围发生的事情和发现新的朋友。

（二）小红书商城

小红书商城的发展历程可以追溯到 2014 年，当时小红书福利社上线，旨在解决海外购物中的难题。随后，小红书推出了多元化内容战略，明星用户大量增长。2018 年，小红书上线自有品牌有光 Candle Light，通过流程再造提供质优价廉的商品。2019 年年初，小红书成立"品牌号"部门，打通了从社区到交易的全链条。

二、小红书的商业模式分析

（一）愿景及使命

小红书的愿景是成为中国最大的高品质生活方式分享平台，向全球输出优质中国文化，让每个人都能享受美好、有趣和有价值的生活。为此，小红书不断拓展全球化视野和布局，深化产品研发和创新，探索更好的生态合作方式，不断提高平台的用户体验、数字化转型和社会价值实现。

小红书的使命是让每个人的生活更美好、更有价值，打造一个真正服务于用户和品牌商家的高级产品和服务生态。小红书认为，只有真正体验过、真正喜欢过，才能够真正分享和理解生活中的美好和价值。因此，小红书致力于通过丰富有趣的内容生态、普及高品质的产品和服务，为用户和品牌商家共享数字化营销红利和实现美好人生。

（二）目标市场

小红书的目标市场主要集中在中国的年轻女性用户群体。用户年龄在

20~35岁，这一年龄段的人群热衷于通过短视频、图文等形式记录生活点滴，也愿意花费时间在社区中寻找优质商品并与他人进行交流沟通。用户职业分布广泛，包括大城市白领、公务员以及留学生。大城市白领和公务员拥有稳定的收入基础，追求高品质生活；而留学生则是购物笔记生产的主力军，他们对海外商品有更深入的了解，也更乐于分享自己的购物经验和心得。

（三）产品及服务

小红书的产品及服务主要包括以下几个方面：

（1）内容分享平台：小红书作为一个生活方式分享社区，用户可以在平台上发布文字、图片、视频等各种形式的内容，分享自己的生活经验、购物心得、旅行日记等。平台还通过算法推荐，让用户能够更快速地找到自己感兴趣的内容。

（2）电商服务：小红书提供了电商服务，用户可以在平台上浏览和购买各种商品。平台设有"好物推荐""品牌特卖""优惠券"等板块，用户可以根据自己的需求和喜好浏览和筛选商品，并享受到平台给予的优惠和折扣。同时，小红书还提供了海淘服务，用户可以直接购买海外商品，并通过平台实现快速配送。

（3）社交功能：小红书具有较强的社交属性，用户可以通过点赞、评论、关注等方式与其他用户进行互动，建立社交联系。此外，小红书还推出了"福利社"等功能，让用户能够与其他人分享优惠信息、拼团购买等。

（4）数据服务：小红书还提供了一系列数据服务，包括用户行为数据分析、消费趋势预测等，帮助品牌商家更好地了解用户需求和市场趋势，制定更有针对性的营销策略。

总的来说，小红书的产品及服务主要围绕着内容分享、电商服务、社交功能和数据服务展开，旨在为用户提供更好的生活方式和消费体验。

（四）盈利模式

小红书的盈利模式主要包括广告收入、电商分成、付费服务和内容合作等方面。这些盈利方式相互补充，共同构成了小红书的商业生态。

（1）广告收入：小红书的广告收入主要来自品牌商家在平台上投放的广告。这些广告以各种形式出现，如图片、视频、文字等，并且出现在用户的个人主页、搜索结果页、话题页等各种位置。品牌商家通过在小红书上投放广告，可以增加其品牌在潜在消费者中的曝光度和知名度。同时，小红书的广告系统还可以根据用户的兴趣和历史行为进行精准投放，提高广告的转化率和效果。对于小红书来说，广告收入是其重要的盈利来源之一，也是其吸引品牌商家和用户的重要手段。

（2）电商分成：小红书的电商分成是其重要的盈利来源之一。通过提供电商平台服务，小红书允许商家在平台上开设店铺并销售商品。每当有交易发生时，小红书会从该笔交易中抽取一定的佣金或利润分成。这种模式使得小红书能够与商家共享利润，同时能够为平台带来稳定的收入。此外，小红书的电商服务还能够为商家提供各种营销工具和数据分析服务，帮助商家提高销售量和营销效果。

（3）付费服务：小红书的付费服务主要是针对品牌商家提供的增值服务。例如，开通小红书商家版可以获得更多的数据分析和管理工具，帮助商家更好地了解自己的用户和销售情况，从而制定更有效的营销策略。同时，小红书会员可以享受到更多的优惠和特权，例如优先购买权、专属客服等，提高用户的购物体验和忠诚度。这些付费服务可以帮助品牌商家更好地管理和运营自己的账号，提高营销效果，也为小红书带来了额外的收入。

（4）内容合作：小红书的内容合作主要是与品牌商家进行合作，为品牌提供宣传和推广服务。这些合作形式包括品牌活动推广、产品试用体验、联名营销等。通过这些合作形式，品牌商家可以在小红书平台上进行各种形式的宣传和推广，例如举办线上活动、提供优惠券、发布产品试用体验报告等。这些合作形式可以帮助品牌商家提高品牌曝光度和知名度，也为小红书带来了额外的收入。此外，小红书还可以通过与品牌商家的合作，提供更丰富多样的内容和服务，提高用户的体验和忠诚度。

（五）核心竞争力

小红书的核心模块就是社区内容和电商。

1. 社区内容

小红书以社区笔记起家，真实海量的消费者口碑和用户生活笔记积累是小红书的核心竞争力，也是小红书以社区内容在国内众多跨境电商 App 中占据一席之地的关键所在。

2. 电商

海外直采加直营模式也是小红书的核心资源，小红书打造了三大仓库：保税仓、国内仓和海外仓，福利社所销售的商品都是由小红书自己在海外直接采购，直营销售。这一模式在消费者心目中建立了品牌信用背书，在保证商品品质的基础上，降低了产品的价格，为用户带来了更好的消费体验。

四、小红书的运营模式分析

（一）内容运营

内容主题方面主要针对具有高消费能力的女性核心用户，推出时尚、护肤、旅行、健身等当下热点话题，根据不同的需求场景、用户习惯推荐不同的内容主题，这些主题往往是裂变式的。

在内容组织方面，小红书不断强化社交功能和内容发布工具，让图片、视频、文字更加精美，更吸引人眼球，也加大了审核内容质量，鼓励原创且追求优质内容。

此外，小红书提供更加精确的算法，只要用户搜索某关键话题或者浏览了某些笔记，实时刷新后便会推荐更多同类笔记，方便用户了解更多关注的内容，即"比用户还要了解自己"。

（二）用户运营

小红书的用户中，生产内容合作者可分为PGC（专业生产内容）和PUGC（专业用户产生内容）两种。平台的创作者培养体系可以让用户持续不断产出高质量的内容，同时为平台带来巨大的流量与热点，用户进而与品牌方合作完成流量变现，从而保障平台的运作。除创作者之外，其他用户就是普通的种草女（男）孩了。对于这类用户，小红书建立了用户成长等级制度，鼓励用户分享生活乐趣、发布笔记，在平台内进行社交交流，去成为创作者，产出高质量的内容，形成良性循环。

（三）电商运营

小红书将电商部门拆分升级为"企业号"和"福利社"。"企业号"就是品牌商家入驻，专注品牌的营销和交易，将品牌、博主和普通用户联系起来，从中获取广告收益；"福利社"就是官方店铺，采用自营模式专注整合商品采销、仓储物流和客户服务的供应链流程。

1. 正品自营

小红书与澳大利亚保健品品牌 Blackmores、Swisse、日本化妆品排行榜 Cosme 美容大赏、日本药妆店集团麒麟堂、松下电器、虎牌、卡西欧等多个品牌达成战略合作，还有越来越多的品牌商家通过第三方平台在小红书销售。小红书通过品牌授权和品牌直营模式并行，确保用户在小红书买到的都是正品。

小红书在29个国家和地区建立了专业的海外仓库，并在仓库设立了产品检测实验室。用户如有任何疑问，小红书会直接将产品送往第三方科研机构进行光谱检测，从源头上将潜在风险潜降到最低。

一方面，小红书基于社区用户点赞及收藏的喜好，对商品品类进行严格的预判；另一方面，通过进行及灵活的活动促销，提高商品的周转率，减小库存压力。

小红书通过聚集一批高质量的种子用户，鼓励他们自发分享高质量的海淘经验，从而吸引更多具有一定消费能力，并且追求高品质产品的消费者。从这些用户的需求点入手，一一攻破，有效运用场景化营销形成完美的功能闭环，从而在短时间内迅速发展为国内领先的跨境电商平台。

2. 保税仓和物流

小红书与海外品牌商或大型经销商建立直接的战略合作，采取保税自营模式，从海外直采到阳光清关，从整个供应链的把控上尽最大可能杜绝假货流入，保证用户享受跨境电商的极致品质体验。

小红书提供了两种物流配送方式：一种是海外直邮集货模式，另一种是国内保税备货模式海外直邮集货模式：大概需要 2 周时间，用户收到的是从海外邮寄到境内的商品。

国内保税备货模式：先把货运到国内保税仓库再上架售卖，可以提供给用户类似国内购物的快捷物流体验，3 天左右可以收到货。

3. 营销手段

（1）C2B 口碑营销。与传统的 B2C 营销模式不同——"先做产品，为产品找用户"，小红书先聚集用户，根据用户的需求做产品。消费者提出需求，生产企业按需求组织生产。小红书购物笔记社区积累了大量的用户数据，包括用户的分享、点赞数量、高曝光率商品等。来自用户的真实消费体验汇成全球最大的消费类口碑库，也让小红书成了品牌方看重的"智库"。对这些数据进行简单运算和人工筛选后，小红书可以分析并确认采购货品的种类与数量。社区的信息引导优势使得小红书实现了"提前预测—少量精品—快速销售"的模式。开创了全新的 C2B 口碑营销模式，即用户数据决定卖家的商品选择。

小红书成了连接中国消费者和优秀品牌的纽带。通过小红书，中国消费者了解到了国外的好品牌。比如，Tatcha 在美国口碑很好，在中国却默默无闻，用户在社区分享消费体验后，它渐渐受到中国消费者的关注和青睐。现在，小红书成为 Tatcha 在中国的唯一合作方。

小红书也致力于推动中国的品牌走向世界。目前，小红书上已经聚集了一批优秀的国产品牌。借助于小红书社区的口碑模式，这些品牌不必将大量的资源投入广告营销，而是可以专注于产品的设计和品质。

（2）短视频营销。作为一个生活方式平台，自 2013 年创立至今，小红书先后经历了从攻略分享到经历分享，再到生活片段分享的平台定位升级历程，截至 2019 年 1 月，小红书用户超过 2 亿，其中"90 后"和"95 后"是最活跃的用户群体。通过短视频、图文等形式记录生活的点滴，是小红书用户习惯的日常动作。

与传统的图文和长视频不同，短视频强调轻量级的表达与内容消费，在产品形态、用户体验和使用上都与小红书本身的特质相贴合。在小红书看来，通过短视频占据用户高频使用场景，丰富内容生态，并进一步提升品牌商业化变现能力，是流量红利触顶、智能终端进入存量时代背景下运营成败的关键。以短视频方式呈现美好生活，与小红书"让全世界的好生活触手可及"的使命是一脉相承的。小红书希望用户在拍视频、看视频与分享视频中，在每一个环节都能得到正向激励，并由此得到触动——"找到你想要的生活"。

2019年2月5—11日，人民日报客户端上线"春节签到赢福袋"活动，配合答题签到活动，由小红书独家支持的系列微视频《中国福》也将同期上线。该系列微视频以不同采访对象表达自己对"福"的不同理解为表现手法，最终由不同地域、不同成长背景、不同职业和不同处境的个体之小福，汇集成国泰民安的家国之大福。

从产品形态而言，小红书上大量的UGC用户笔记呈现碎片化、轻量化的特点，这与短视频的产品形态高度契合。就内容真实性而言，短视频制作比图文有更高的作假成本。对普通用户而言，基于短视频的实时分享则充分体现了小红书强调"真实"的理念。从用户体验看，小红书强调的是寻找新的好物与美好的生活方式，强调多元化的内容获取，而非消耗大量时间的沉浸式体验。通过短视频，小红书能够进一步丰富内容形式，增加抵达用户的触点，在优化体验的同时降低时间成本。

通过"春节签到赢福袋"活动，小红书在以短视频方式为网友诠释更多"中国福"的同时，也将"真实、美好和多元"的精神和理念传递出去，帮助更多人过上自己想要的生活。

（3）用户营销。小红书平台各类信息齐全，适合爱护肤、爱美丽的女性朋友，从护肤到彩妆再到数码电子产品、奢侈品等，相关内容非常齐全。

用户每天可以刷新福利社，方便了懒得找代购且怕买到假货的用户，福利社推荐的东西都有口碑，还有不定期的抽奖活动。

对用户的心得和经验进行分享，以此吸引其他用户的互动、点赞、评论等，通过意见领袖的力量奠定社区的基础氛围。平台注重去中心化，鼓励每个用户发表自己的看法，有利于增强用户活跃性和对平台的黏性。

（4）明星和网红入驻，增强平台变现能力。为了提升用户黏性，增加更多优质内容，实现平台内容的多样化，2017年小红书推出了"明星KOL"（关键意见领袖Key Opinion Leader，简称KOL）项目，通过邀请明星、KOL、红等人物入驻平台，与粉丝之间产生互动，来推荐产品，从而增加平台的变现能力。小红书通过利用明星亲自试用并直播分享给用户的方式，增强用户对平台产品的信任感，还提升了用户的"种草"效果，加上明星入驻，成功吸引了不少明星的自家粉丝，小红书也由此获得了更多的流量和关注，对于小红书、明星、用户和产品商而言，无疑实现了共赢，对于小红书来说，更是增强了平台的变现能力。

2019 年 1 月，"平台"在小红书上线，开放了品牌方、内容合作机构（MCN 和品牌合作人，如达人、博主、KOL 等）入口。在这一开放的营销平台上，品牌合作人除了能有到粉丝数、笔记数等基础数据外，也能看到近 30 天笔记平均阅读数、曝光数、分享数等更高的互动信息，并可与品牌方互动。通过资质认证的品牌方能基于数据品牌合作人。

（5）善于抓当今粉丝心理。小红书善于抓住用户心理，知道用户更喜欢看什么。《偶像练习生》是爱奇艺在 2018 年重点打造的中国首档偶像男团竞演真人秀节目，小红书与其合作，成为《偶像练习生》的赞助商，练习生们也纷纷入驻小红书，粉丝通过与偶像之间建立互动，不仅增加了粉丝对于练习生的黏性，也增加了对平台的黏性。

利用《偶像练习生》入驻小红书，将粉丝逐渐变成平台的用户、消费者，从而对产品、品牌进行宣传和推广，可谓是共赢。由此，小红书能够在众多社交电商平台中脱颖而出，正是因为它更懂得、更了解用户。

五、案例总结及建议

小红书以"海外购物分享社区"起家，使平台上的用户通过线上分享消费体验，引发社区互动，然后推动其他用户进行线下消费，这些用户反过来又会进行更多的线上分享，最终形成一个"线上分享—互动—线下消费"的循环。之后，小红书上线了"福利社"，旨在解决海外购物"买不到"的难题，形成了小红书平台上分享到互动再到消费的闭环。等到用户达到一定规模后，小红书开放了平台，引入第三方商家以丰富商品品类，使用户购买更多类型的商品，也使用户获得了更多的消费信息。小红书的优势在于：通过社区中累积的用户浏览、点赞、分享等海量数据，精准地分析出用户的消费需求；通过社区用户真实的信息分享形成口碑营销，提高商品转化率。

总体来说，小红书的发展路线和抖音比较相似，都是由内容平台切入电商领域。但目前来说，小红书的电商业务发展进度相对缓慢。尤其是直播业务，小红书不仅进入时间晚，而且互动直播占据更大比重，直播带货的发展较慢。也就是说，小红书上线直播内容是以拓展社区内容的广度和深度为重点，强调平台的社区属性，避免过多商业内容影响用户的内容浏览体验。

六、思考题

①小红书如何解决"笔记"的原创性和真实性？
②小红书从"社区"到"电商"，有哪些经验值得借鉴？
③小红书未来将如何发展？

案例5-3：云集——分销型社交电商

一、云集的基本情况

云集创立于2015年，是一家由社交驱动的精选电商平台，为会员提供食品饮料、水果生鲜、美妆个护、手机数码、母婴玩具等全品类精选商品。2016年12月12日，公司获得了2.28亿元的A轮投资，标志着其备受肯定的市场地位。2018年4月23日，其B轮投资高达1.2亿美元，凸显其强大的发展潜力。2019年5月3日，云集正式在美国纳斯达克挂牌上市，被誉为"中国会员电商赴美第一股"。云集致力于通过"精选"供应链策略和极具社交属性的"爆款"营销策略，聚焦商品的极致性价比，帮助亿万消费者以优惠价格买到全球好货。

云集的合作伙伴阵容强大，与众多国际知名品牌如欧莱雅、伊利、飞亚达等建立了战略伙伴关系。同时，它也积极与新兴品牌如大希地等开展合作，不断丰富产品和服务供给。云集在物流方面表现出色，自营仓库遍布全国22个城市，还有445家加盟仓库作为补充，确保了高效的商品配送。

目前，云集拥有超过4500万的VIP用户和3000万的钻石会员，每日营业额突破十亿元。作为一家精品会员电商平台，云集致力通过"深耕会员电商+发力专业零售"策略，为会员提供超高性价比的全品类精选商品。

二、云集的商业模式分析

（一）价值定位

围绕"创业者为本"的云集文化之魂，是所有云集人要达成的共识，需要全体云集人认同它、落实它、坚守它，并传承它。让"助力千万创业者双手改变命运"成为云集人思考的起点，让"品质第一　创业者为本　协作共赢　有爱有趣有光有火"成为云集人日常的言行准则。

使命：助力千万创业者，双手改变命运。

愿景：成为云集人实现自我价值且为之自豪的平台，成为1亿家庭信赖的消费品集团。

价值观：品质第一，创业者为本，协作共赢，有爱有趣有光有火。

（二）目标市场

云集的目标消费群体集中为年轻女性，特别是那些关注健康、美容、母婴、家居等消费领域的用户。云集在发展过程中逐渐明确了其目标市场和目标消费群体。云集的店主主要由三类群体构成：中小分销卖家、导购员、"宝妈"。其中，"宝妈"群体约占70%。这些"宝妈"作为云集的主力军，对云集的成长和发展起到了重要的作用。

根据其市场定位，云集涵盖母婴用品、家具、食品饮料等，丰富的货源和品类是云集的立足之本，现有商品品类囊括普通家庭绝大部分的刚需。

（三）产品及服务

为了满足消费者日益习惯的购物需求，云集利用其社交特性实现"爆款"的销售。云集的产品和服务有以下特点：集中销售的生鲜零食、服饰、美妆个护、母婴用品以及电子产品等，以满足消费者日益增长的消费需求；与欧莱雅、强生等多家著名品牌商建立了直接的合作关系，从源头上对产品的品质进行了严格的控制，精挑细选、严检，为消费者提供"精品"；在服务方面，为了缩短顾客的等候时间，云集汇集了国内最好的物流公司，并建立了自己的华中智能仓库，以达到高效、全面、智能化的目的。

（四）盈利模式

云集的主要盈利方式是商品销售净收益和会员业务收益：

一是商品销售净收益：这部分收益来自云集作为电商平台销售商品所获得的收入。收入主要来自两个方面：一是直接的销售收入，即用户购买商品后，云集从供应商处获得收入；二是通过提供各种优惠措施，如折扣、优惠券、推荐奖励等，吸引更多的用户购买商品，从而增加销售收入。此外，云集还会通过返还补贴和增值税等方式，为用户提供更多的优惠，提高用户的购物体验和忠诚度。

二是会员项目的收益：云集的会员业务是其重要的收入来源之一。云集为会员提供一系列的特权和利益，例如享受更低的价格、优先购买新产品的权益、专享的优惠券等。当会员购买会员服务并享受到这些特权和利益后，云集会确认这部分的收益。此外，云集还通过提供会员专享的返利、积分兑换等方式，进一步吸引和保留会员，增加会员业务的收益。

（五）核心竞争力

"会员制"与"精品"是云集的两大核心能力：

第一，推广"会员制"。随着"微商群体"的快速发展，云集选择了"会员分销"模式。通过会员在自己的圈子里分享物品来完成产品的销售。以社群传媒为主要发行渠道，通过会员分销模式，聚集了众多的会员，同时，公司一直致力于以会员为核心，提供高价值的产品，让会员之间可以互相交流，享受到最好的购物体验。

第二，打造"精品"。目前在销售的产品涵盖零食生鲜、服装、母婴用品、电子产品等，以满足人们日益增长的消费需求；与欧莱雅、强生等多家著名品牌商建立了直接的合作关系，从源头上对品质进行了严格的控制，精挑细选、严格检验，为消费者带来"精品"；此外，为了缩短顾客的物流等候时间，确保新鲜食品的品质，汇聚了来自世界各地的顶级物流公司，并在华中建立了智能化仓库，以确保"精品"的高效、全面和智能化。

三、云集的运营模式分析

（一）交互式感知网络嵌入

云集在刚成立的时候，就将自己的后台与微信连接在一起，凭借强大的粉丝数量和强大的即时聊天能力，通过店铺老板、关键意见领袖（KOL）的朋友圈、社群分享商品链接、二维码扫描下载 App 等方式，以低成本、高效率地进行流量导入。

（二）进入平台

云集以"精品"战略，寻找高品质的供应商，以"批发价"的方式为会员提供各种产品。云集汇集了国内外数千个知名品牌，据官方统计，包括联合利华，达能等知名大品牌，为消费者提供 100% 的正品和性价比。云集 App 分为三大板块：美食、99 精选、服饰。美食板块主要是美食上新、地标美食、今日团购和下期预告，以及新品种使用指南，可以带领用户品尝到地道的美食；99 精选包括限量特惠、百亿补贴、限时特卖、新品精选、今日榜单，以限时促销、低价策略吸引顾客，向用户提供全品种的产品选择，促进消费；服饰板块涵盖品牌特卖、每日上新以及热销榜单，为消费者提供许多大品牌的选择机会。

（三）从低参与度行为到高参与度行为

云集的"会员思维"是让消费者当商家的代言人，进行社会推广，形成对商家的黏性。会员有两种：付费会员和注册会员。付费会员只要购买 398 元的开店大礼包就能买东西或卖东西，无论买卖都能得到一定的提成，还可以得到商城的优惠券和云币的奖励。普通的注册用户只能在商城里购买标价的商品，没有任何折扣。在这些会员制中，根据团队的人数和销售能力，可分为一般的店主、客户经理和服务经理。服务经理和客户经理将会从团队的总销售额中得到佣金，以及作为培训店主的底薪收益。

（四）平台内消费

云集的分销机制是三层会员制，层层递进，获取客户的红利。用户可以通过购买礼品包，或者完成某个特殊的任务，成为普通成员，可以得到相应的提成。当普通成员的物品和裂变技能达到一定级别就可以晋升为经理，同时还可以得到额外的奖励，而晋升为服务人员则可以得到额外的培训奖励。高额的奖金和奖金激励着商家们，让他们不断地更新和宣传自己的产品，从而减少了他们的收入和维护费用，提高会员的黏性、活跃度和忠诚度。另外，云集也在大力发展自己的品牌，构建了多层次的品牌体系，以满足消费者的多元化购买需要。采取"聚焦流量在少量爆款"上的策略，可以提高上游的利润，降低物流费用，同时，高利润也可以保障店主的高佣金。

（五）平台内分享或自传播

云集的流量导入主要靠微信，而商家则是在微信朋友圈、社群中发布商品文章和链接来进行营销。服务经理和客户经理通过在微信社区向店主进行产品销售技巧、产品功能介绍等方面的培训，并向店主提供相关的资料和文案，指导店主进行商品分享及销售。商家在社群内发布的链接可以直接进入云集商城。同时，用户还可以在社群中随时交流产品的选择、使用效果、售后反馈等信息，并通过口碑来吸引更多的顾客，这样的营销模式无疑能增强用户的信任度和忠诚度，加强用户的黏性。

四、案例总结与建议

（一）案例总结

回顾云集过去的发展，从其战略目标、运营模式、市场定位以及挑战等方面进行总结如下：

云集始终以用户为中心，致力于提供高品质的商品和服务。通过与国内外众多知名品牌的合作，以"批发价"的方式为会员提供各种优质产品。在运营模式上，云集采取会员制的方式，通过发展"店主—客户经理—服务经理—专柜掌柜"等不同层级的会员，实现销售和利润的双重增长。同时，云集注重用户关系的维护，通过打造"云集好货"等自有品牌，举办各类营销活动，提升用户的黏性和活跃度。

然而，云集在市场定位上存在一些挑战。第一，作为一家社交电商平台，如何平衡用户体验和广告推送是一大难题。大量的广告植入可能会影响用户的购物体验，而过于强调用户体验则可能会影响平台的收入。第二，如何在竞争激烈的市场中保持差异化也是云集需要面对的问题。随着电商行业的快速发展，许多竞争对手也在不断涌现，云集需要找到一种独特的竞争优势，以吸引和留住用户。

（二）建议

针对以上问题，提出以下几点建议：

（1）优化用户体验：云集可以通过优化广告推送策略，提高广告与用户需求的匹配度，降低用户反感。同时，云集也可以通过增加客服团队规模、优化售后服务流程等方式，提升用户的购物体验和满意度。

（2）加强营销创新能力：云集可以探索更多新颖的营销方式，例如通过直播带货、短视频营销等方式，吸引和打动用户。同时，云集也可以考虑通过与其他平台或品牌合作，共同开展营销活动，扩大品牌影响力。

（3）深化用户关系维护：通过举办各类社区活动、加强用户间的互动等方式，增强用户的归属感和忠诚度。同时，可以通过开展个性化推荐、定制化服务等业务，提高用户黏性和复购率。

（4）持续技术创新：在大数据、人工智能等技术的支持下，对用户进行更精准的画像和个性化推荐，提高交易效率和用户满意度。

（5）强化供应链管理：通过与优质供应商建立长期稳定的合作关系、建立严格的品质管理体系等方式，保证产品的品质和供应稳定性。

（6）拓展海外市场：随着国内电商市场的竞争愈发激烈，云集可以考虑拓展海外市场，寻找新的增长点。通过跨境电商的方式，将优质的国内产品带给全球消费者，同时也可以引入一些国外优质的产品和品牌，丰富自身的产品线。

总之，作为一家社交电商平台，云集需要始终保持敏锐的市场洞察能力、持续的创新精神和高效的执行力。通过优化用户体验、加强营销创新能力、深化用户关系维护、持续技术创新以及拓展海外市场等方式，云集可以在激烈的市场竞争中保持领先地位，实现可持续发展。

五、思考题

①云集如何跳出"传销"的误区，走出一条光明大道？
②云集的盈利模式比较单一，未来还有哪些盈利的切入点？

案例 5-4：兴盛优选——社区团购型社交电商

一、兴盛优选的基本情况汇总

兴盛优选全称为湖南兴盛优选电子商务有限公司，2017 年在湖南长沙成立，企业创始人为岳立华，入选为国家商务部首批"线上线下融合发展数字商务企业"。兴盛优选是湖南省第一家市场估值超过 10 亿美元的"独角兽"企业。

兴盛优选主要的平台定位是解决家庭的日常需求，提供精选产品，包括生鲜果蔬及居家日用等商品。依靠社区实体便利店，通过"预售+自取"这个长期探索出的供应链模式，为社区居民提供生鲜便利商品服务。

兴盛优选的业务目前已经覆盖全国 17 个省、1400 多个地/县级市、十万多个乡镇和农村，累计接入 30 万家门店，如图 5-8 所示。

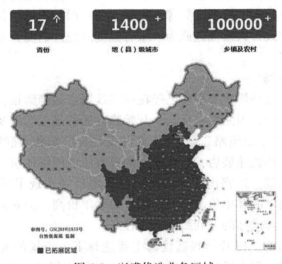

图 5-8　兴盛优选业务区域

二、兴盛优选的商业模式分析

(一)价值主张

兴盛优选的企业愿景是复兴中国百万家实体便利店，让全世界千万品牌直达亿万家庭，改变中国亿万家庭的生活方式。其十二字方针是"用户体验、降本增效、做深做透、自建物流"。

兴盛优选作为一家关注民生的互联网"新零售"平台，其价值主张主要体现在以下几个方面：

(1)赋能上游：兴盛优选通过与优质品牌商合作，为社区家庭消费者提供丰富多样的商品选择。平台对品牌商进行严格的甄选和审核，确保商品品质可靠。同时，兴盛优选通过数据分析和个性化推荐，帮助品牌商更好地了解消费者需求和购物行为，提升品牌价值和市场影响力。

（2）复兴门店：兴盛优选采用零成本加盟的方式，吸引众多社区便利店成为团长。平台负责采购供应、物流配送和售后服务，团长负责组织团购和推广，分享平台收益。这种模式下，团长可以获得额外的收入，同时为社区居民提供了更便捷的购物服务。通过复兴门店，兴盛优选迅速布局各大社区，扩大了市场份额。

（3）改变用户生活方式：兴盛优选采用"预售+自提"的模式，让用户在社区团购中享受到"高品质+低价格"的商品。这种模式改变了消费者的消费习惯，帮助他们做出更好的消费决策。同时，兴盛优选还提供了一系列便捷的服务，如快速配送、售后服务等，提升了用户的购物体验和忠诚度。通过改变用户生活方式，兴盛优选成为一家有温度的社区电商企业，让社区家庭消费者离不开它。

（二）目标市场

由于美团、盒马鲜生等平台已经在一二线城市站稳脚跟，但是在下沉市场还有很大的空白，因此兴盛优选一开始瞄准的便是三四线及以下城市甚至乡镇市场，主打"下沉策略"，借助丰富的便利店形态和人群消费习惯扎根，在三四线下沉市场快速展店，形成庞大的自有门店网络体系，避开锋芒，拿下市场的空白地带。兴盛优选目前在湖南本地已经实现了深入覆盖村级规模，虽然农村用户的客单价没有城市用户的客单价高，但农村地区用户的购买频率更高，而且产品的毛利结构相对较好。

对于 to B 客户，刚开始兴盛优选主要选择下沉市场的夫妻便利店作为团长的主要群体，而由于社区团购具有很强的社交属性，因此除了夫妻店，另外具有较强社交能力的宝妈群体及社区管理人员也是十分契合团长的特质。而这些团长所具有的社交属性以及"预售+自提"的运营模式，共同决定 C 端用户人群主要为他们在线上线下所能触达到的周边 1~3 公里的社区用户。这些用户与团长具有一定的信任关系，因此更容易推广平台商品，也更容易产生用户裂变。

（三）产品及服务

兴盛优选是一家关注民生的互联网"新零售"平台，主要定位是解决家庭消费者的日常需求，提供包括蔬菜水果、肉禽水产、米面粮油、日用百货等全品类精选商品。兴盛优选依托社区实体便利店，通过"预售+自提"的模式为用户提供服务。以下是兴盛优选的产品及服务：

（1）预售模式：兴盛优选采用预售模式，提前收集用户的购物需求，然后根据需求向供应商下单采购。这种预售模式可以减少库存积压和损耗，降低运营成本。

（2）自提服务：兴盛优选将商品配送至社区实体便利店，用户可以选择到店自提。这种自提服务可以满足用户对快捷、便利购物体验的需求。

（3）全品类精选商品：兴盛优选提供包括蔬菜水果、肉禽水产、米面粮油、日用百货等全品类精选商品，满足家庭消费者的日常需求。

（4）社区团长体系：兴盛优选建立了社区团长体系，由遍布全国的众多夫妻店、便利店组成。这些团长负责在社群内推广商品、收集订单、提供售后服务等，增加了平台的用户黏性和活跃度。

（5）下沉市场策略：兴盛优选主要面向下沉市场，即三四线及以下城市甚至乡镇市场。通过精准定位用户需求，提供符合当地消费水平的商品和服务，兴盛优选在下沉市场中具有较强的竞争力。

（6）助力乡村振兴：兴盛优选除了自身业务的迅猛发展，还依托平台优势，帮助全国各地的特色农产品"触电"上行，助力乡村振兴。

（四）盈利模式

兴盛优选的盈利模式主要包括销售盈利、广告收入、物流费用、供应链金融和数据分析服务等方面。这些盈利方式相互补充，共同构成了兴盛优选的商业生态。

（1）销售盈利：兴盛优选采用"预售+自提"的模式，通过向供应商采购商品并在平台上销售，获得商品销售的差价利润。由于采用预售模式，兴盛优选可以有效控制库存和损耗，降低运营成本，从而实现销售盈利。

（2）广告收入：兴盛优选作为互联网"新零售"平台，拥有庞大的用户群体和流量。平台可以与品牌商家合作，在平台上展示广告或进行品牌推广活动，从而获得广告收入。

（3）物流费用：兴盛优选建立了强大的自营物流体系，通过共享仓、B2C 仓、服务站等方式，将商品从工厂配送到社区实体便利店。平台可以向供应商收取一定的物流费用，从而实现盈利。

（4）供应链金融：兴盛优选与供应商合作，可以提供供应链金融服务，例如应收账款融资、订单融资等。通过这些金融服务，兴盛优选可以帮助供应商解决资金问题，同时获得一定的利息收入或手续费收入。

（5）数据分析服务：兴盛优选拥有强大的数据分析能力，可以对用户行为、消费趋势等进行深入分析。平台可以向品牌商家提供有针对性的营销策略和数据支持，从而获得数据分析服务收入。

（五）核心竞争力

核心能力能是能给企业带来比较优势且长期的核心优势竞争力，兴盛优选的核心优势是：社群场景、社交属性、低价策略、预售制、免费一公里内配送。

1. 社群场景和社交属性

兴盛优选通过建立社群场景和发挥社交属性，使得获客和引流成本较低。团长利用身边的朋友圈建立社区团购群，拉附近居民入群，每天发布特价或爆款产品，鼓励用户下单。由于存在熟人的信任关系，使得用户对产品产生信任，以此提高成交率。同时，用户喜欢分享和传播购物经验和感受，进一步扩大了产品的传播和用户裂变速度。这种社群场景和社交属性是兴盛优选独特的核心竞争力，也是其成功的关键之一。

2. 低价策略和预售制度

兴盛优选采用低价策略和预售制度，通过按量采购和集中配送的方式，降低了运营成本。预售制度使得平台能够提前收集用户的购物需求，再根据需求向供应商下单采购，减少了库存积压和损耗。同时，集中配送降低了物流成本，提高了物流效率。低价策略和预售制度相结合，使得兴盛优选能够提供更好的价格和服务，吸引了更多消费者的关注。

3. 强大的物流体系支撑

兴盛优选建立了强大的物流体系支撑，包括分拣仓、中央仓、服务站和自提点等多个环节。生鲜蔬菜的加工在分拣仓内完成，包装和标品化处理后，再通过物流配送至中央仓。中央仓负责存储和配送商品到服务站，最后由团长将商品送至自提点。这种物流体系保证了商品的新鲜度和快速送达，提高了用户的购物体验。同时，兴盛优选还在不断优化物流体系，提高物流效率和服务质量。

三、兴盛优选的经营模式分析

（一）兴盛优选主要运营流程

兴盛优选业务流程中核心组成部分分别为：流量、社区社群、团长、供应链。四项要素相辅相成、缺一不可。

（1）流量。流量即用户，代表着平台的资源实力及品牌号召力，也反映出用户对平台的认可度。兴盛优选平台是基于微信小程序搭建的，微信小程序作为开放式的生态系统提供了庞大数量的黏性用户及数字化便捷支付系统，让兴盛优选能在腾讯生态体系中得以迅速增长裂变。兴盛优选的流量获取主要渠道为线下渠道，依赖于真实小区用户，流量精准且与用户线上线下交互多，用户黏性较强，且能带来更大的用户裂变可能。

（2）社区社群。当前，中国社交行业的渗透率已达到97%，社交行为不仅将不同圈层和爱好的人做了很好的人群精细化分类，通过这种精细化的分类，决定这些消费者的购买决策及消费链条。社区社群是用户的主要入口，每个社群均为团长的私域流量池，团长在社群内完成自己私域流量的搭建、裂变及转化。团长通过一些促销优惠及发红包等形式定期促活群内用户，提高用户活跃度，提升用户对平台的忠诚度，带动平台复购率。

（3）团长。兴盛优选平台是一种新的零售模式，它是基于社交电商并依靠真实社区用户和"团长"的资源来实现业务流通。团长们基于线下真实的社区邻里关系，维护社区居民用户，负责建立社群及社群的信息更新、活动促活、商品推荐、售后服务等，并按照订单完成情况获得佣金收入。

（4）供应链。供应链是企业运营的护城河，供应链的运营效率决定企业运营成本和用户体验。兴盛优选主要销售生鲜果蔬等高频刚需品类，这对供应链履约率有着很高的要求，持续优化供应链降低履约成本才能有效控制生鲜的损耗率，提升企业利润空间。

兴盛优选目前的运营业务流程为：①团长在社区的群内不定时发布当天优惠信息；②群内用户通过群内信息下单购买；③平台当天 23 点截单，在次日下午将订单商品发送至自提点；④下午 4 点之后用户可到自提点提货。

（二）兴盛优选供应链模式的发展历程

兴盛优选发展至今，经历过多种供应链模式的摸索迭代，主要分为以下4 个阶段，如图 5-9 所示。

图 5-9　兴盛优选供应链模式发展历程

目前一直沿用的为"预售+自提"的 4.0 阶段，使用的供应链平台为兴盛优选打造的"阿必达"平台，目前平台可做到当日 23 点结束订单，并在次日凌晨 1 点前将商品送到仓库开始进行分拣，以保证在上午 11 点前将商品全部送达团长的自提点，再由团长进行订单商品的分拣，等待用户自提。

与同行业的竞争对手相比，兴盛优选的优势主要是供应链。这是基于芙蓉兴盛在过去长达几十年中慢慢积累的供应网络，摸索建立起来的"供应商—共享仓—中心仓—网格仓—自提点"供应网络。该模型以前被认为兴盛优选最大的壁垒。

（三）兴盛优选主要获客方式

兴盛优选获客方式为线上线下相结合的方式，但主要还是依靠线下获客为主，相较于现在获客成本很高的线上渠道，线下渠道的获客反而拥有较低的获客成本。其主要获客方式分为以下几种：

（1）线下门店宣传：具有线下门店的团长可以在门店通过张贴海报、易拉宝等宣传物料推广平台，通过折扣优惠等方式引导到店购物的社区用户关注平台进行购物。此外，还会引导用户加入微信群，以便接收新鲜优惠信息以及参与群内红包互动。

（2）地推宣传：团长可以选择在附近人流较大的地方摆放活动宣传物料及商品展示，通过小礼品赠送等方式引导周边社区用户关注平台，同时引导用户扫码入群。

（3）社群裂变：通过线下拓展用户加入微信群，定期在群内通过红包等形式邀请群内用户拉好友入群返佣，通过此方式迅速获得大量有效用户。

（4）新媒体推广：目前开展的新媒体渠道有微信公众号与抖音渠道，微信公众号主要做企业官方宣传，更新频率一般为 7 天/次，官方抖音账号粉丝为 6.3 万人，主要内容包括企业发展、官方推广以及团长入驻等信息。

四、案例总结及建议

（一）案例总结

目前社区团购行业激烈的竞争中，兴盛优选处于发展关键期，国内的社区团购行业在消费升级和需求的高速增长时期，同时是社区团购行业培养消费者购物习惯的关键时期。兴盛优选目前在社区团购中处于领先地位，但是随着资本的加入，行业竞争愈发白热化，兴盛优选的商业模式竞争力中的弊端日益明显。

1. 客户群体消费分级明显，需求难以全面满足

兴盛优选供应的商品在价格上更有优势，小城市居民的基本需求能得到满足，但产品种类相对较少，一般的产品很难进入平台市场，除非是爆款热卖品才可以迅速加入，而且仅有少量的生活用品，偶尔会有家电、护肤、家居用品等专场，但用户很难一次性在平台上备齐所有的生活必需品。

2. 顾客稳定性差，用户的黏度低

生活中家庭日用品属于快消类，这类商品具有产品价格低、生命周期短的特点，消费者更容易被打折或促销活动所影响，由于人普遍存在从众的心理现象，导致忠诚度低。受到价格敏感的影响，消费者更倾向于低价商品。市场上目前有很多家社区团购平台，给了消费者很多选择，所以很难实现顾客忠诚。

3. 门槛低、同质化严重

目前兴盛优选不能满足消费者个性化、多样化购物需要，是因为商品品类的丰富度有限，线上多平台商品的差异化又不明显，为了在有限的客群中争取到客户，竞争变得十分激烈。

(二)建议

1. 细分客户群体

为了更好地挖掘和分析顾客信息，企业可成立数据中心，通过大数据技术的科技力量，分析服务精准性与顾客识别，对消费者的个人属性进行深入分析，进而提供更精准的服务，有了可参考的数据，"爆款产品更容易产生"，也可借助数据中心的分析力量，进行定制化推送用户的个性化需求，消费者接收到的会是更精准、更适合自己的信息，以此为基础精确制定和投放各项优惠活动和服务。

2. 提高客户黏度

在产品信息展示中尽量多提供产品的信息，不只是展示产品的图片信息，还能将产品来源或产地信息进行适当添加，使顾客对所购买的产品有充分了解，信任度得到了增加。在推广产品时，可附带一些生活小知识来收获更多的粉丝。

3. 增强核心竞争力

对于公司的长期发展而言，关键在于吸引并保留客户，而这一目标的实现依赖于优质的产品。产品的品质决定了其是否为好产品，因此企业必须深入了解并认识到客户的需求，然后深入挖掘这些需求。社群中的客户需求可能因地区、年龄和背景的差异而有所不同，因此定期或随机的市场调研至关重要。在向上游采购自营商品时，企业应严格遵守客户的真实需求和相关标准，以确保产品品质的稳定性和持久性。

总之，兴盛优选作为社区团购型的社交电商，通过精准定位用户需求、建立社区团长体系、采用预售模式降低运营成本、提供自提服务满足用户需求等方式实现了快速发展。未来，平台可以进一步加强供应链管理和优化、提升数据分析能力和个性化推荐、加强品牌合作和营销活动等方面的工作，以实现持续发展和提升竞争力。

五、思考题

①兴盛优选如何应对"橙心优选""美团优选""多多买菜""苏宁菜场"等后来者？

②兴盛优选的业务相对单一，未来将如何拓展和转型呢？

第 6 章　电子商务新兴技术案例分析

【学习目标】

通过对本章的学习，了解个性化推荐、区块链、大数据和云计算等新兴技术，重点掌握这些新兴技术在电子商务中的创新应用，通过技术创新革新商务模式和运作模式。

【引导案例】

人工智能和大数据持续发力，惠农网日活用户屡创新高①

告别"看天吃饭"，从产销模式到大数据、人工智能精准的市场导向，数字化、智能化正在重塑农业农村发展的新格局。与此同时，致力于用"数字化+农业"技术赋能赋智农业产业升级的惠农网，凭借多年积累的势能，开始加速奔跑。

以"农"为本，大数据赋能下的专业农业电商

惠农网线上交易平台集合了经济作物、水果、蔬菜、畜禽肉蛋、水产、农副加工等 19 大类目、2 万多种常规农产品，覆盖全国 2821 个县域，并利用算法和大数据，对产销进行精准匹配，让农户可以更快速地销货，取得资金的回流，也让农产品的采购商节约了大量的时间成本。

同时，基于庞大的供应商和采购商规模，惠农网将交易信息作为标准化数据沉淀下来，以农业从业人员的需求作为研发标的，逐渐推出行情、农技、社群、直播、物流、金融等产品功能，为农业从业者的日常生产经营构

---

① 《人工智能和大数据持续发力，惠农网日活用户屡创新高》，https://news.iresearch.cn/yx/2023/06/473923.shtml。

建了一个专业高效的数字化农业工具。

大数据产品场景化，高效赋能乡村振兴

2023 年 2 月，惠农网自主研发的专业在线数据服务终端——"惠农大数据"服务平台上线，将过去十年积累的 12 亿条农业专业数据和每天更新的 20 万条标准化数据进行整合汇总，已经成为了应用级的产品，在农业生产、交易、服务、金融等环节广泛应用。

惠农大数据平台以超市的模式开放数据和数据产品，以标准化、场景化的方式将数据和数据产品推向市场，为用户提供便捷的自主选购、自助下单、按需获取的服务。这种开放、共享的服务模式，也给用户的新增与留存带来利好。

惠农 AI，提前领略智能时代

人工智能出现后，惠农网快速做出反应，以惠农网农技学堂十年来沉淀的 60 多万条问答以及 2500 节专家课程为数据基础，将惠农 AI 训练成为各个特定种养领域的智能农技专家，满足和解决农业从业者的根本问题——种养殖难题。农友提问后，惠农 AI 可以在第一时间内给出回复。在农技专家解答后，惠农 AI 也可根据数据样本做出补充回复，让答案更为全面。惠农 AI 农技服务的专业、高效、及时、智能极大地激发了用户的使用率。

惠农网将持续探索惠农 AI 在农业数据分析、农业金融服务、农业供应链管理、农业教育和培训等方面的应用。

第一节　电子商务新兴技术概述

一、大数据

(一) 大数据的概念

在当今信息爆炸的时代，我们被海量数据包围。随着科技的不断进步，大数据已经渗透到我们生活的方方面面，从商业决策、医疗研究到社交媒体互动，无一不是其施展拳脚的舞台。大数据并非单一的概念，而是一个复杂且多维度的领域。

历史上数据库、数据仓库、数据集市等信息管理领域的技术研究，很大程度上是为了解决大规模数据的问题。随着技术的不断发展，大数据成为近年来的一个技术热点。但到目前为止，大数据还没有一个统一的定义。不过，我们可以从以下几个角度去理解大数据：

首先，从技术能力角度来看大数据。麦肯锡全球研究所对大数据是这样定义的：大数据是一种规模大到在获取、存储、管理、分析方面大大超出了传统数据库软件工具能力范围的数据集合。另一个是 Garter 咨询公司给大数据的定义：大数据是需要新处理模式才能具有更强大的决策力、洞容发现力和流程优化能力来适应海量、高增长率和多样化的信息资产。我们国家的一些专家认为大数据是指规模超出了常用的软件工具在运行时间内可以承受的收集、管理和处理数据能力的数据集。

（二）大数据的特征

在数字化时代，数据已成为企业决策和业务发展的重要驱动力。然而，随着数据量的爆炸式增长，传统的数据处理方法已经无法应对。大数据应运而生，具有以下显著特征：

（1）规模性（Volume）：大数据的起始计量单位至少是 PB（1024TB）、EB（1024TB）或 ZB（1024TB）。非结构化数据规模超大，且其增长比结构化数据增长快 10~50 倍，是传统数据仓库的 10~50 倍。

（2）多样性（Variety）：大数据的类型可以包括网络日志、音频、视频、图片、地理位置信息等，具有异构性和多样性的特点，没有明显的模式，也没有连贯的语法和语义，多类型的数据对数据的处理能力提出了更高的要求。

（3）高速性（Velocity）：处理速度快，时效性要求高，需要实时分析而非批量式分析，数据能连贯性地输入、处理和分析，这是大数据分析区别于传统数据挖掘最显著的特征。

（4）价值高（Value）：大数据价值更高，如今随着物联网的广泛应用，信息感知无处不在，信息海量，但存在大量不相关的信息。大数据分析可以从中得出高价值的数据内容，帮助人们进行更好的研究。因此需要对未来趋势与模式做可预测分析，利用机器学习、人工智能等进行深度复杂分析。

（三）大数据的应用

2015 年发布的《促进人数据发展行动纲要》中就明确了大数据是以容量大、类型多、存取速度快、应用价值高为主要特征的数据集合，正快速发展为对数据巨大、来源分散、格式多样的数据进行采集、存储和关联分析，从中发现新知识、创造新价值、提升新能力的新一代信息技术与服务业态。

随着大数据技术飞速发展，大数据应用已经融入各行各业。例如，大数据有助于企业进行用户画像进而实现精准营销。用户画像，即用户信息标签化，就是企业通过收集与分析消费者社会属性、生活习惯、消费行为等主要信息的数据之后，完美地抽象出一个用户的商业全貌作为企业应用大数据技术的基本方式。用户画像为企业提供了足够的信息基础，能够帮助企业快速找到精准用户群体以及用户需求等更为广泛的反馈信息。

二、云计算

(一)云计算的概念

2006 年 8 月，谷歌首席执行官埃里克·施密特在搜索引擎大会首次提出"云计算"概念。2009 年，美国国家标准与技术研究院(NIST)进一步丰富和完善了云计算的定义和内涵。NIST 认为，云计算是一种基于互联网的，只需最少管理和与服务提供商的交互，就能够便捷、按需地访问共享资源(包括网络、服务器、存储、应用和服务等)的计算模式。

广义的云计算是指厂商通过建立网络服务器集群，向各种不同类型客户提供在线软件服务、硬件租借、数据存储、计算分析等不同类型的服务。

云计算(Cloud Computing)是基于互联网的相关服务的增加、使用和交付模式，通常涉及通过互联网来提供动态易扩展且经常是虚拟化的资源。通俗的理解是，云计算的"云"就是存在于互联网上的服务器集群上的资源，它包硬件资源(如服务器、存储器、CPU 等)和软件资源(如应用软件、集成开发环境等)。本地计算机只无需要通过互联网发送需求信息，远端就会有成千上万台计算机提供需要的资源并将结果返回到本地计算机。这样，本地计算机几乎不需要做什么，所有的处理都在云计算提供商所提供的计算机群上来完成。

NIST 还定义了三种云服务方式：第一种是基础设施即服务(IaaS)，为用户提供虚拟机或者其他存储资源等基础设施服务；第二种是平台即服务(PaaS)，为用户提供包括软件开发工具包、文档和测试环境等在内的开发平台，用户无须管理和控制相应的网络、存储等基础设施资源；第三种是软件即服务(SaaS)，为用户提供基于云基础设施的应用软件，用户通过浏览器等就能直接使用在云端上运行的应用。

(二)云计算的特征

云计算之所以称为"云"，是因为它在某方面具有现实生活中云的特征：云一般都比较大，其规模可以动态伸缩，在空中飘浮不定，但又确实存在。根据 NIST 给出的定义，云计算具有五大特征：

第一，按需自助服务。云计算允许用户根据需要自助申请和管理计算、存储和网络资源，而无需事先与云服务提供商协商或人工干预。

第二，广泛的网络接入。云计算通过广泛的网络接入，如互联网、私有网络、虚拟专用网络等使用户能够从任何地方、任何设备上访问和使用云服务。

第三，资源池化。云计算将多个客户的计算、存储和网络资源集中管理和分配，以最大化资源的利用率和效率。

第四，快速弹性伸缩。云计算提供弹性计算资源的能力，以根据用户的需求进行快速自动化扩展或缩减，以实现高效利用和成本控制。

第五，服务度量和优化。云计算提供服务度量和优化的能力，以监测和优化资源使用情况和服务质量。

（三）云计算的应用

云计算在主流应用方面，主要涉及以下几个方面：

（1）云存储：云存储利用集群应用、网格技术或分布式文件系统等功能，将网络中大量各种不同类型的存储设备通过应用软件集合起来协同工作，共同对外提供数据存储和业务访问功能。这种服务模式为用户提供了几乎无限的存储空间和数据备份能力，确保数据的安全可靠。

（2）企业应用与系统：云计算为企业提供了按需的 IT 服务，允许企业根据需求灵活地选择和调整应用与服务，进而降低 IT 成本，提升业务灵活性。企业可以快速拥有属于自己的呼叫中心，软硬件平台、通信资源、日常维护与服务由服务器商提供。具有建设周期短、投入少、风险低、部署灵活、系统容量伸缩性强、运营维护成本低等众多特点。

（3）协同办公与云端协作：云计算为企业和个人提供了高效、灵活和可靠的 IT 服务。通过云计算平台，员工可以随时随地进行协同办公和文件共享，提高了工作效率和团队协作能力。同时，云会议是基于云计算技术的高效、便捷、低成本的会议形式。用户只需要在互联网界面上进行简单操作，就可以快速高效地与世界各地的团队和客户共享语音、数据文件和视频。

（4）大数据分析与人工智能：云计算提供了强大的计算能力和大数据分析能力，企业可以通过云计算平台进行数据分析和挖掘，从中获取商业价值。同时，云计算还可以支持企业在人工智能领域的应用，如语音识别、图像处理等。

三、物联网

（一）物联网的概念

"物联网"一词起源于 1999 年的美国，麻省理工学院 Auto - ID 实验室最早明确提出物联网的概念，认为物联网就是将所有物品通过射频识别（RFID，Radio Frequency Identification）等信息传感设备与互联网连接起来，实现智能化识别和管理的网络。通俗地讲，物联网就是"物物相连的互联网"。

(二)物联网的特征

物联网是各种感知技术的广泛应用。通过各种传感器和设备,物联网能够收集并处理大量的数据,实现物品与物品之间的连接和交互。它是一种建立在互联网上的泛型网络,能够与互联网无缝集成,实现数据的快速传输和共享。

物联网不仅提供了传感器的链接,其本身也具有智能处理的能力,能够对物体实施智能控制。这意味着物联网不仅是一个信息收集平台,还是一个能够根据收集到的信息进行智能决策和控制的平台。

(三)物联网的应用

物联网已经渗透至各行各业,应用于智能交通、智能工业、健康医疗、智慧农业、智能家居、智能电网、环保监测、智能物流和智能安防等方面。

(1)智能交通:物联网在交通领域的应用主要体现在智能交通系统上。通过在车辆、道路基础设施和交通管理系统中部署传感器和通信设备,可以实现实时交通流量监测、交通信号优化、事故预警和应急响应等功能,从而改善道路交通安全性,提高交通效率。

(2)智能工业:在工业领域,物联网技术被广泛应用于自动化生产线、智能制造和工业物联网等领域。通过将物理设备与互联网连接,可以实现设备的远程监控和维护、实时数据分析和优化,从而提高生产效率和降低运营成本。

(3)健康医疗:物联网在医疗领域的应用包括远程监测、智能医疗设备和健康管理等。例如,通过可穿戴设备收集患者的生理数据,实现远程监测和诊断;通过智能医疗设备实现医疗服务的自动化和智能化;通过健康管理系统实现个人健康信息的实时监测和管理。

(4)智慧农业:物联网技术在农业领域的应用被称为智慧农业。通过部署传感器和无线通信设备,可以实时监测土壤湿度、温度、光照等环境参数,实现精准农业和水资源管理。此外,物联网还可以用于农业机械的自动化控制和智能化作业。

(5)智能家居:物联网技术可以实现智能家居的自动化控制和管理。通过将家中的电器、照明、安全系统等设备与互联网连接,可以实现设备的远程控制、自动化控制和节能管理等功能,从而提高家庭生活的便利性和舒适性。

(6)智能电网:物联网在智能电网领域的应用可以实现电能的智能化管理和调度。通过部署智能电表和传感器,可以实时监测和控制电网的运行状态,优化电力分配和提高能源效率,从而降低能源消耗,减少环境污染。

（7）环保监测：物联网技术可以用于环境监测和管理。通过部署各种传感器和设备，实时监测空气质量、水质、噪声等环境参数，实现环境污染预警和治理的智能化管理。

（8）智能物流：物联网技术可以实现物流运输的智能化管理和调度。通过将运输车辆、货物和仓库等设备与互联网连接，可以实现货物的实时跟踪、车辆的智能调度和仓储的自动化管理等功能，从而提高物流运输的效率和准确性。

（9）智能安防：物联网技术可以用于安防领域的智能化管理和监控。通过部署各种传感器和设备，可以实时监测入侵行为、火灾和其他安全事件，实现安全事件的快速响应和预防。

四、虚拟现实

（一）虚拟现实的概念

虚拟现实（Virtual Reality，VR）是计算机与用户之间的一种更为理想化的人机界面形式。简单地说，VR 技术就是借助于计算机技术及硬件设备，实现一种人们可以通过视、听、触、嗅等手段感受到的虚拟幻境，故 VR 技术又称幻境或灵境技术。

（二）虚拟现实的特点

随着科技的不断发展，VR 技术已经逐渐成为一种重要的交互方式，能够让用户沉浸在一个由计算机生成的三维环境中，并与之互动。这种技术具有许多独有的特征，其中最显著的有以下四个方面：

多感知性是虚拟现实技术的核心特点之一。理想的 VR 应该具备人所具有的一切感知功能，包括视觉、听觉、触觉、运动感知等，甚至还包括味觉和嗅觉等更高级的感知功能。通过模拟各种感知反馈，VR 能够为用户提供更加真实和沉浸式的体验。

存在感也是 VR 技术追求的一个重要特征。理想的 VR 应该能够让用户感觉自己存在于一个逼真的模拟环境中，难辨真假。这种存在感可以通过各种技术手段实现，如通过立体声音效和振动反馈来增强用户的感知体验。

交互性是 VR 技术的另一个关键特征。用户应该能够在虚拟环境中与物体进行自然的交互，如抓取、移动、旋转等操作，同时环境也应该能够提供相应的反馈，使用户感觉自己的操作是有意义的。这种交互性可以通过各种传感器和设备来实现，如手柄和手套等。

自主性是指虚拟环境中的物体应该具有依据现实世界物理运动定律动作的能力。这意味着虚拟环境中的物体应该具有自我运动和反应的能力，而不是简单地由程序控制。这种自主性能提供更真实的体验，让用户感觉到虚拟环境中的物体是有生命的。

(三) 虚拟现实的应用

随着 VR 技术的不断发展和普及，它已经逐渐渗透到各个领域，为人们的生活和工作带来了许多便利和革新。VR 技术通过模拟真实的三维环境，使用户能够沉浸其中，并与之互动。以下是一些 VR 技术的具体应用场景：

第一，VR 技术可以应用于旅游领域。通过虚拟现实技术，用户可以在家中就能游览世界各地的名胜古迹和自然风光。这种虚拟旅游不仅方便快捷，而且可以让文物和文化遗产脱离地域限制，实现全球范围内的展示和传播。此外，VR 技术还可以帮助旅游规划者更加合理地设计旅游路线，提高旅游体验的质量。

第二，VR 技术在购物领域也有广泛的应用。通过虚拟现实技术，用户可以在家中或商场的虚拟展厅中浏览各类商品，并进行试穿或试戴。这种购物方式突破了时间和空间的限制，让用户可以随时随地购物，也为商家提供了一个全新的展示和销售渠道。

第三，VR 技术在游戏领域的应用也备受关注。传统的游戏方式已经逐渐被淘汰，而 VR 技术则带来了更加真实和沉浸式的游戏体验。玩家可以通过头戴式设备、手柄等与游戏环境进行交互，实现更加自由和真实的游戏体验。这种游戏方式不仅带来了更强的参与感和沉浸感，也为游戏开发者提供了更多的创意空间。

第四，VR 技术在医疗领域的应用也日益广泛。VR 技术可以为医疗工作者提供更加真实和模拟的手术训练环境，提高手术技能和水平。同时，VR 技术还可以辅助治疗和康复过程，例如疼痛管理和康复训练等。通过模拟真实的治疗场景和过程，VR 技术可以帮助患者减轻疼痛和焦虑，提高治疗效果和康复速度。

第二节 案例分析

案例 6-1：抖音——千人千面

一、抖音的基本情况汇总

抖音（如图 6-1 所示）是一款可以拍短视频的音乐创意短视频社交软件，该软件于 2016 年 9 月上线，是一个专注年轻人音乐短视频的社区。用户可以通过这款软件选择歌曲，拍摄音乐和短视频，形成自己的作品。基于对品牌定位的变化，抖音将 Slogan 从"让崇拜从这里开始"改为"记录美好生活"。随着新口号的诞生，抖音开始着手"DOU"计划、"美好挑战"计划和"社会责任"计划，在丰富内容类型、扩展产品线的同时，立志将"美好感"和"正能量"传递给用户。抖音的用户女性比男性更多，对于爱美的女性来说，美颜功能、表情道具、面部萌化都能让其找到自信。

除了社区分享，抖音在发展过程中也开始尝试电商，其发展历程如下：

图 6-1　抖音官网首页

◇　2014 年，今日头条就上线电商导购产品"今日特卖"业务，这是字节对电商最早的探索。

◇　2017 年，今日头条上线"放心购"，主打目标人群是 40 岁左右的男性，这是字节第一次推出自有电商业务。

◇　2018 年，字节将"放心购"升级为"值点商城"，并打造了一款独立电商App"值点"，后来不慎夭折。

◇　2018 年 9 月，抖音小店功能正式上线，其实是值点商城改过来的，随后与淘宝、京东、拼多多等外部电商平台达成合作。

◇　2020 年 4 月，抖音 6000 万元签约罗永浩，高调进入直播电商赛道，抖音电商进入发展期。

◇　2020 年 6 月，字节内部将电商视为战略级业务，正式成立以"电商"命名的一级业务部门，正式发布"抖音电商"品牌。

◇　2021 年 4 月，首届抖音电商生态大会，抖音电商总裁康泽宇首次提出"兴趣电商"概念。

◇ 2022 年：抖音继续推出新功能，如抖音 PC 版客户端等。此外，抖音还在这一年加大了对电商业务的投入，推出了"全域兴趣电商"战略，通过覆盖全场景、全链路购物需求，满足用户对美好生活的多元需求。

二、抖音的商业模式分析

(一)战略定位

抖音的使命：激发创造，丰富生活。

抖音的愿景：成为"全球创作与交流平台"。作为继微博、微信之后全新崛起的社交平台，抖音希望让更多用户通过视频记录美好生活和情感，并分享给全世界。为了实现这一愿景，通过为用户提供一个轻松、自由、创意无限的视频社交平台，抖音希望每个人都有机会展示自我、发挥才华，并与其他用户进行交流和互动。同时，抖音也致力于成为一个有温度、有情怀的平台，让用户在分享和发现美好生活的同时感受温暖和关爱。

(二)目标用户

抖音是一个非常受欢迎的短视频社交平台，其用户主要是年轻人。从用户性别分布上看，抖音男性用户与女性用户的占比基本相当，男性用户偏好军事、游戏、汽车、电子产品等内容，女性用户则偏好美妆、母婴、穿搭、美食等内容；从用户年龄分布上看，抖音用户的主要年龄段是 18～35 岁，其中 18～24 岁的用户喜欢新鲜事物及追赶潮流，25～35 岁的用户偏好生活技巧和情感内容。另外，抖音用户在 12:00 以后较活跃，21:00～24:00 点则是活跃高峰。

(三)产品及服务

抖音提供的产品及服务主要包括以下几个方面：

(1)短视频：抖音是一个专注于短视频的平台，用户可以拍摄、上传和分享自己的短视频。这些短视频可以是音乐、舞蹈、搞笑、科技等各种类型。

(2)直播：抖音还提供直播功能，用户可以在平台上观看直播并进行互动。直播内容可以是娱乐、游戏、教育等各种类型。

(3)电商：抖音通过与电商平台合作，在平台上展示商品并引导用户购买，从而提供电商服务。用户可以在平台上浏览商品、下单购买并享受售后服务。

(4)广告：抖音通过与品牌商家合作，在平台上展示广告，从而提供广告服务。这些广告可以是品牌宣传、商品推广、活动宣传等各种类型。

(5)音乐推广：抖音还通过与音乐平台合作，在平台上推广音乐，从而提供音乐推广服务。用户可以在平台上听到最新的音乐并分享给朋友。

（6）其他服务：除了上述主要的产品和服务，抖音还提供其他服务，例如用户社区、话题讨论、挑战赛等，以满足用户的不同需求和兴趣。

（四）盈利模式

抖音的盈利模式主要体现在广告收入、电商收入、直播打赏收入和其他收入等方面。这些收入来源相互协同，共同构成了抖音的盈利模式。

（1）广告收入。抖音通过与品牌商家合作，在平台上展示品牌商的广告，从而获得广告收入。这种广告形式可以是品牌宣传、商品推广、活动宣传等。由于抖音拥有庞大的用户群体和精准的定位能力，广告收入成为其重要的收入来源之一。

（2）电商收入：抖音通过与电商平台合作，在抖音平台上展示商品并引导用户购买，从而获得电商平台的分成收入。这种电商形式可以是品牌自营、第三方商家入驻、直播带货等。由于抖音具有较强的社交属性和用户黏性，电商收入也成为其重要的收入来源之一。

（3）直播打赏收入：抖音还提供直播功能，用户可以在抖音平台上观看直播并进行打赏，从而获得直播打赏收入。这种直播打赏形式可以是虚拟礼物、现金红包等。由于抖音拥有众多知名主播和强大的社交属性，直播打赏收入也成为其重要的收入来源之一。

（4）课程培训费用。这种模式经常被自媒体人使用，是一种非常重要的盈利模式。通过分享专业知识来吸引大量粉丝，通过销售课程和培训等服务来获得收益。

（五）核心竞争力

1. 优质的创作者

抖音电商已成为电商达人带货的重要渠道，这种新的生意方式持续改变着人们的生活。拥有多元优质内容生产力的创作者，不仅是抖音电商作为兴趣电商平台的核心竞争力，更是连接商家与用户的核心桥梁。创作者作为抖音电商发展道路上的重要组成部分，抖音电商一直致力于为他们提供更有力的支持。

2. 全方位的激励手段

抖音电商正通过全方位的激励手段，关注每一位带货主播的成长，成为达人重要的兴趣电商平台。

流量激励：抖音平台会根据主播的带货能力、互动情况等因素，将更多的流量分配给优秀的主播，以帮助他们获得更多的曝光和关注。

收入激励：抖音平台会根据主播的带货销售额、直播观看人数等指标，给予一定的佣金或分成。这种收入激励可以鼓励主播更加努力地推销商品、提高收入。

荣誉激励：抖音平台可以设立各种荣誉和奖励，如"带货达人""直播之星"等，以表彰在带货方面表现出色的主播。这种荣誉激励可以增强主播的自信心和归属感，提高他们的积极性和创造力。

培训激励：抖音平台可以为主播提供各种培训和学习的机会，如带货技巧、直播技巧、营销策略等。这种培训激励可以提高主播的专业水平，增强他们的竞争力。

社交激励：抖音平台可以通过社交媒体、粉丝互动等方式，让主播与粉丝之间建立更紧密的联系和互动。这种社交激励可以增强主播的个人魅力和影响力，也可以提高粉丝的忠诚度和黏性。

三、抖音的运营模式分析

在短短的几年内，抖音从一个新兴的社交应用迅速崛起为全球领先的短视频平台。其成功的背后，离不开精心策划和高效执行的运营模式。从初期的卧薪尝胆，到一举成名后的明星合作与品牌推广，再到精耕细作的用户体验优化，每一个阶段都展现了抖音对市场和用户的深刻洞察。

（1）卧薪尝胆。2016年，抖音上线，上线后没有急于做市场推广，而是先培养抖音忠实的用户，让用户广大传播产品，并且根据用户的反馈去不断更新迭代产品。抖音的发展秉承着以用户为中心的原则、了解用户最真实的需求的原则，从抖音的迭代记录中可以看到，每一次的迭代都会答谢提出改进意见的用户，让用户有参与感和主人翁意识。

（2）一举成名。2017年，岳云鹏先后两次在其微博上转发了一段模仿他唱歌的视频，视频中带着抖音水印，一下子把抖音推进了公共视野，引起了抖音下载量和用户量的激增。抖音的定位是一款娱乐社交产品，抖音在看见市场上的明星效应和粉丝经济后，不仅邀请许多明星玩家加入，还邀请了当红明星在抖音宣传自己的新歌与新电影，并上线了明星贴纸和专属挑战，还与当时的热门综艺节目《中国有嘻哈》合作，这一系列举措让抖音吸引了更多人的目光，用户量持续高速增长。

（3）万箭齐发。2018年，抖音首发3支品牌原生视频广告，携手Airbnb、雪佛兰、哈尔滨啤酒三大品牌，共启"抖音品牌视频广告首秀"计划。凭借平台出色的表现，抖音吸引了不少品牌广告主与其合作。从牵手联想开始，到与天猫、MICHAEL KORS和必胜客等知名品牌合作。抖音作为一个平台，不仅为品牌提供了更多的推广渠道，也为自身带来了更多的商业机会和收入来源。

（4）精耕细作。一是搜索引擎优化（SEO），抖音背靠今日头条，有强大的技术支持，抖音可以在各个搜索引擎上进行关键词设置，内容个性化推送分发等。二是通过社会化媒体传播，如微博、微信公众号、博客社区论等。三是站内活动，抖音内部有热门挑战、热门音乐等活动，参与过后还有作品排名。此外，还有新颖的 H5 游戏、优秀的教学视频和不断更新的视频模板及抖音小助手，从各个方面来降低用户的操作成本。抖音平台通过不断优化和改进运营方式，提高用户体验和用户满意度，从而增加用户对抖音的忠诚度和参与度，有助于抖音在激烈的市场竞争中保持领先地位。

四、总结分析及建议

抖音上线初期，没有急于抢占市场，而是打磨产品、完善产品性能、提升用户体验，这为其后期的发展奠定了坚实的基础。但抖音用 5～6 年时间就能与淘宝网、京东等平台相提并论，其成功的原因不仅限于此。参与门槛低，人人皆可上传拍摄短视频，展示自我；拥有趣味搞笑、实用技能、生活展示等多样化的内容，能满足人们碎片化的娱乐、学习需求；采用去中心化的流量分配机制，给予有能力创作优质内容的每位用户公平的竞争机会，遏制低俗内容传播，这些都是抖音在众多短视频平台脱颖而出的原因。

用户规模拓展后，爆炸式的流量增长带来的是巨大的商业价值。广告变现是抖音早期主要的流量变现模式，之后，抖音根据自身资源的外部环境致力于拓展电商业务。刚开始，无论是抖音短视频带货还是直播带货，商品均来源于淘宝网、京东等第三方电商平台，而抖音主要负责导流。为了将流量用于自己的平台，抖音先后推出了抖音小店、成立电商部门、上线抖音小店商家版抖音店、在直播中全面禁止第三方商品链接等，形成了自己的电商闭环。

至 2021 年年底，抖音为电商业务推出了独立电商平台——抖音盒子，用于平衡抖音平台上电商业务与广告业务之间的矛盾。抖音的广告变现模式主要依托于短视频，电商变现主要依托于直播带货，而两者要实现变现都需要一定的观看时间，两者如果在同一个 App 中会相互挤占用户资源，因此，抖音开辟了一条独立的电商业务线，重点专注于直播带货。

五、思考题

①抖音通过哪些技术实现千人千面？

②抖音的个性化推荐技术如何升级，为用户提供更好的购物体验？

案例 6-2：腾讯云——全球领先的云计算服务

一、腾讯云的基本情况汇总

腾讯云（https：//cloud. tencent. com/，如图 6-2 所示）是腾讯公司旗下的云计算服务平台，成立于 2012 年，是腾讯公司为了支持其内部业务（如微信、腾讯视频等）的快速发展而建立的。作为国内领先的云计算服务提供商，腾讯云致力于为全球的政府机构、企业组织和个人开发者提供安全、稳定、高效的云计算服务。

腾讯云依托于腾讯公司强大的技术实力和丰富的业务经验，拥有全球领先的云计算技术，包括但不限于云服务器、云存储、云数据库、弹性 web 引擎等基础云服务，以及腾讯云分析（MTA）、腾讯云推送（信鸽）等腾讯整体大数据能力。这些技术和服务可以帮助客户快速构建各种应用程序，包括数据处理、存储、管理和分析等方面。

除此之外，腾讯云还提供了一系列行业解决方案，例如智能制造、智慧城市、智慧金融、智慧零售、智慧医疗等。这些解决方案基于腾讯云的技术实力和丰富的业务经验，可以帮助各行各业实现数字化升级，提高效率和质量。

性能强大、安全、稳定的云产品

图 6-2　腾讯云首页

概括起来，腾讯云的发展前后经历了前云时代、创业期、成长期和扩张期 4 个时期。具体里程碑如图 6-3 所示。

（1）前云时代。这个时期企业主要丰富自家的产品，先后通过 QQ 互联、浏览器、QQ 空间、音乐、腾讯视频等互联网产品为消费互联网用户提供互联网服务，逐渐形成消费互联网的主要流量来源。

（2）腾讯云的创业期。这个时期腾讯云先后对外开放云服务器、云计算系统的运行指标和状态监控、华南数据中心、云计算关系型和内存型的数据库、云拨测等云服务。标志着腾讯云正式进入国内云计算行业，成为云计算综合服务商之一。

（3）腾讯云的成长期。2013 年，腾讯云自研虚拟机平台 VStation 以及相关的云产品服务对外开放。公有云业务保持高速增长，先后推出了包括计算、容器、存储、网络、CDN、中间件、通信、视频等在内的基础服务和基于安全、数据库、大数据、人工智能等 210 多种涵盖多种底层技术的企业和行业应用云产品服务。腾讯基于国内累计的众多互联网用户，在消费互联网方面，通过诸多的产品和技术从内容方面与 C 端用户产生连接关系。按照云计算行业的发展方向分析，腾讯云结合自身的内容业务在诸如直播云服务、游戏云后台、视频加速、本地生活服务等领域为互联网用户和企业用户提供基于云计算技术场景化的内容服务和数字化工具。

（4）腾讯云的扩张期。腾讯云由消费互联网向产业互联网发展，连接消费互联网和产业互联网。企业的定位做数字化助手，为 B 端客户提供综合服务。腾讯云在消费互联网中服务以用户为本形成的诸多连接方式。在产业互联网中实现以物为中心的各种应用。将两类连接相互叠加和关联形成新的连接方式，连接内容和渠道，为产业互联网提供云技术，帮助消费互联网用户获得产业互联网的服务。腾讯云和行业中的其他企业一起制定行业标准，形成具有云属性行业解决方案。

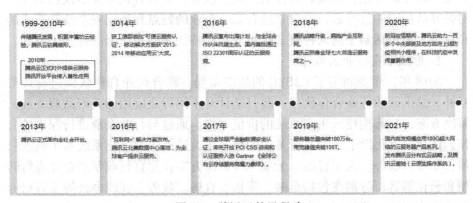

图 6-3　腾讯云的里程碑

二、腾讯云的商业模式分析

（一）价值主张

腾讯云为客户提供云综合服务，满足企业客户业务上云的需求。在价值创造方面，提供诸如计算、存储和网络等标准化的信息基础设施方案，为客户节约了搭建基础服务的成本。在价值传递方面，为客户提供了诸多标准化的云服务接入方式，客户只要按照指引就能完成。另外，对外提供结合行业业务需求的云架构解决方案，帮助客户完成基于云服务的业务架构建设，从而实现自身的业务发展获取竞争优势和商业价值。

（二）目标市场

腾讯云的目标客户主要包括使用信息技术服务的政府类公共部门、企业、机构、个人开发者等。虽然目标客户群体很广，但是他们具有一个共同的特点，即都希望使用云服务满足自身业务发展需求。腾讯云为互联网用户提供方便快捷的软件工具和服务，具有很好的品牌效应和用户黏性。

其中小型规模的客户更偏向于使用 SaaS 服务，中型规模的客户会基于 PaaS 云服务和自身技术能力实现个性的业务需求，大型客户更偏向将云服务厂商视为一个运维平台，对基础设施进行管理。

（三）产品及服务

1. 布局云计算服务

腾讯云从 2010 年开始发展，目前已经成为国内主要的对外提供综合云服务企业之一。对外提供基础设施即服务类，平台即服务类和软件即服务类的通用商业模式。现阶段软件服务主要来自两个方面：基于企业核心研发能力自研软件和基于其他企业合作方式研发的软件服务。企业云计算将硬件虚拟化，软件服务化，形成软硬件的开放云服务。部署方式方面不仅包括开发对外开放使用的公有云，也包括结合某一企业的特点和数据安全特殊需求的私有云，还包括基于前两种模式优势互补和特性兼顾相结合的混合云模式。

2. 形成垂直行业云服务

2018 年，企业制定了 C2B2C 的战略布局，联合行业合作伙伴进行优势互补，腾讯云和行业合作伙伴一起打造针对不同行业应用的云产品服务和云解决方案，一起构建云生态系统的价值网络。通过与行业企业进行深入的合作，优化数字化助手，为各行各业的数字化改造提供数字化系统和工具。目前，基于云服务、人工智能、云安全等解决方案在垂直行业帮助企业进行转型和云化部署，分别在包括金融、零售、直播、政务、在线办公等垂直行业形成了完善数字化的解决方案。

3. 形成智慧产业生态解决方案

中国数字产业化和产业数字化以及基于信息技术为基础的数字化治理体系是云计算跨界发展的驱动。云计算将会和其他技术一起组合为行业的需求提供解决思路和方案。腾讯云通过产品技术创新并结合不同行业应用场景，将资源进行整合为企业提供基于云计算、人工智能、大数据等诸多跨领域的技术融合方案，对外提供技术叠加的具有智能特征的云计算行业方案，形成云计算行业产业集群中的综合的解决方案。

(四) 盈利模式

腾讯云为客户提供云服务价值，并允许客户根据使用的服务按需支付费用，这一点非常符合云计算的计费原则。这种即用即付的模式，能够让客户更灵活地调整和优化其云服务使用，从而降低不必要的成本。同时，腾讯云还提供多种支付方式供客户选择，包括预付、按量付费以及套餐包付费等。这些不同的支付方式可以满足不同客户的需求和习惯。

预付：这种支付方式需要客户在购买前预先支付一定的费用。对于那些对服务有稳定需求或者希望先了解和控制成本的客户来说，预付是一个不错的选择。

按量付费：这种模式允许客户根据实际使用的资源和服务进行支付。这种方式更适合那些需求量不固定或者对成本敏感的客户，因为它可以帮助客户避免不必要的花费。

套餐包付费：这种支付方式是腾讯云根据常见的客户需求提供的一种预先设定好的服务组合。客户可以根据自己的需求选择相应的套餐包，从而简化购买和支付过程。

这些多样化的支付方式让腾讯云的客户可以根据自身的业务需求和财务策略来灵活选择，同时更好地控制和优化其云服务成本。这无疑增强了腾讯云对客户的吸引力，并帮助腾讯云扩大市场份额。

(五) 核心能力

腾讯云的关键资源主要集中在物理资源和智力资源两个方面。

首先，腾讯云通过财务资源的投入，获取了大量的物理资源，包括服务器、网络和存储等关键资源。这些资源是腾讯云提供云服务的基础设施，是腾讯云能够顺利运营和提供优质服务的重要保障。

其次，腾讯云通过人力和智力资源的投入，对获取的物理资源进行加工和改造，形成可以满足不同客户需求的云服务。这些服务包括计算、存储、数据库、安全等方面的服务，满足了客户对于数据处理、存储、管理和安全等方面的需求。

在物理资源方面，腾讯云通过持续的财务投入和优化资源配置，确保了服务器的性能和稳定性、网络的快速和安全、存储的高可用性和数据安全性等方面的优势。同时，腾讯云通过持续的研发和技术创新，不断提高云服务的性能和可靠性，以满足客户日益增长的需求。

在智力资源方面，腾讯云拥有大量的专业技术和解决方案人员，他们具有丰富的行业经验和专业知识，可以为客户提供个性化的解决方案和技术支持。同时，腾讯云还通过不断完善的技术服务体系，确保客户的云服务体验的稳定性和可持续性。

三、案例总结及建议

(一)案例总结

腾讯云的商业模式分析总结可以归纳为以下几个方面：

(1)进入公有云产业链：腾讯云通过资本投入、渠道资源建设、核心技术积累等手段，形成底层设施壁垒，将原有业务上云，形成用户规模和壁垒的云计算的产业生态能力。这种模式不仅提供了公有云服务，还兼顾数据安全的私有云以及结合前两者优势的混合云的基础产品技术能力和服务，满足了不同用户的需求。

(2)结合自身优势业务：腾讯云通过在垂直行业积累的产品技术能力，结合自身优势业务，发展基于社交、视频、在线办公、直播、游戏等垂直行业的云业务。例如，在线办公领域落地了会议类产品，这些基于云的业务不仅拓展了腾讯云的应用场景，也丰富了用户的云服务选择。

(3)打造智慧云产业生态平台：腾讯云通过将诸多技术做组合，连接垂直行业上下游，孵化出智慧云产业生态平台，扶持和培养企业在这个云产业生态平台中形成共生特性的价值网络，实现价值主张和盈利模式创新。这种模式有助于带动整个云生态的健康发展，并吸引更多的合作伙伴加入。

(二)建议

针对腾讯云的商业模式，提出如下建议：

(1)持续投入研发和创新：腾讯云应继续加大在核心技术研发上的投入，保持技术领先地位，同时不断探索新的应用场景和商业模式。可以考虑与高校和研究机构合作，共同推进云计算技术的研发和应用。

(2)提升用户体验和服务质量：腾讯云应该更加关注用户体验和服务质量，通过不断优化产品和服务来满足用户需求。同时，建立完善的客户服务体系，提供及时、专业的服务支持，解决用户在使用云服务过程中遇到的问题。

(3)加强合作伙伴关系建设：腾讯云可以与更多的企业建立合作伙伴关系，共同开发新的应用和解决方案。这不仅可以提高腾讯云的市场竞争力，还可以为用户提供更丰富的选择。

(4)关注数据安全和合规性：随着云计算市场的日益成熟和用户对数据安全的重视，腾讯云应更加关注数据安全和合规性方面的问题。要建立健全的数据安全管理制度，采用先进的数据加密和保护技术，确保用户数据的安全性。

(5)加强市场营销和品牌推广：腾讯云可以通过多种方式加强市场营销和品牌推广，提高品牌知名度和影响力。例如，可以通过线上线下的宣传活动、参加行业展会、与其他企业合作推广等方式来扩大品牌影响力。

总之，腾讯云应在现有商业模式的基础上，不断探索创新、注重用户体验和服务质量、加强合作伙伴关系建设、关注数据安全和合规性、加强市场营销和品牌推广等方面进行改进和优化，以保持其在云计算市场的领先地位并实现持续发展。

四、思考题

①腾讯云是如何实现价值创造的？
②腾讯云如何应对阿里云和华为云的竞争？

案例 6-3：菜鸟网络——打造智慧供应链服务

一、菜鸟网络的基本情况汇总

菜鸟网络科技有限公司(简称菜鸟网络)成立于 2013 年 5 月 28 日，由阿里巴巴集团、银泰集团联合复星集团、富春控股集团、三通一达(申通、圆通、中通、韵达)等各方共同组建而成。

菜鸟网络本身是一家互联网科技公司，专注于提供物流网络的平台服务。通过大数据、智能技术和高效协同，菜鸟网络与合作伙伴一起搭建全球性物流网络，提高物流效率，加快商家库存周转，降低社会物流成本，提高用户的物流体验。

菜鸟网络的商业逻辑是搭建平台，让物流供应链条上不同服务商、商家和消费者可以实现高效连接，从而提升物流效率和服务品质，降低物流成本。

经过数年的运行，菜鸟和合作伙伴建立了全球智慧物流网络，目前已经覆盖了 224 个国家和地区，菜鸟乡村共配县域规模突破 1000 多个县，建设超过 30000 个终端快递服务站点。

二、菜鸟网络的商业模式分析

(一)愿景及使命

菜鸟的使命是与物流合作伙伴一道致力于实现中国范围内 24 小时送货必达、全球范围内 72 小时送货必达的目标。

菜鸟的愿景是提供极致的消费者物流体验、高效的智慧供应链服务和技术创新驱动的社会化协同平台。

(二)目标用户

菜鸟网络作为一家专注于物流领域的科技公司，其目标用户主要有以下几类：

(1)商家：包括电商平台上的卖家、实体店主、制造商等，它们需要高效、可靠、安全的物流服务来支持其业务运营。菜鸟网络通过提供智能化的物流解决方案，帮助商家提高物流效率、降低成本，并提升消费者购物体验。

(2)消费者：普通的网购用户、收到快递包裹的收件人对物流服务的诉求主要是快速、准确、安全地送达包裹，同时希望获得便捷的物流服务体验，例如通过手机 App 查询物流信息、预约取件等。

(3)物流企业：国内外的快递公司、物流企业等，它们需要具备高效、可靠、智能的物流运营管理和配送能力的服务供应商来提升其业务水平，同时降低成本。

(4)合作伙伴：包括电商平台、实体零售商、制造商等，它们需要与菜鸟网络合作，共同开发和运营物流解决方案，以实现更高效的物流运作和更好的业务发展。

(三)产品及服务

菜鸟网络提供的产品及服务包括仓配网络、国际网络、快递平台、菜鸟物流云、菜鸟乡村、B2B 物流、菜鸟驿站、E.T 物流实验室、菜鸟园区、菜鸟仓储联盟、供应链金融。

(1)国内物流与供应链。菜鸟网络为国内商家和消费者提供了全面的物流和供应链解决方案。通过优化物流运作流程，提高物流效率，并为商家提供定制化的供应链管理方案，帮助商家降低物流成本，提高运营效率。同时，通过大数据和人工智能等技术，精准预测运输需求，优化仓储布局，提高配送效率，为消费者提供更加便捷、快速的物流服务。

（2）国际物流与供应链。随着全球化的加速和电商的蓬勃发展，菜鸟网络为商家提供了国际物流和供应链管理服务。通过与全球物流合作伙伴共同构建跨境物流骨干网络，实现了对全球 224 个国家和地区的覆盖。这为商家提供了更加高效、可靠的国际物流服务，降低了商家的物流成本，提高了商家的市场竞争力。

（3）驿站和 App。为了方便消费者，菜鸟网络建立了驿站服务，消费者可以通过菜鸟 App 方便地查件、取件。菜鸟驿站遍布全国各地，为消费者提供便捷的自提服务。同时，菜鸟 App 也为消费者提供了更加智能化的物流服务体验，消费者可以通过 App 随时随地查询包裹信息、预约取件、寄件等服务。

（4）物流地产。菜鸟网络通过自建和合作的方式，在国内和海外布局了一系列先进的物流地产项目，包括智能仓储中心、分拨中心等，为各类商家提供了一站式的物流服务解决方案。通过整合物流地产资源，提高物流基础设施的利用效率，降低物流成本，并推动物流行业的快速发展和创新。

（5）物流科技。菜鸟网络在物流科技方面也有深入。它利用大数据、人工智能等技术手段，自主研发了多种领先的物流科技产品。这些产品包括智能配送机器人、无人仓库、无人机等，为物流行业提供了更加高效、智能的解决方案。此外，菜鸟网络还通过开放其物流科技能力，与各类企业合作共同推动物流行业的数字化转型和创新发展。

（四）盈利模式

菜鸟网络的盈利模式可以从以下几个方面进行阐述：

（1）提供大数据分析和物流云服务：菜鸟网络通过建立开放、共享、协同的物流平台，整合国内外各大物流企业的数据和资源，利用大数据分析和人工智能等技术，为物流企业提供智能化的物流解决方案，包括预测运输需求、优化仓储布局、提高配送效率等。这些服务可以帮助物流企业提高效率和服务质量，进而提高客户满意度和忠诚度。

（2）与物流企业合作：菜鸟网络通过与国内外各大物流企业合作，共同开发和运营物流解决方案，提供全方位的物流服务，包括快递、仓储、配送、国际物流等。这种合作模式可以实现资源共享、互利共赢，提高整个物流行业的效率和竞争力。

（3）农村物流和菜鸟驿站服务：菜鸟网络针对农村卖家和消费者推出了一系列农村物流服务，以及面向最终端消费者的菜鸟驿站代收代寄件服务。这些服务可以帮助物流企业拓展市场，扩大业务范围，提高服务质量和客户满意度。同时，这些服务也带来了更多的盈利机会，增加了菜鸟网络的收入来源。

(4)广告和推广费用：菜鸟网络通过其网站和 App 等渠道，为物流企业提供广告和推广服务。这些广告和推广费用也是菜鸟网络的重要收入来源之一。

(5)平台使用费和数据服务费：菜鸟网络对其平台上使用的各种服务和数据提供收费服务，如对使用其数据 API 的第三方开发者收取一定的费用等。

总的来说，菜鸟网络的盈利模式是通过提供大数据分析和物流云服务等高价值服务，与物流企业合作共赢，同时通过菜鸟驿站等多元化服务获取更多盈利机会。这种模式的成功之处在于，它能够将复杂的物流过程智能化、简单化、透明化，提高了物流行业的效率和服务水平，也为消费者带来了更多的便利和价值。

(五)核心能力

菜鸟网络的核心能力主要包括以下几点：

(1)大数据处理能力：菜鸟网络利用大数据技术对海量的物流数据进行分析和挖掘，从而为客户提供更准确的物流预测和优化方案，提高物流效率。

(2)智能化技术：菜鸟网络运用人工智能、机器学习等技术，实现物流自动化、智能化，减少人工干预，降低成本，提高服务质量。

(3)供应链协同能力：菜鸟网络通过打通供应链各环节的信息壁垒，实现供应链的协同作业，提高整体效率，同时为客户提供更优质的服务体验。

(4)全球物流布局：菜鸟网络积极拓展全球物流市场，建立覆盖全球的物流基础设施和服务网络，为全球商家和消费者提供更高效、可靠、便捷的物流服务。

(5)物流云服务：菜鸟网络通过提供物流云服务，帮助客户实现物流资源的共享和协同，降低成本，提高效率。

四、案例总结及建议

(一)案例总结

菜鸟网络采用的是一种竞争合作思维，即将所有的物流企业放到自己的平台上统一运营。首先，菜鸟网络通过协调组织第三方物流平台，提供全方位的物流服务，包括供应链管理、干线物流、区域物流和最后一公里的配送等。其次，菜鸟网络利用大数据、人工智能等技术手段提高物流效率、降低成本，并为客户提供智能化的物流解决方案。此外，菜鸟网络还为消费者提供驿站和 App 等多种服务，方便消费者查询包裹信息、预约取件、寄件等操作。

总的来说，菜鸟网络思维的优势是：大规模、集约化的配送方式，显著降低物流成本；分工更专业，有效提高配送效率；大大提高了现有仓储设施的使用效率，降低空仓率，杜绝仓储分配不均；提高运输货物的集中度，有利于调度现有运输资源，降低车辆的空置率。

(二) 建议

通过对菜鸟网络的商业模式进行深入分析和总结，提出以下几点建议：

(1) 继续加大科技创新投入：菜鸟网络在物流科技方面已经取得了很多突出成就，但仍需要不断投入研发和创新，以便更好地应对物流行业的变革和挑战。加大科技创新投入，进一步提高物流效率、降低成本，提升企业竞争力。

(2) 加强国际合作与布局：随着全球化的发展，菜鸟网络需要加强与国际物流企业的合作，拓展海外市场，提高在国际物流市场的竞争力。通过合作共同开发和运营国际物流解决方案，为商家和消费者提供更加高效、可靠的国际物流服务。

(3) 关注绿色物流和可持续发展：随着社会对环保意识的提高，菜鸟网络需要关注绿色物流和可持续发展，通过采取环保措施降低物流活动对环境的影响。例如推广电子面单、采用可回收包装材料等环保措施，促进绿色物流的发展。

(4) 不断创新服务模式：随着消费者需求的不断变化，菜鸟网络需要不断创新服务模式来满足市场需求。例如，可以尝试新的配送模式，如无人配送、共享快递等，提供更加便捷、快速的物流服务体验。同时，可以探索新的盈利模式，如平台佣金、大数据营销等，丰富企业的收入来源。

五、思考题

①菜鸟网络如何利用大数据和人工智能等新科技优化物流运作？

②菜鸟网络在物流科技方面有哪些创新？

③菜鸟网络如何通过无人机、无人仓库等新科技提高配送效率，降低物流成本？

案例 6-4：缤果盒子——人工智能实现无人零售

一、缤果盒子的基本情况汇总

"缤果盒子"——24 小时智能无人值守便利店（见图 6-7），是中山市宾哥网络科技有限公司旗下品牌，于 2016 年 8 月落地广东中山区，主要面向高档小区和高级写字楼，为高端社区居民提供更高品质的生鲜及便利服务。目前已落地接近 200 个盒子，覆盖 29 个城市，主要集中在华东和华南地区。

2017 年 5 月无人便利店企业"缤果盒子"完成 A 轮融资，金额超 1 亿元，由纪源资本领投，启明创投、源码资本、银泰资本等跟投。2018 年 1 月 17日，无人便利店缤果盒子宣布完成 B 轮融资，本轮融资金额 8000 万美元，由复星资本领投，启明创投、纪源资本、普思资本、银泰资本跟投。

图 6-7　缤果盒子无人便利店

二、缤果盒子的商业模式分析

（一）战略定位

缤果盒子的定位非常明确，它将自己视为一个可规模化复制的 24 小时无值守全自助智能便利店。这种便利店的特点是利用先进的技术手段，实现无人值守和自助购物，从而提供便利、高效的购物体验。

缤果盒子将自身定位为一个全新的社区智能化项目。这意味着缤果盒子不仅仅是一个简单的便利店，还通过引入先进的技术手段，对社区居民的生活方式进行智能化改造。例如，缤果盒子可以通过智能系统掌握商品的销售情况，并根据销售情况快速更新商品，降低运营中商品信息人为失误的概率。此外，缤果盒子还可以通过智能化系统为社区居民提供更便捷、更高效的购物体验。

（二）目标市场

缤果盒子的目标群体主要是高端社区的居民。这些居民通常有着高收入、高消费的特点，他们注重生活品质，追求便利和高效的购物体验。缤果盒子通过提供高品质的商品和服务，满足这些高端社区居民对高品质生活的追求。

（三）产品及服务

缤果盒子主要销售便利性应急品，包括速食食品、乳制品、酒水饮料和应急药品等。这些商品都是日常生活中的必需品，也是消费者在普通购买和去普通便利店消费时最常购买的商品。因此，缤果盒子的定位非常符合消费者的需求，它提供了一个方便、快捷、高效的购物方式，让消费者在不出门的情况下随时随地购买到这些必需品。

此外，缤果盒子的商品种类也相对丰富。除了常规的商品外，还引入了一些特色商品，例如地方特色小吃、保健品等，这些商品可以满足消费者对于高品质生活的追求。同时，缤果盒子还注重商品的品质和安全，所有商品均在正规渠道采购，确保符合食品安全标准和质量要求。

（四）盈利模式

缤果盒子的盈利模式体现在以下几个方面：

1. 会员服务费

消费者在缤果盒子官方 App 中开通付费会员所支付的费用。通过付费会员，消费者可以享受到一系列特权服务，例如购物时享受 9.7 折优惠、获取专属客服的帮助等。具体的会员费用可能会因不同的会员等级和特权而有所差异，但一般来说，消费者可以在 App 内选择适合自己的会员等级和特权，并支付相应的会员费。此外，作为缤果盒子的会员，消费者还有机会获取一些专享优惠券和礼品福利，这些福利的具体内容和获取方式会因不同的会员等级和特权而有所不同。

2. 商品销售收入

商品销售是缤果盒子的主要盈利途径，其销售的商品涵盖了各种便利性应急品。这些商品包括各种速食食品，如饼干、薯片和方便面，以及各种乳制品和酒水饮料。此外，缤果盒子还提供各类应急药品，以满足消费者在普通购买和去普通便利店消费时的基本需求。这些商品不仅丰富了缤果盒子的商品种类，也满足了消费者对于高品质生活的追求。通过精准定位和目标群体的选择，缤果盒子利用自身的技术优势和创新能力，为消费者提供了便捷、高效的购物体验。

3. 加盟费

加盟收入是缤果盒子的重要盈利点。目前，缤果盒子已经针对西北、东北、华南、华中、华北、华东、西南等地区建立了相对完善的招商加盟团队。包括城市合伙人、品牌代理、地区自营等几种合作模式。

4. 广告费

缤果盒子作为一款 24 小时无人值守的便利购物店，提供了一个智能化的平台，让各大网商和企业可以在这里投放自家的广告，以此获取广告费用。

具体来说，当用户在缤果盒子 App 上购物时，可以在商品页面上看到相关的广告宣传，这些广告可能包括其他网商或企业的推广信息、新品发布、促销活动等。这些广告的投放可以帮助企业提高品牌知名度、拓展市场、促进销售增长等。

5. 合作分成收入

缤果盒子与固定的生产商和零售商建立了紧密的战略合作关系，并达成了长期合作的协议，合作伙伴之间按照股份和协议来分享收入。这种合作模式实现了供应链的优化和资源的共享，为缤果盒子提供了稳定且高品质的商品供应，也有利于合作伙伴之间共同分担风险和利益。这种战略合作的达成，使得缤果盒子能够更好地满足消费者的需求，并为股东创造更大的价值。

三、缤果盒子的运营模式分析

(一)技术创新

依托于人工智能和大数据，缤果盒子能获取到准确而连续的用户消费数据，实时查看商品销售情况，并且依据数据调整商品品类，从而做到"千店千面"，提高流通效率。

1. 图像识别技术全面取代 RFID

门口摆放的结算台便是整个盒子的自助结算系统，它全身为白色，主要分两个区域：左边是一个黑色接触板，为商品识别区；右边是一个显示屏，为商品信息以及付款码的显示台。结算台用于自助结算，也是整个店的技术的体现。

缤果盒子一代店单店在 RFID 的投入一年需要额外增加上千元成本，而且识别范围和效率都存在问题。缤果盒子的二代店已经全部替换为图像识别技术，不仅成本下降了，用户也不需要按照要求摆放好才能识别商品和价格，将商品平铺在结算盒子就可以快速结算了。

2. 全能的商品识别

缤果盒子现在使用 RFID 标签进行商品识别（这是运用电子芯片储存商品信息，在标签上形成条形码，为现在零售业所通用的用于管理商品的标签）。

3. 店内温度、光线等远程和智能控制

现在的缤果盒子可以算是真正的智慧盒子，目前已经可以实现店内温度、光线的远程和智能控制，例如在夜间人少的时候光线和空调等设备都会智能调节，减少用电，降低成本。

4. 店内可视真人客服系统

弥补自助消费的弊端，在实际运营中不断升级系统，研发了一套远程的可视真人客服系统，顾客反响很好。

(二)流程创新

1. 商品数字化

通过智能供应链系统接入，实现了商品数字化，使得企业能够实时掌握进销存情况。这不仅有助于降低供应链成本，提高运营效率，还能根据销售情况快速更新商品，降低人为失误的概率，从而提高了企业的竞争力。

2. 用户数字化

通过对消费者的数据分析，企业能够了解消费者的偏好，发现用户的消费行为模式，并为其打上专有的标签、关联商品之间的规则，甚至吸引用户消费的需求。这有助于提高用户满意度和忠诚度，进而促进销售额的增长。

3. 支付数字化

支付数字化简化了用户端的支付环节，降低了出错率，节省了人力成本。这不仅提高了用户体验，也为企业降低了运营成本。

4. 经营数字化

缤果盒子通过数据反馈和分析，能够及时发现问题并快速调整策略。这种数字化经营模式不仅降低了成本，还实现了换店不关店的新模式，提高了企业的适应能力和创新能力。

四、案例总结与建议

(一)案例总结

在运营方面，缤果盒子通过图像识别等人工智能的技术手段，构造了前端无人化、后端"数据化"的运营模式，提高了商品流通的效率，解决了经营传统便利店选址难、租金贵、管理复杂、人工成本高、日常运营效率低等痛点。

在消费场景方面，缤果盒子利用互联网技术与传统零售业的融合，有效拓展了经营时间、空间、效率以及用户购物体验，是传统零售业的很重要补充。

在零售效率方面，通过科技应用对传统零售模式革新，有利于提升行业效率低成本，同时，无人便利店的便捷性、高科技、高效性，给用户更好的体验。

(二)建议

虽然缤果盒子运用各种信息技术来支撑它的无人销售，但是仍有一些不太成熟的地方：

首先，高温一直是影响缤果盒子运营的主要问题。为了解决这个问题，缤果盒子应该寻找一个更好的技术并投入，从根本上解决这个问题。未来应该考虑无人店的选址区域，同时采取更多遮阳的措施：如加大空调的匹数、内部保温、外部遮阳降温等。

其次，缤果盒子无人超市在防盗上是依靠商品上的高频 RFID 芯片通过防盗器的报警实现的，但无源 RFID 芯片存在的问题是芯片容易受到人体以及金属、稀薄材料等方面的影响而无法读取，从而使防盗无法正常实现，这样损耗就很大。在防盗领域，EM 系统具有隐蔽性强，成本低、耗材抗金属能力强等特点，因此 EM+RFID 的结合，可以做到防盗+识别的高度结合。

六、思考题

①无人零售采取了哪些关键技术，请对比分析。
②如何理解"无人智能零售"？

第7章 跨境电商案例分析

【学习目标】

通过对本章的学习，了解跨境电商的定义和特征；掌握跨境电子商务基于不同视角的分类体系，重点掌握跨境物流和跨境支付；通过对不同类型的跨境电商企业进行分析，掌握跨境进口电商和跨境出口电商的运作流程。

【引导案例】

考拉海购①

考拉海购是阿里旗下以跨境业务为主的会员电商，于2015年1月9日公测，2019年9月6日，阿里巴巴集团宣布以20亿美元全资收购考拉海购。2020年8月21日正式宣布战略升级，全面聚焦"会员电商"。销售品类涵盖母婴、美容彩妆、家居生活、营养保健、环球美食、服饰箱包、数码家电等。考拉海购以100%正品，天天低价，30天无忧退货，快捷配送，提供消费者海量海外商品购买渠道，希望帮助用户"用更少的钱 过更好的生活"，助推消费和生活的双重升级。

考拉海购主打自营直采的理念，在美国、德国、意大利、日本、韩国、澳大利亚等地设有分公司或办事处，深入产品原产地直采高品质、适合中国市场的商品，从源头杜绝假货，保障商品品质的同时省去诸多中间环节，直接从原产地运抵国内，在海关和国检的监控下，储存在保税区仓库。除此之外，考拉上线蚂蚁区块链溯源系统，严格把控产品质量。

作为"杭州跨境电商综试区首批试点企业"，考拉海购在经营模式、营

---

① 考拉海购，https：//www.ikjzd.com/w/1052。

销方式、诚信自律等方面取得了不少建树，获得由中国质量认证中心认证的"B2C 商品类电子商务交易服务认证证书"，认证级别四颗星，是国内首家获此认证的跨境电商，也是目前国内首家获得最高级别认证的跨境电商平台之一。

考拉海购良好解决了商家和消费者之间信息不对等的现状，并拥有自营模式、定价优势、全球布点、仓储、海外物流、资金和保姆式服务七大优势。

第一节　跨境电商的内涵与特征

一、跨境电商的定义

跨境电商一词来源于传统的国际贸易，是新形势下的"互联网+外贸"，国内外学者以及专家认为国际电商、跨境电商、外贸电商等名词都是同一个概念。广义而言，跨境电商(Cross-border E-commerce)是传统的国际贸易借助互联网手段，将交易中的信息的搜寻与展示、谈判、成交等环节电子化，通过跨国运输完成交易的一种国际活动。狭义而言，跨境电商主要指的是跨境零售，即在互联网环境中，不同关境或国家的交易主体，运用计算机等网络技术手段，以小包、跨境快递等方式进行小批量、小额度的外贸交易。

本书认为，跨境电子商务是指分属不同关境的交易主体，通过电子商务平台达成交易、进行支付结算，并通过跨境物流送达商品、完成交易的一种国际商业活动。跨境电子商务主要由跨境电子商务平台、跨境物流公司、跨境支付平台 3 个部分组成，其中跨境电子商务平台用于进行商品信息的展示、提供在线交易功能等；跨境物流公司用于运输和送达包裹；跨境支付平台则用于完成交易双方的跨境支付活动。

二、我国跨境电商的发展历程

(一)跨境电商 1.0 阶段：交易撮合

跨境电商 1.0 阶段的主要商业模式是网上展示，线下交易的外贸信息服务模式。在这个阶段，以信息服务、交易撮合为主的跨境电商平台快速发展，涌现出了如环球资源网、中国制造网、韩国 EC21 网等知名跨境电商平台。阿里巴巴搭建了一个 B2B 的交易集贸平台，以外贸撮合为主。阿里巴巴的成立标志着国际贸易正式开始触网，跨境电商进入 1.0 阶段。跨境电商平台通过线上信息展示，很大程度解决了中国制造走向全球的渠道问题，但对于广大的中小企业而言，支付、信用等环节仍存在较高壁垒。

(二)跨境电商 2.0 阶段：综合服务

2004 年，随着敦煌网的上线，跨境电商 2.0 阶段来临。这个阶段，跨境电商平台开始摆脱纯信息黄页的身份，将线下交易、支付、物流等流程实现电子化，逐步搭建起在线交易平台。相较上一阶段，跨境电商 2.0 阶段更能够体现电商的本质，它借助电子商务平台，通过服务、资源整合有效打通上下游供应链，帮助更多企业走向世界。

(三)跨境电商 3.0 阶段：线上交易闭环，线下生态系统

相较之前，跨境电商 3.0 阶段是一次完整的、从产业链到政府的、全社会的升级。在这个阶段，来自政府、电商企业、物流企业、支付企业的外贸相关数据汇聚，第一次形成闭环，大数据开始真正走入中小企业、服务中小企业；同时，以跨境电商交易双方为核心，跨境电商生态圈也越来越丰富。表现为以下四个方面：第一，各级政府参与，推动跨境电商健康发展；第二，平台各显神通，帮助中小企业成为跨境电商主体；第三，移动端发力，推动跨境电商进入人人时代；第四，大数据沉淀，赋能跨境电商中小企业。

三、跨境电子商务的特点

(一)全球性和国际化

打破了传统外贸交易地理空间的局限，通过网络连通世界，企业可以将商品通过网络平台销往世界各地，打破了地理区域的限制。

(二)即时性

跨境电子商务依靠平台实现商品或服务的快速发布、查询、交易，同时，商品的性质等信息也能快速被购买者感知，商品的选择、下单和付款等都可以在最短时间内完成。

(三)多样性

跨境电子商务为企业和消费者提供多样性选择，范围涉及全球，其多样性和复杂性前所未有，为各类主体都提供了更多的选择。

(四)风险性

跨境电商涉及产品和交易的跨国运营，产品存储、运输、支付等环节较为复杂，同时涉及国际政治经济制度变化等因素，导致影响跨境电商的信誉、物流(包括逆向物流)、商品品质等方面的风险性就显得极为突出。

第二节　跨境电子商务的分类

一、按照交易主体分类

(一)跨境 B2B 电子商务

跨境 B2B 电子商务是指分属不同国家或地区的企业对企业之间，通过跨境电商平台达成交易、进行支付结算，并通过跨境物流送达商品、完成交易的一种国际商业活动。跨境电商 B2B 模式的代表网站有阿里巴巴国际站、敦煌网、中国制造网、环球资源网、世界工厂网，等等。

其主要盈利方式是通过建立信息发布平台，以平台信息发布和信息搜索排名来促使跨境双边主体完成在线交易，在这一过程中，通过收取跨境双方主体的交易服务费用来维持基本盈利模式。通过大范围地扩大在线交易量，使得跨境电子商务可以通过提供更多的跨境双边增值业务，来争取潜在的商业价值。现有的商业模式中还会提供跨境金融服务、保险、知识产权保护等多种增值服务类型，使得 B2B 平台更加完善，更具有客户黏合度。

(二)跨境 B2C 电子商务

跨境 B2C 电子商务是指分属不同国家或地区的企业直接向个人消费者开展的国际电子商务活动。B2C 模式的代表网站有速卖通、DX、兰亭集势、米兰网等。

其主要盈利方式是通过跨境电子商务平台公布展示产品，买卖双方通过商品展示和搜索等服务，了解双方真实情况，并完成在线交易和支付。在这一过程中，平台需要按照一定比例收取佣金，同时在商品展示过程中，也可以针对不同展示的方式收取一定的费用。现有的跨境 B2C 商业模式更加完善，不仅在平台服务上引入了个人跨境金融服务，而且在国际物流仓储等方面，进一步完善了商业模式的要素，减少交易环节风险，提高交易成功率。类似这一商业模式的代表平台有敦煌网和大龙网集团。

(三)跨境 C2C 电子商务

跨境 C2C 电子商务是指分属不同国家或地区的个人卖家对个人买家通过第三方电商平台开展产品或服务的在线销售，由个人卖家发布售卖信息，由个人买家筛选并通过电商平台完成交易的国际电子商务活动。C2C 模式的代表网站有淘宝全球购洋码头等。

其盈利方式主要来自交易流量、广告、营销活动等方式。平台通过对资源的重新组合，分析顾客购买需求，建立起从产品的引入、平台上架、自动分类、一体化物流、售后服务等运营管理手段，通过国际物流海外仓的建立，利用实时技术管理手段，为买卖双方提供各种服务和支持。

二、按照物品的流动性分类

(一)跨境出口电商

跨境出口电商是国内生产厂商或企业通过跨境电商平台，将国内的产品卖给国际市场的买家，出口跨境电商是在互联网时代企业对外出口的一种新模式。自我国开展跨境电商业务以来，出口跨境电商就一直占据着绝对的主要地位。如图 7-1 所示，2018 上半年中国出口跨境电商交易规模为 3.47 万亿元，同比增长 26%，在政策方面，我国也一直坚持跨境电商发展以出口为主、进口为辅，加大力度，促进传统外贸企业向出口跨境电商升级。

图 7-1　2013—2018 年(上)中国出口跨境电商市场交易规模①

出口跨境电商平台分为 B2B 信息服务类：阿里巴巴、环球资源和中国制造网；B2B 交易服务类：大龙网、敦煌网；B2C 平台服务类：亚马逊、eBay 易趣、WISH 等；B2C 自营服务类：环球易购、DX。

(二)跨境进口电商

跨境进口电商是指国内电商企业将国外商品销售给国内的个人消费者，通过电商平台达成交易并支付结算，进而通过跨境物流送达商品、完成交易的商业活动。

我国进口跨境电商正处于起步不久并在快速发展的阶段。如图 7-2 所示，2018 上半年中国跨境进口电商交易规模达 1.03 万亿元，同比增长

---

① 参见中国电子商务中心《2018 年(上)中国跨境电商市场数据监测报告》。

19.4%。随着我国跨境电商行业开放程度的提高以及我国消费者越来越接受跨境电商购物，这种持续上升趋势有望持续，但是国家的新政策也可能给进口跨境电商的发展带来不确定因素。

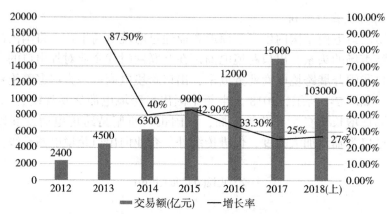

图 7-2　2012—2018 年(上)中国进口跨境电商市场交易规模①

随着国内消费升级，市场对跨境进口的需求更为迫切。在跨境电商进出口结构上，进口电商的比例正逐步扩大。如图 7-3 所示，2018 上半年中国跨境电商的进出口结构上出口占比达到 77.1%，进口比例 22.9%。

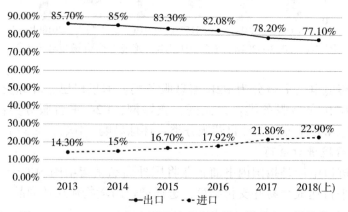

图 7-3　2013—2017 年中国跨境电商交易规模进出口结构②

---

① 来源：中国电子商务中心《2018 年(上)中国跨境电商市场数据监测报告》。
② 来源：中国电子商务中心《2018 年(上)中国跨境电商市场数据监测报告》。

进口跨境电商形成了"三个梯队"，第一梯队为网易考拉、海囤全球、天猫国际等"头部平台"，规模大、流量大、品牌多。第二梯队为洋码头、唯品国际、小红书、聚美极速免税店等。第三梯队大多为蜜芽、贝贝、宝宝树、宝贝格子等母婴类产品平台。

在跨境进口电商爆发式持续增长的同时，用户群体在向三五线城市下沉并呈现出三大重要趋势：重获资本专注、向线下拓展和下沉三五线城市。

三、按照平台服务类型分类

按照跨境电商平台提供的不同服务，可以将其划分为信息服务平台和在线交易平台，二者的特点及代表企业，如表 7-1 所示。

表 7-1　　　　　　　　不同服务类型的跨境电商平台及代表企业

平台类型	特　　点	代表企业
信息服务平台	主要是为境内外会员商户服务的网络营销平台，传递供应商或采购商等商家的商品或服务信息，促成双方完成交易	阿里巴巴国际站、环球资源网、中国制造网等
在线交易平台	不仅提供企业、产品、服务等多方面的信息，并且可以通过平台在线完成搜索、咨询、对比、下单、支付、物流、评价等全购物链环节	敦煌网、速卖通、DX、米兰网和大龙网等

四、按照平台运营的方向分类

根据平台的运营方式不同，可以将跨境电商分为第三方开放平台、自营型平台和综合服务商平台，3 种平台的特点和代表性企业如表 7-2 所示：

表 7-2　　　　　　　　不同运营方式的跨境电商平台及代表

平台类型	特　　点	盈利模式	代表企业
第三方开放平台	通过线上搭建商城，并整合物流、支付、运营等服务资源，吸引商家入驻，为其提供跨境电商交易服务	以收取商家佣金以及增值服务佣金作为主要的盈利模式	速卖通、敦煌网、环球资源和阿里巴巴国际站等

平台类型	特　　点	盈利模式	代表企业
自营型平台	通过在线上搭建平台，平台方整合供应商资源，通过较低的进价采购商品，然后以较高的售价出售商品	主要以商品差价作为盈利模式	米兰网、大龙网、兰亭集势等
综合服务商平台	服务提供商能够提供"一站式"电子商务解决方案，并能帮助外贸企业建立定制化的个性化电子商务平台	赚取企业支付的服务费作为主要盈利模式	四海商舟、一达通等

第三节　跨境物流和跨境支付

一、跨境物流

与国内物流运输不同的是，跨境物流需要跨越边境，将商品运输到境外国家。目前最常见的跨境物流方式主要有邮政包裹、国际快递、专线物流和境外仓储。

（一）邮政包裹

邮政具有覆盖全球的特点，是主流的一种跨境物流运输方式。目前常用的邮政运输方包括中国邮政小包、新加坡邮政小包和一些特殊情况下使用的邮政小包。

邮政包裹对运输的管理较为严格，如果没有在指定日期内将货物投递给收件人，负责投递的运营商要按货物价格的 100% 赔付客户。需要注意的是，对于邮政包裹运输，含粉末、液体的商品不能通关，并且需要挂号才能跟踪物流信息，运送的周期一般较长，通常要 15~30 天。

（二）国际快递

国际快递主要是通过国际知名的四大快递公司，即美国联邦快递（FedEx）、联合国包裹速递服务公司（United Parcel Service，UPS）TNT 快递和敦豪航空货运公司（DHL）来进行国际快递的邮寄业务。国际快递具有速度快、服务好、丢包率低等特点，如使用 UPS 从中国寄送到美国的包裹，最快 48 小时内可以到达，但价格较昂贵，一般只有在客户要求时才使用该方式发货，且费用一般由客户自己承担。

（三）专线物流

专线物流一般是通过航空包舱的方式将货物运输到国外，再通过合作公司进行去往目的国的派送，具有送货时间基本固定、运输速度较快和运输费用较低的特点。

目前，市面上最常见的专线物流产品是美国专线、欧美专线、澳洲专线和俄罗斯专线等，也有不少物流公司推出了中东专线、南美专线和南非专线等。整体来说，专线物流能够集中将大批量货物发往某一特定国家或地区，通过规模效应来降低成本，但具有一定的地域限制。

（四）境外仓储

境外仓储是指在其他国家（或地区）建立境外仓库，货物从本国出口通过海运、货运和空运等形式储存到其他国家的仓库中。当消费者通过网上下单时，商家可以在第一时间做出快速响应，通过网络及时通知境外仓库对货物进行分拣、包装，并且从该境外仓库运送到其他地区或国家，大大减少了运输时间，保证了货物安全、及时地到达消费者手中。

境外仓储的费用由头程费用、仓储管理费用和本地配送费用组成。头程费用是指货物从中国到境外仓库产生的运费；仓库管理费用是指货物存储在境外仓库和处理当地配送时产生的费用；本地配送费用是指在当地进行对客户商品进行配送产生的本地快递费用。

二、跨境支付

跨境支付是跨境电子商务必不可少的环节，当买卖双方的交易顺利达成，货物通过跨境物流送达买方，确认商品合格后，需要进行款项支付。跨境支付可以通过银行电汇、信用卡支付和第三方平台方式进行。特别是第三方平台支付，随着跨境电子商务的发展，其需求日益增多。国际上最常用的第三方平台支付工具是 eBay 的贝宝（PayPal）、西联汇款等。在国内，银联最早开展跨境电子商务支付业务，其他支付工具紧随其后。

2015 年 1 月，我国国家外汇管理局正式发布了《国家外汇管理局关于开展支付机构跨境外汇支付业务试点的通知》和《支付机构跨境外汇支付业务试点指导意见》，开始在全国范围内开展部分支付机构跨境外汇支付业务试点，允许支付机构为跨境电子商务交易双方提供外汇资金收付及结售汇服务。跨境支付的发展为国内第三方平台支付企业打开了新的广阔市场空间，帮助其获取到相对更高的中间利润，也有利于第三方平台支付企业对跨境商家进行拓展并简化支付的结算流程。对于境内消费者来说，不必再为个人结售汇等手续困扰，可以直接使用人民币购买境外商家的商品或服务，大大简化了交易流程。目前，国内拥有跨境支付资格的支付企业数量达到 30 家，常见的支付工具包括支付宝、财付通、银联、网银在线、快钱和易宝等。

第四节 案例分析

案例 7-1：敦煌网——中小额跨境电商交易平台

一、敦煌网的基本情况汇总

敦煌网由王树彤于 2004 年创立，是第一家在线交易和供应链服务的 B2B 电子商务网站，是协助中国广大中小供应商向海外庞大的中小采购商直接供货的新生代、全天候网上批发交易平台，取名敦煌网是为了帮助更多的中小企业借助电子商务打开全球贸易网上的"丝绸之路"，实现中小企业"买全球，卖全球"的梦想。

敦煌网在品牌优势、技术优势、运营优势、用户优势四大维度上，已经建立起难以复制的竞争优势。目前已拥有 230 万以上累计注册供应商，年均在线产品数量超过 2500 万，累计注册买家超过 3640 万，覆盖全球 223 个国家及地区，拥有 100 多条物流线路和 10 多个海外仓，71 个币种支付能力，在北美、拉美、欧洲等地设有全球业务办事机构。

敦煌网是商务部重点推荐的中国对外贸易第三方电子商务平台之一，是国家发改委的"跨境电子商务交易技术国家工程实验室"，科技部"电子商务交易风险控制与防范"标准制定课题应用示范单位，工信部"全国电子商务指数监测重点联系企业"，工信部电子商务机构管理认证中心已经将其列为示范推广单位。

图 7-4 所示为敦煌网商家平台，国内中小企业供应商可在该平台上注册和发布产品等。

图 7-4 敦煌网首页

二、敦煌网的商业模式分析

(一)战略定位

敦煌网肩负"促进全球通商，成就创业梦想"的使命，以"全球领先的跨境电商中小企业数字化产业中台"为愿景，专注小额 B2B 赛道，为跨境电商产业链上的中小微企业提供"店铺运营、流量营销、仓储物流、支付金融、客服风控、关检汇税、业务培训"等环节全链路赋能，帮助中国制造对接全球采购，实现"买全球，卖全球"。

(二)目标用户

在敦煌网上交易的目标用户，大多是一些小批发商和小采购商。这些目标用户在敦煌网上下订单，主要通过 PayPal 账户等结算。这些订单金额都不大，但是交易频次比较高，采购的货物多为小饰品、珠宝等小件产品。

(三)产品和服务

敦煌网从 2004 年正式上线到 2006 年年初都处于积累用户、建立盈利模式的初级阶段，2006 年以后则进入了规模发展阶段，此后几年中，用户数、交易额、商品种类逐步增长。目前，平台上聚集了 190 万个国内商家，来自全球 220 余个国家和地区的 1900 万个中小微零售商，上线产品超过 1300 万件。所销售商品覆盖消费电子、计算机、服装、美容美发用品、体育用品、鞋包、手表、珠宝饰品、家具、汽配和建材等品类。敦煌网率先为传统贸易线上化提供从金融、物流、支付、信保到关、检、税、汇等领域的一站式综合服务。推出服务如下：

1. DHLink 综合物流平台

敦煌网提供的物流称为 DHLink 综合物流平台，是敦煌网为所有电商卖家推出的使用流程为：卖家通过在线填写发货—申请快递取件—派送到仓库—国际快递运输—国际快递派送—送至买家手中。DHLink 的特点在于与相关国家具有优势，不同的线路也对应不同的 DHLink 仓库。根据卖家货物属性，敦煌网智能算法为其从国内到目的地的数十条航线匹配最优路线，不仅节约了物流时间，还降低了物流费用。敦煌网还推出了针对美国市场的"海外直发"服务，使用此项服务的卖家，将货物提前存储在海外仓库，买家在线购买后从美国本土直接发货，把过去 7~14 天的物流时间压缩到 2~4 天，极大地提升了买家的购物体验。

2. 跨境电商支付服务

敦煌网针对不同的用户需求，提供不同的在线支付服务。敦煌网在线支付方式主要分为两种，即国际支付与本地化支付。其中本地化支付方式包括：新加坡 eNETS 英国 Mastro、法国 Carte Bleue、德国 Giropay、俄罗斯 WebMoney、荷兰 iDeal 澳大利亚 Bpay 等。而国际支付主要包括 Master 信用卡、Moneybookers、西联支付等。

敦煌网还组织专业团队自主研发出了 DHpay 支付系统，DHpay 支付系统是敦煌网用于与其他国家或地区的支付机构实现对接的一种支付系统，类似第三方支付平台，与多个国家或地区境内的支付机构建立合作伙伴关系。

（四）盈利模式

1. 向消费者收取交易佣金

不同于其他 B2B 交易网站，敦煌网向消费者（采购商）收取一定佣金。商家（供应商）在敦煌网上注册、验证、开店铺、发布产品、交易全免费。敦煌网也为消费者提供免费注册服务，只在交易达成后才收取一定比例的交易佣金。敦煌网向这些消费者收取"交易佣金"的佣金比例为交易额的 3%~12%。

目前"阶梯佣金"具体的交易佣金收费标准如下：当单笔订单金额小于 300 美元时，平台佣金比例调整至 12.5%~19.5%。中国品牌手机平台佣金比例调整至 5.5%；当单笔订单金额大于等于 300 美元且小于 1000 美元时，平台佣金比例调整至 4.0%~6.0%；当单笔订单金额大于等于 1000 美元时，平台佣金比例调整至 0.5%~1.5%。

2. 向供应商收取广告费用

敦煌网的广告收入来自营销系统。敦煌网的产品营销系统是整合敦煌网买家平台上所有的曝光资源，为卖家提供提高产品曝光的营销工具，拥有丰富多彩的产品曝光展示形式、灵活多变的计费方式，满足广大卖家各种产品的营销需求。商家支付广告费用需通过购买敦煌币，敦煌网主要通过竞价排名广告、定价广告、展示计划 3 种方式来实现广告投放。

3. 会员增值服务收入

敦煌网同样通过为用户提供行情分析预测、营销推广工具等增值服务盈利，如"帮助推""视觉精灵"和"骆驼套餐"等。

帮助推：敦煌网所做的站外 Google Shopping 推广，也就是将商家店铺内的合格产品推广到 Google 中，给商家带来更多的优质消费者。同时通过多维度优化，让热卖的产品更加火热，让有潜力的产品获得更多曝光。目前，帮助推的服务期为 60 天，1 个推广数量为 2 个敦煌币，50 个推广数量起，购买越多，优惠也越多。

视觉精灵：敦煌网为商户店铺产品打造的引流工具，凡使用视觉精灵的产品，将在"类目/关键词"搜索列表结果页及店铺列表页中突出显示。视觉精灵拥有"突显底色""突显边框"等效果，能够从视觉上吸引消费者眼球，使产品获得更多点击量。目前，视觉精灵分为 7 天、14 天和 21 天 3 个服务周期，根据使用天数不同、收费不同，一般为 200~800 个敦煌币。

骆驼套餐：它是敦煌网推出的一种针对核心商家的主流功能引流产品包，主要面向敦煌网平台上的卖家。这个套餐提供了一些核心功能，包括营销推广、店铺装修、数据分析等，以帮助卖家提高店铺曝光率和销售量。

（五）核心竞争力

敦煌网在解决在线支付问题的同时也解决了跨境交易的问题，还为中小企业提供了一站式的国际贸易解决方案。其核心竞争力主要体现在以下 3 个方面：

（1）独特的盈利模式。敦煌网按交易额向消费者收取交易佣金，这是敦煌网最突出的特征之一。

（2）议价能力高。敦煌网将大量的需求汇集起来去和供应商谈最低折扣，大量的订单让敦煌网有了很高的议价能力。

（3）物流配有保障。敦煌网不仅在海外自建仓库，同时与 USP、DHL 等众多物流公司合作，保障物流速度，提升消费者的采购体验，提高买卖双方的周转率。

三、敦煌网的运营模式分析

敦煌网是为国内中小企业提供的向国外中小企业销售产品的第三方在线交易平台。海外大量的中小型采购商都可以直接通过这个平台，选择和采购国内的商品，并依托敦煌网提供的物流和资金流支持交易顺利完成。

敦煌网在免费为买卖双方提供信息发布服务的基础上，主要提供海外推广、物流、在线支付、售后、信用评价体系及纠纷处理等系列服务，通过整合产业链，为买卖双方顺利完成在线交易奠定基础。敦煌网针对买卖双方分别开设了中英文网站（即商家和消费者平台）。买卖双方注册后就可以发布求购信息或者供应信息，待双方信息匹配之后即可进行在线交易。敦煌网在线交易流程如下：

第一步，国外消费者通过平台下订单，并使用在线支付平台 PayPal 支付货款到敦煌网平台上。

第二步，国内商家确认订单并发货。

第三步，消费者收到商品后验收并确认付款（包括交易佣金）。

第四步，商家申请放款，敦煌网将货款打到商家账户，完成结算。

四、案例总结与建议

敦煌网经过十余年的发展，已经成了国内影响力较大的跨境电子商务平台之一，这主要得益于其别具一格的商业模式。

第一，敦煌网开创了小额 B2B 交易平台的先河，为优质企业提供了直接对接海外市场需求的通路，率先为传统贸易线上化提供从金融、物流、支付、信保到关、检、税、汇等领域的一站式综合服务。

第二，敦煌网整合了交易环节，而这种基于专业化分工的整合将买卖双方从繁杂的交易过程中解放出来，使复杂的跨境贸易变得相对简单。更为重要的是，敦煌网提供的各项服务，通过集合效应，大大降低了买卖双方的交易成本。这在支付和物流方面表现得尤为突出。

第三，敦煌网向采购商收取交易佣金的盈利模式虽然增加了采购商的负担，但相比于高额的会员费，其对采购商是较为有利的，也能够有效吸引商家入驻。

第四，敦煌网根据交易规模的大小设置佣金费率，交易额越大，佣金比例越低，这就能够在一定程度上促使消费者加大采购量。

大数据、云计算、AI、VR 等技术为"新贸易"时代的到来奠定了重要的基础，敦煌网应顺势而为，不断创新和改进自身的发展模式，占领跨境电商数字化和智能化的时代的先机。

五、思考题

①敦煌网作为 B2B 在线交易模式的开创者，其创新体现在哪些方面？
②与阿里巴巴 B2B 网站等平台相比，敦煌网具有哪些优势和劣势？

案例 7-2：速卖通——"国际版的淘宝"

一、速卖通的基本情况汇总

全球速卖通（英文名：AliExpress）于 2010 年 4 月正式上线，是阿里巴巴旗下唯一面向全球市场打造的跨境电商综合平台，被广大卖家称为"国际版淘宝"。2016 年，速卖通从跨境 C2C 模式全面转型成跨境 B2C 模式，并从 2016 年 4 月 1 日开始不再允许个人卖家入驻，新卖家入驻时需要有企业身份。同时，类目准入也需要企业身份的账号才能申请。作为中国最大的跨境出口 B2C 零售平台，其主要服务于中国卖家与全球各国消费者之间的交易，通过整合订单、支付、物流于一体，缩短外贸产业链，帮助中国中小微企业进入海外市场、拓展利润空间。目前已经开通了 18 个语种的站点，覆盖全球 243 个国家和地区，是中国唯一一个覆盖"一带一路"全部国家和地区的跨境出口 B2C 零售平台，也是备受海外用户赞叹的中国商品购买平台。全球速卖通的官方网站如图 7-5 所示。

图 7-5　速卖通网站首页

二、速卖通的商业模式分析

（一）战略定位

速卖通（AliExpress）是阿里巴巴帮助中小企业接触终端批发零售商，小批量多批次快速销售，拓展利润空间而全力打造的融合订单、支付、物流于一体的外贸在线交易平台。

全球速卖通的目标群体定位并非一蹴而就，而是在摸索中前行，不断地调整、变革直到找准其定位和市场。全球速卖通成立之初的定位是 B2B，卖家性质为大 B 小 B，而买家人群基本都是小 B 商家；2013 年 3 月全球速卖通开始对平台商家整顿规范、提高门槛，从小额批发转向终端消费者；自2016 年开始，商家资质的审核要求更加严格，个人账户全部被关闭，新账户需以企业身份注册，开启了全面转型 B2C 的道路。

目前全球速卖通的平台商家明确定位是中小企业，帮助中小企业开拓全球市场，不接受个体工商户的入驻。相对比有实力、有知名度的大企业，每家中小企业所占的市场份额微乎其微，可相对比中小企业的数量，大企业寥若晨星。

（二）产品及服务

全球速卖通平台是为中国供应商（生产商、国际贸易公司）和国际中小采购商提供在线交易服务的互联网平台。通过使用全球速卖通平台的服务，国际采购商能够直接采购到最低价格的中国制造的全线产品，并享受安全、快捷（如同 B2C 交易方式）的贸易过程。通过全球速卖通平台的服务，中国供应商能够直接把产品在平台上进行出售。速卖通覆盖全国数十个优势产业带的数万家中小企业，涵盖了服装、箱包、美妆、假发、家居、家电等速卖通上数千个品类。

（三）目标用户

全球速卖通平台上的"目标客户"主要是两类人，一类是买家，一类是卖家。这两类人群中，全球速卖通平台只向卖家收费。卖家主要包含线上和线下两类人群，线上的是在诸如 Ebay、Amazon 等平台上的零售商；线下的主要是一些实体店中的中小零售商。全球速卖通的卖家主要为阿里巴巴平台上现有的中国供应商会员。主要由外卖生产型企业、外贸公司、外贸 SOHO 一族组成。

下游用户就是在平台购买商品的买家，下游买家是海外多个国家的消费者，根据不同国家不同国情可将消费者用户画像分为三类：

第一种是关注价格的，这类人群的收入和消费力比较偏低，专门去找低价或者看性价比的货品的人群，以小镇青年和年长的女性为主，网购的活跃度偏低，但同时非常关注包邮、性价比这些因素。

第二种是偏中产阶级的，收入和消费力也会比较中等，这种消费者主要看品牌，关注物流这类因素。

第三种是时尚潮流的，就是收入和消费力偏高的，包括像新品尝鲜的人群更关注新品上新的因素，时尚颜控者更关注商品的颜值、商品质量、品牌等的因素。

（四）盈利模式

速卖通作为全球最大的 B2C 跨境交易平台之一，其盈利模式主要依赖以下几个方面：

1. 技术服务年费

速卖通成立之初，为了尽快丰富平台产品提高知名度，商家是免费入驻的。随后政策更新，在 2015 年年底推出了年费制度和年费返还措施，一方面按照经营大类设置年费，提高准入门槛，另一方面通过"年费返还"等有效激励措施，提振优质国产品牌、中国制造商开拓全球市场的信心。速卖通全平台将分为八大经营范围，下设十八个经营大类，按照经营大类对入驻商家收取年费。对应每个经营大类，商家分别缴纳 3000~50000 元不等的技术服务年费。为鼓励优质商家，速卖通还推出了年费返还制度。以女装行业为例，只要年交易额达到 3 万美元及以上，且服务指标达标，会返还该商家50%年费。年交易额 6 万美元及以上，且服务指标达标，则返还商家 100%年费。

为降低商家的运营成本，2020 年速卖通所有商家无须向平台缴纳年费，仅需按照卖家规则提供保障金。

2. 交易服务费

跨境电商平台深入买家和卖家的交易过程，通过促成买家和卖家的交易，从交易资金中抽取佣金以获得盈利。速卖通每笔交易收取交易佣金的5%，主要采用电汇、支付宝和 PayPal 的支付方式。

3. 增值服务费

速卖通平台为商家和买家提供了信息交流和搜索服务，通过收取一定的信息服务费从而保证平台的正常运营。速卖通也会构建完善的会员服务体系，会员商家需要缴纳一定的服务费用可以享受更多的优质服务，例如搜索排名服务、关键词推荐、广告展位等资源。

（五）核心竞争力

全球速卖通的核心优势是在全球贸易新形势下，全球买家采购方式正在发生剧烈变化，小批量、多批次正在形成一股新的采购潮流，更多的终端批发零售商直接上网采购，直接向终端批发零售商供货，更短的流通零售渠道，直接在线零售支付收款，拓展了小批量多批次产品利润空间，创造批发零售商的更多收益。

1. 小订单，大市场

全球贸易新形势下，买家采购方式正在发生剧烈变化，小批量、多批次正在形成一股新的采购潮流，更多的终端批发零售商直接上网采购，星星之火，可以燎原。

2. 短周期，高利润

直接向终端零售商和网店供货，更短的流通渠道，直接在线支付收款，拓展了产品利润空间，创造更多收益。

3. 低成本，高安全

买卖双方在线沟通，下单支付一步到位，国际快递发送货物，缩短交易周期；网站诚信安全体系为交易过程保驾护航，避免货款受骗。

三、案例总结与建议

（一）案例总结

速卖通作为中国最大的 B2C 跨境电商平台之一，针对其商业模式分析总结如下：

（1）平台定位和扩张策略：速卖通致力于为全球消费者提供高质量、高性价比的商品和服务。通过不断扩大平台上的产品种类和数量，吸引更多的买家和卖家加入，提高平台的竞争力和市场影响力。此外，速卖通也在不断拓展新的市场和业务领域，例如海外仓、全球供应链等，以提供更加全面的跨境电商解决方案。

（2）卖家生态：速卖通平台上有众多卖家，包括个人卖家、企业卖家和品牌商家等。不同类型卖家在平台上以不同的方式运营，包括全托管、自运营和托管加自运营等。同时，速卖通也通过招商、营销等方式吸引更多的优质供应商加入平台，提高平台的产品丰富度和竞争力。

（3）买家群体：速卖通吸引了全球众多买家，包括个人买家、商家和机构等。不同类型的买家在平台上寻找不同种类的商品和服务，例如生活用品、电子产品、服装鞋帽、家居装饰等。为了满足不同买家的需求，速卖通不断丰富商品种类和数量，同时提供更加完善的购物流程和服务体验。

（4）物流与供应链：速卖通与菜鸟网络合作，提供全面的物流解决方案，包括国内揽收、国际配送、物流详情追踪、物流纠纷处理以及售后赔付在内的一站式物流服务。同时，速卖通也在全球范围内布局海外仓，为卖家提供更加灵活的物流方案，提高物流效率和客户满意度。

（5）支付与金融：速卖通与支付宝合作，提供安全、便捷的支付方式，包括支付宝余额支付、银行卡支付、国际信用卡支付等。此外，速卖通还为卖家提供融资贷款、保险等金融服务，帮助卖家解决资金链紧张等问题。

（二）建议

针对速卖通的商业模式中存在的一些问题，可提出如下建议：

（1）继续扩大平台规模：通过不断吸引更多的优质供应商和买家加入，提高平台的竞争力和市场影响力。同时，不断拓展新的市场和业务领域，例如新兴市场和智能硬件等领域。

（2）加强卖家生态建设：通过优化平台规则、提供更加完善的卖家工具和服务，帮助卖家提高店铺运营效率、降低成本和提高服务质量。同时，鼓励卖家进行品牌建设和自主研发，提高产品的竞争力和附加值。

（3）提高用户体验和服务质量：通过优化平台界面、提高购物流程的便捷性和安全性、提供更加全面的客户服务等方式，提高用户体验和服务质量。同时，积极引入新技术和应用创新，例如人工智能、大数据分析等，提升平台的智能化和个性化程度。

（4）加强物流与供应链管理：通过优化物流方案、提高物流效率和降低物流成本等方式，提高平台的物流服务水平。同时，加强全球供应链布局和管理，提高供应链的透明度和可控性，降低风险和成本。

（5）拓展金融服务和支付方式：通过与更多金融机构合作，提供更加全面和灵活的金融服务，帮助用户解决资金链紧张等问题。同时，不断丰富支付方式，满足不同用户的支付需求。

五、思考题

①全球速卖通采用了哪几种跨境电商模式？
②全球速卖通有必要进行转型吗？转型过程中会遇到哪些问题？
③全球速卖通与其他交易平台比较，优劣势是什么？
④全球速卖通与阿里巴巴国际站的区别是什么？

案例 7-3：天猫国际——原装进口全世界

一、天猫国际的基本情况汇总

阿里巴巴旗下的跨境进口电商 B2C 平台——"天猫国际"于 2014 年 2 月 19 日正式上线，致力于为国内消费者提供海外原装的进口商品。天猫国际自成立以来，主要以女性消费者为主导、低门槛进驻、管理制度合法合规，依托阿里巴巴全球市场布局策略，一直引领着中国跨境电商的飞速发展。入驻天猫国际的商家均为中国大陆以外的公司实体，具有海外零售资质；销售的商品均原产或销售于海外，通过国际物流经中国海关正规入关。

天猫国际 PC 端官网布局类似天猫商城，右侧为美妆个护、食品保健、母婴用品、服饰鞋包、生活数码五个品类，顶部含全球精选、进口超市几个子频道。进口方式以"保税进口"为主，"海外直邮"为辅，如图 7-6 所示。

二、天猫国际的商业模式分析

（一）战略定位

天猫国际是典型的进口电商 M2C 平台模式，通过众多海外商家入驻平台，为中国消费者提供原装正品的多品类商品。目前海外品牌商入驻的方式

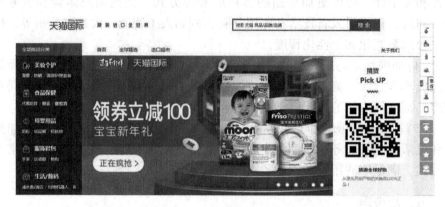

图 7-6　天猫国际网站首页

有三种：一是品牌直接入驻天猫国际平台，让消费者购买到与官网同款同价的商品；二是 TP 模式，就是电子商务代运营或电子商务外包模式；三是国家地区馆，国家和地区通过国家地区馆进入中国市场。

（二）目标用户

近几年，天猫国际上消费群体越来越多，不同年龄段的消费者都可以在跨境电商平台上满足自己的消费需求，从年龄段来看，"90—95 后"在天猫国际平台上的消费金额占比逐年提升，进口商品消费占比要明显高于其他代际，成跨境消费主力军。全球品牌纷纷入驻天猫国际，更多的选择也能更好满足乐于尝试的年轻消费者，他们足不出户，就可以买到全球好物。此外，除沿海一二线大城市外，以南宁、贵阳为代表的中西部三四五线城市的进口消费发展迅猛，成交占比持续攀升，"小镇青年"的消费升级，进口消费以个性化的需求为特征，也催生了跨境消费新市场。

（三）产品或服务

截至 2023 年，来自全球 78 个国家和地区的 22000 多个海外品牌已入驻天猫国际，覆盖了 4300 多个品类，其中 8 成以上品牌为首次入华。未来 5 年，天猫国际计划覆盖超过 120 个国家和地区，主营商品品类为美妆、母婴、个护、食品、保健品、服饰等，具有典型的平台特征。由于海外商品种类繁多，天猫国际采用大数据的方法选择商品种类。首先，阿里巴巴依托于淘宝大量的消费者数据，通过挖掘消费者大量搜索和购买且该品牌没有进入国内市场的商品确定销售商品种类。然后和品牌商进行合作，将该产品引入天猫国际。其次，那些热门的代购商品和国外免税店热销产品也是天猫国际选择的商品目标。

（四）盈利模式

天猫国际采用的是平台模式，并为商家提供营销推广、支付服务、物流服务和售前售后管理等服务，通过提供这些附加服务来盈利。此外，其主要盈利来源包括店铺保证金、年费和技术服务费等。

1. 店铺保证金

入驻天猫国际店铺，必须要缴纳保证金，用于保证商家按照天猫国际的规范进行经营，并且在商家有违规行为时根据《天猫国际商户服务协议》及相关规范规定用于向天猫国际及消费者支付违约金。根据店铺性质的不同，店铺的保证金也不同。正常情况的保证金为 15 万元，商品销往 2 个及以上国家地区的商家保证金为 30 万元；银河专营店保证金为 5 万元，详见根据《天猫国际资费标准(2020)》，以最新的资费为准。

2. 技术服务年费

商家在天猫国际经营必须交纳年费，年费金额以一级类目为参照，分为 3 万元和 6 万元两档，各一级类目对应的年费标准详见《天猫国际 2020 年度各类目技术服务费年费一览表》。

3. 实时划扣技术服务费

商家在天猫国际经营需要按照其销售额的一定百分比(简称"费率")交纳技术服务费。天猫国际各类目技术服务费费率标准详见《天猫国际 2020 年度各类目技术服务费年费一览表》。

（五）核心竞争力

流量优势，广泛深入的品牌合作，多样高效的物流服务、贴心专业的服务保障共同造就了天猫国际强劲的市场竞争力。

1. 用户和流量优势

通过阿里巴巴大数据的共享，天猫国际能及时抓住消费者购买行为的动态变化趋势，更准确地把握消费者的购买需求、消费习惯和特点，通过天猫、淘宝的用户流量来推广自己的业务。

2. 深入品牌合作

消费者可选择的品类丰富，更能满足消费群体多元化细分市场的需求。不仅如此，天猫国际入驻门槛高，保障产品品质，相对自营模式，其货品来源也比较稳定。

3. 多样高效的物流服务

天猫国际为消费者与商家提供了进口保税、海外直邮、进口现货三种物流模式，不仅缩短了物流的时间还保障了产品的质量。

4. 增值服务保障

天猫国际为消费者提供了贴心的服务保障，并以此增强顾客满意度，提高顾客忠诚度。首先，闪电发货，晚到必赔。对带有"晚到必赔"标签的商品，商家未能按时送达的，消费者每单笔订单可获得人民币 20 元的赔偿；其次，海外直邮和进口保税模式下，7 天内放心退，并赠运费险；最后，进口现货模式下，7 天无理由退换货，并赠送运费险。

三、天猫国际的运营模式分析

(一)"直播+电商"新模式

2019 年 11 月，天猫国际首次发布"网紫大道"计划，搭建进口消费新生态。该计划通过"内容 IP+达人店"的模式，为全球"网紫"出道创造土壤：自带品牌的明星可以入驻平台开设其品牌海外旗舰店，明星、国际达人也可以通过达人专属店为进口商品带货；网红们还能与品牌深度合作，通过社交和直播平台带货。联合多渠道和机构建立内容电商引流机制，扩宽内容触达渠道，成为进口新消费趋势下的新型营销模式。

(二)"大牌专机"新营销

天猫国际于 2020 年 1 月 15 日正式上线全新品牌营销 IP"大牌专机"，为国内消费者挖掘全球优质商品。"大牌专机"以"国外大牌带给中国用户的专属福利"为定位，对海外当地国民品牌和新锐品牌重点聚焦，在为国内消费者带来专属福利的同时，也为国际品牌开启了入华快车道。在"大牌专机"首秀活动中，天猫国际还对以往困扰消费者的通关及物流等问题进行了优化，倚靠阿里升级了物流体系，将商品通关时间缩短了 8 倍。

(三)跨境物流多模式

受益于菜鸟国际网络的建设，菜鸟目前可提供无忧保税和无忧直邮服务，为淘系平台商家提供了多样化的物流服务选择。

无忧保税服务可为天猫国际提供跨境进口电商一站式服务，包括海关备案、保税仓储、入境清关、国内配送等，实现到货时间缩减、客户体验提升。目前，菜鸟无忧保税服务开设的口岸包括杭州、广州、上海、宁波、重庆等，仓库合作伙伴包括中远集团、百世汇通、嘉里大通物流等，配送合作伙伴包括中通、EMS、百世、圆通、万象等。

无忧直邮服务为天猫国际提供零散商品邮寄服务。商家在海外将货物送至菜鸟海外集货仓或海外备货仓后，菜鸟统一以集货的方式进境清关，并完成国内配送。目前，无忧直邮服务线路覆盖美国、英国、德国、澳大利亚、日本、韩国等，时效为 7 ~ 14 天。合作伙伴包括 360zebra、日通国际物流、ICB、EMS 等。

四、案例总结与建议

（一）案例总结

天猫国际作为典型的"第三方跨境 B2C 电商平台"，为国内消费者直接供应海外进口商品。在产品方面，凭借其国内极高的知名度，从而吸引着众多海外品牌的加入，品牌入驻的数量逐年增加，促使平台产品品类丰富。天猫国际还采用类似淘宝的购物流程，让消费者更便捷地购买海外商品。在支付方面，消费者使用国际版的支付宝就可以方便地买到海外进口商品。在物流方面，借助菜鸟网络强大的物流平台实现了更快捷的物流服务及体验。在售后方面，使用旺旺中文咨询提供售后咨询和服务。总之，天猫国际依托于阿里巴巴的强大资源支持，一直以来发展迅速，获得的成绩有目共睹。"足不出户，买遍全球"的理念越来越成为中国消费者喜爱的生活方式。

（二）建议

天猫国际作为跨境电商行业占比较高的平台型企业，也可以取长补短，借鉴竞争者的优势和长处，弥补原有的不足，完善平台模式，扩大盈利，进一步提高企业本身市场竞争力和市场份额，最终促进跨境电商行业的健康发展。

第一，拓宽深化产品品类。目前天猫国际的主营业务为母婴、个护、服装、保健等，未来可以向电子产品、生鲜、小而美的个性化品牌延伸，扩大购买可选种类，进一步满足消费者多样化的需求。

第二，突破移动端的销量，创新营销模式，尝试与淘宝直播、微博、小红书等多渠道联合，扩宽内容触达渠道，与多机构建立达人机制，为全球品牌打造内容化营销阵地。

第三，创新盈利模式，平台型进口电商的盈利模式同质化较为严重，天猫国际可以尝试与商家、物流、海关与商检企业的合作，寻求多元化的盈利模式。

五、思考题

①通过比较分析天猫国际和考拉海购，谈谈跨境进口电商平台模式和自

营模式的优缺点。

②跨境物流模式有哪几种，请举例说明。

案例 7-4：洋码头——让海外购物变得简单又放心

一、洋码头的基本情况汇总

（一）洋码头简介

洋码头成立于 2009 年，是中国知名的海外购物平台，满足了中国消费者不出国门就能购买到全球商品的需求。"洋码头"移动端 App 内拥有首创的"扫货直播"频道；而另一特色频道"聚洋货"则汇集全球各地知名品牌供应商，提供团购项目，认证商家一站式购物，保证海外商品现货库存，全球物流护航直邮。

现阶段，驻扎在洋码头上的卖家可以分为两类：一类是个人买手，模式是 C2C，另一类是商户，模式是 M2C。

（二）洋码头发展历程

◇ 2009 年年底——洋码头成立。

◇ 2010 年——创立贝海国际速递。

◇ 2011 年 7 月——洋码头网站上线。

◇ 2013 年 12 月——移动端产品"洋码头"App 正式上线。

◇ 2014 年 3 月——贝海国际速递突破性缩短物流运送时间，保证海外直邮 7 天到货。

◇ 2014 年 6 月——洋码头成为上海跨境电子商务协会副会长单位。

◇ 2014 年年底——全球物流中心布局完成（纽约、旧金山、洛杉矶、芝加哥、墨尔本、法兰克福、东京、伦敦、悉尼、巴黎）。

◇ 2015 年 1 月——洋码头宣布完成 B 轮 1 亿美元融资。

◇ 2015 年 2 月——洋码头杭州保税区正式投入使用。

◇ 2015 年 6 月——洋码头成为上海进出口商会副会长单位。

◇ 2019 年 11 月 15 日，胡润研究院发布《世茂海峡·2019 三季度胡润大中华区独角兽指数》，洋码头以 70 亿人民币估值上榜。

◇ 2020 年 8 月，洋码头以 70 亿元位列《苏州高新区·2020 胡润全球独角兽榜》第 351 位。

二、洋码头商业模式分析

(一)愿景及使命

愿景:通过整合优化低效率运作的国际物流资源和全球零售供应链来促进在线零售的全球化进程,改造中间环节多,库存过高,市场门槛高的传统代理制跨国零售模式。

使命:让海外购物变得简单又放心。

(二)目标市场

洋码头在目标人群定位这一方面目标非常明确,它针对的是一部分有高端消费需求的海淘用户。中国奢侈品市场主要以二线及以上城市为主,并逐步向三线及以下城市拓展,这也是洋码头未来的布局方向。

(三)产品及服务

(1)产品:洋码头为用户提供海外优质综合类产品,商品涵盖母婴用品、食品保健、生活家居、服饰箱包、美容护肤等 2 万多个海外知名品牌。

(2)服务:第一是交易及信息服务。利用洋码头平台发布交易信息、查询物品信息、参加网上物品团购、与其他用户订立物品买卖合同、评价其他用户的信用、参加洋码头平台的有关活动以及有权享受洋码头平台提供的其他的有关信息服务。第二是客服及售后服务。洋码头为用户提供专属"洋管家"服务,解答消费者购物、退换货等各类咨询,实现"客服零时差"。在业内自创"本土退货",建立国内退货仓,保障消费者的完整服务体验,同时针对用户与买手商家产生的交易纠纷,实行先行赔付,进一步保障消费者的权益。第三是提供平台鉴别服务。洋码头推出了"奢品护航"服务,建立了专业的鉴别中心。消费者在洋码头平台上购买商品之后,商品会先被送到洋码头鉴别服务中心进行鉴定,整个检测环节大概需要 3 天。最终判断商品是否为正品,确认鉴别结果无误之后,商品将会被运送到消费者的手中。

(四)盈利模式

洋码头作为中国跨境电商领域的领军企业,其成功不仅源于多年的行业积累和强大的技术实力,还得益于其独特的盈利模式。

1. 直播收入

数字信息化时代,越来越多的人选择在互联网平台上购买商品,因此,越来越多的购物平台、电商购物、社交媒体、短视频和直播带货走进人们的视野当中。直播成为了现代人群主流的消费方式,对此洋码头积极实行"保税仓+直播"的模式,构建新型的跨境购物模式,以此实现盈利。

2. 会员制收入

洋码头推出会员制度，用户在洋码头平台花钱购买礼包便能成为会员，礼包价格在 399~9999 元之间分了几个等级，成为会员之后用户即可在全球优选平台购物，并享受不同等级的会员服务。

3. 自营商品收入

洋码头为用户提供海外优质综合类产品，商品涵盖母婴用品、食品保健、生活家居、服饰箱包、美容护肤等，主营业务收入非常可观。

4. 卖家佣金收入

洋码头除了自营商品外，还吸引了许多卖家在平台上销售商品。洋码头会抽取商品交易额的佣金，比例在 8% 左右，这是洋码头的另一种盈利模式。

（五）核心竞争力

洋码头是中国领先的海外购物平台，拥有超过千万的忠实用户，遍布全球的商品资源以及专业的供应链管理能力。其核心竞争能力主要体现在以下几个方面：

（1）具有丰富的商品品类。洋码头拥有多元化的商品，从高端奢侈品、轻奢商品、珠宝首饰，到吃穿美、生活日用、各国小众商品以及众多全球首发商品，可以满足不同消费者个性化需求。通过视频化的全球海淘直播，让中国消费者直面真实可信的海外场景化消费，大大激发消费者下单购买。

（2）创新的商业系统，即买方—卖方系统。这种模式主要通过专业买家为中国消费者提供更佳的海外购物指导，满足消费者的多元化需求。随着消费者购买欲望的增加，这种以买家为基础的导购模式受到了许多消费者的欢迎，也成为了洋码头的一种独特优势。

（3）建立了多个国际物流中心。为了更好地服务中国消费者，缩短国内外消费差距，洋码头在全球 20 多个地区和国家设立了 15 个国际物流中心。以这些物流中心作为纽带，可以实施洋码头的跨境物流布局，在全球范围内以更短的时间向中国消费者交付高质量的产品，保持海外产品的原味，为当地消费者带来更多高质量的体验。

三、洋码头的运营模式分析

（一）上游供应链整合

洋码头在 PC 端和移动端的产品运营模式有所不同。PC 端采用 B2C 限时闪购模式，全部由海外零售商提供 SKU，主要品类为母婴、保健品、护肤品等标准化的产品。这种模式更适合喜好一站式购物的用户，因为零售商家的供应链及服务体系相对更加完善。而移动端则采用 C2C 实时直播模式，通过个人买手实时直播海外打折商品，为买家提供不断更新的 SKU。

（二）买手赋能体系

洋码头拥有一套完整成熟的买手赋能体系，通过理论指导与实际操作相结合，推进买手商家在选品、营销、服务方面的专业化发展。通过小视频、直播、内容营销等方式打造买手人设，帮助买手匹配精准客户，提高转化率，建立一站式海外购物平台。

（三）自建物流

洋码头是唯一一家自建国际物流平台的跨境电商企业。通过自建物流体系，贝海国际物流公司确保跨境商品物流畅通无阻，优化平台消费者海购洋货的购物体验。贝海国际的物流平均速度稳居行业前列，其足迹已经覆盖全球 20 多个国家和地区。贝海国际物流公司创建之初，旨在确保跨境商品物流畅通无阻，优化平台消费者海购洋货的购物体验，也将全面赋能整个电商行业平台，进一步刷新行业物流速度。

四、洋码头的创新点分析

（一）买手制

洋码头是业内创新性创立买手商家制的电商平台。通过买手商家模式建立碎片化的弹性全球供应链，用扫货直播的方式为国内消费者提供全球值得买的好商品。买手这种灵活有弹性的供应链形式，能快速反映市场需要，更能适应消费者多元化、碎片化的消费需求，是跨境电商的核心竞争力之一。

一直以来，洋码头不断夯实买手商家制模式，凸显平台差异化特征，同时注重赋能买手商家，定期提供各项培训，并不断完善服务制度，进一步服务好消费者。

（二）新产能：电商与线下紧密融合

洋码头通过赋能新零售战略，使其品牌塑造获益良多。这种战略可以融合千万高端用户需求，进而共赢万亿商业蓝海。在线上，洋码头作为直播电商品牌数字化创新的引领平台，正在推动国人的全球消费梦想。在线下，洋码头运用更高效的零售方式为零售从业者赋能，更好地满足消费者触手可及的体验感，提升对品牌的信任，从而进一步增强消费者的黏性，轻松打通线上线下。

五、案例总结及建议

洋码头作为一家跨境电商，其商业模式及发展面临多方面的挑战，以下是对洋码头商业模式总结及发展建议：

（一）案例总结

1. 模式弊端显现

洋码头的买手与卖手直接交易的 C2C 模式存在很大弊端。由于 C 端买手数量庞大且个体行为难以监控，平台难以保障商品品质，并且产品售后环节缺乏标准化和约束力，消费者维权不易，海外商品假货泛滥，导致洋码头投诉量居高不下，用户信任度下降。这一模式弊端对洋码头的业务运营产生了负面影响，导致用户体验不佳，影响了平台的口碑和用户黏性。

2. 流量缩水

在洋码头的官网上写道，"截至 2017 年第三季度，洋码头用户数达 4800 万"，此外再没有新的消息。从这个消息可以推测，自 2017 年之后，洋码头的用户数量增长乏力，流量缩水。这可能是由于行业竞争加剧、用户体验不佳、品牌口碑下降等多方面因素的综合影响。

（二）建议

第一，洋码头需要积极探索更加有效的商品品质监控机制，加强对于买手的管理和约束，提高售后服务的质量和效率，同时加强消费者权益保护，提高用户维权途径的便利性和透明度。此外，洋码头也可以尝试引入更多的优质商家和品牌，增加平台商品的可信度和品质保障。

第二，洋码头需要加强与物流合作伙伴的紧密合作，寻求更加灵活和创新的物流解决方案。同时，洋码头可以积极探索多元化的供应链管理模式，提高供应链的弹性和适应性。此外，洋码头也可以加大对于海外仓建设的投入，提高仓储物流的效率和覆盖范围，为用户提供更加便捷和可靠的物流服务。

第三，洋码头需要积极吸引和留住用户。首先，洋码头可以通过提高用户体验来增加用户黏性。例如优化购物流程、提高物流速度、加强售后服务等措施来提高用户满意度。其次，洋码头可以加大对于品牌和营销的投入，提高品牌知名度和口碑。例如通过社交媒体、广告投放、合作活动等方式增加品牌曝光度和用户互动性。此外，洋码头也可以尝试开拓新的市场和渠道，扩大用户覆盖范围。例如通过开展线下业务、开发海外市场等措施来吸引更多潜在用户。

六、思考题

①洋码头如何布局新零售？

②洋码头进击"直播带货"，你认为有哪些优势？

第8章 农村电子商务案例分析

【学习目标】

　　掌握农村电子商务的概念和特点，重点熟悉农资电商、农产品电商、县域电商和民宿电商这四种主流的模式，通过对不同类型的案例进行分析，理解电子商务在助农、扶农方面的方式、方法和路径。

【引导案例】

大力实施"数商兴农"工程①

　　"数商兴农"是商务部围绕数字商务建设部署开展的，它与"消费数字化升级"行动、"丝路电商"行动、"数字化转型赋能"行动、"数字商务服务创新"行动一起，并称"五大行动"。"数商兴农"可以理解为"电子商务进农村综合示范"工程在"十四五"期间的升级与延续；是在促进共同富裕的目标指引下，作为提升广大农村地区商务发展水平、推动商务高质量发展的重要内容；是适应全面推进乡村振兴新形势新要求，全面推进乡村振兴的新举措。

　　"农村数字商务"是与农村电商相对应的概念。相比电子商务，数字商务范围更宽广、模式更新颖，更强调新技术（特别是大数据）赋能，更强调数字技术跨领域集成和跨产业融合的商务应用，可以简单理解为农村电子商务的"数字化升级"。

　　农村电商发展为"数商兴农"打下了数字化、网络化、规模化、体系化的基础；"数商兴农"则适应脱贫攻坚向乡村振兴衔接过渡的新形势、新任

---

　　① 《应推动农村电商向农村数字商务转型升级》，http://www.100ec.cn/detail-6607886.html。

务，面对数字农业、数字农村和数字商务的新机遇，从促进大数据应用、数字化转型共性解决方案研发、互联网平台赋能、新模式推广应用、政策激励与优惠扶持等多个方面，实现农村电子商务的转型升级。

农村电商需实现转型升级

过去十多年，农村电商的发展过程，可大致分为初始发展、深入发展和升级发展三个不同阶段。

在初始发展阶段，地方政府与电商平台合作，构建农村电商体系，解决包括物流、网络等基础设施短板问题，以网上开店方式销售农产品。在深入发展阶段，农产品生产环节的规模化、标准化、品牌化短板凸显，农村电商重点转向与农业产业的深度融合，以解决农产品上行问题。在升级发展阶段，信息通信技术(ICT)技术升级导致电商主流模式转换，平台电商模式也向新兴电商模式(如微信电商与直播电商)转换，农村电商新模式催生出众多农村新业态。

农村电商在稳定农产品价格、实现小农与现代市场对接、倒逼农业生产的标准化与品牌化、推动农村就业创业、扶贫减贫等方面发挥了重要作用。

时至今日，农村电商发展需要适应农业农村数字化发展要求，需要以数字技术和大数据等新型要素引导资源优化配置，需要以"数商兴农"工程等引领农业农村高质量发展。

建立乡村直播带货合作组织

"直播+扶贫+产业"的电商扶贫新模式帮助农民增收，助力贫困户脱贫，取得了非常显著的经济和社会效果。在数字经济背景下，应用直播平台进行农产品直播带货已然成为促进乡村经济社会发展的重要方式之一。

然而，农产品直播带货中也存在大量不规范现象与问题，如产品标准化程度低，缺乏产品分级标准与流程，产品质量控制不严格等，影响消费者体验；农产品供应链落后，配送速度慢，同时农产品包装不好、保鲜不严，许多产品在路上就开始腐烂变质；部分直播人员投机行为，夸大宣传、以次充好，甚至挂羊头卖狗肉，严重影响了农产品直播行业的市场声誉；直播人才稀缺，农民普遍缺乏自己上场直播的能力，初期靠县长、明星帮农民代言，后期又靠专业网红等，过于依赖其他群体。

因此，应建立起乡村直播带货合作组织，培养乡村本土直播人才，打造特色农产品品牌，以此促进消费者信任、互惠规范，从而实现"直播+扶贫+产业"的可持续发展。

推进市场主导型电商发展模式

《2021全国县域数字农业农村电子商务发展报告》显示，广东省内县域

204

农产品网络零售额排名全国第一，成绩亮眼。这得益于广东省拥有农村电商发展的产业、市场、科技、环境等资源优势，省内各类农村电商与数字化发展政策推动，有多项围绕农业农村数字化开展的重大建设工程。

　　另外，广东的农村电商发展也面临诸多挑战，如不少地方的农村电商发展模式需要尽快实现由政府引领型转向市场主导型；需要继续深化农业供给侧结构性改革，以供给端的规模化、品牌化、标准化和数字化应对新发展阶段的市场需求；需要按照数字经济时代数字化、网络化、智能化的逻辑，尽快实现由农村电子商务向农村数字商务的升级转型。

第一节　农村电子商务概述

一、农村电商的概念

　　农村电商全称为农村电子商务，有狭义与广义之分，或者说农村电商包括内涵与外延两部分。

　　狭义的农村电商一般指其内涵，是指利用互联网（移动互联网），通过计算机、移动终端等设备，采用多媒体、自媒体等现代信息技术，为从事涉农领域的生产经营主体提供在网上完成产品或服务的销售、购买和电子支付等业务交易的过程，其中包括对接外部电商平台、建立电商基础设施、进行电商知识培训、搭建电商服务体系和出台电商支撑政策等业务。

　　广义的农村电商一般还包括其外延部分，强调在农村推进和应用电子商务。其不仅指工业品下乡或农产品进城，还包括以下五个层面的含义：将农产品通过网络途径销售出去，淘宝并不是唯一的途径，还有网上批发和网上零售等形式；在乡村聚集的以销售本地特色商品为主要业务的乡村电商，如淘宝村、淘宝镇；将电商的物流、人才流、信息流、资金流聚集在县城周边，形成电商服务业、包装仓储物流相关产业和商品配套供应产业协同集群发展的县域电商；将农民需要的生活服务、农业生产资料和生活日用品通过电商终端的延伸出去，实现服务到村的农村电商，典型的就是阿里巴巴、京东实行的农村战略；将信息技术、大数据、物联网技术应用到农业生产，实现农业的规模化、精准化生产，并促进农业与乡村旅游和谐发展。

二、农村电商的特点

(一)农村电商打破了传统农产品交易的时间、空间限制

农村电商是依靠互联网信息化在农产品市场方面的发展而进步的,一方面,农产品的网络营销通过网络打破了传统农产品交易中时间、空间的限制,使交易活动可以在任何时间、地点进行,大大提高了效率;另一方面,网络的电子流代替了实物流,大量减少了人力、物力,降低了成本。

(二)农业互联网基础设施依然薄弱,缺乏区域性谋略

当前提供农业电商服务的网站有很多,但农村地区互联网信息基础设施相对薄弱,我国仍有 5 万多个行政村没有通宽带,拥有计算机的农民家庭比例不足 30%,农村互联网普及率只有 27.5%。网络接通农户的"最后一公里"障碍,使农民不能通过直接有效的途径参与电子商务。

此外,我国各地区地理环境差异大,农业更加具有鲜明的区域性特征,这使农村电商问题趋于复杂。因此,农业电商必须深入考虑区域特点,这样才能更好地发展。

(三)农产品需求具有不可预知性

受自然条件的影响,农产品的生产和农用品的需求具有很大的不可预知性。例如,农产品生产区域和生产者相对分散、农产品附加值较低、农产品不耐久存、农产品种类繁多而品质评价的主观因素较强等,都极大地阻碍着农产品生产产业化和流通现代化,是实现农村电商的难点。

(四)农村电商仍然处于成长阶段

目前,我国的农村电商仍然处于成长期,东部地区电子商务发展已初具规程。而西部偏远地区电子商务处于初步发展阶段。在偏远山区,互联网覆盖面积狭小,人们对电子商务的认识不全面等,导致农村电商的发展存在很大的困难。

第二节 农村电商的分类

一、农资电商

随着"互联网+农业"的兴起和国家政策的大力支持,资本市场风起云涌,各大企业纷纷布局农资电商,农资电商步入了发展的快车道。

(一)农资电商的定义

农资即农用物资,指农业生产中所需的物质资料,包括化肥、种子、饲料、农机、农药等。农资电商平台的出现是让各种农资价格信息透明化，农民可以货比三家，不必为买到假冒伪劣产品担惊受怕，一旦出了问题，农民有明确的追溯和索赔通道。借助"互联网+农业"大潮，未来农技服务与农资电商完全可以嫁接，农化服务的专业化和及时性将大大增强。

对于农资经销商来说，简单地销售产品越来越难实现业务上的扩张。与其在这个窠臼中越陷越深，不如改行做服务商，不再为卖产品和赊销犯愁，专业为农资电商平台提供物流配送、农技服务，集中优势资源做自己更擅长的事情。很显然，正在兴起的农资电商为此提供了可能。

总之，农资电商并不仅仅是"互联网+农资"，而是"互联网+农资+仓储+物流+金融+服务+经销商"的综合解决方案。因此，农资电商只是刚刚开始，还有很长的路要走。

(二) 农资电商的模式

1. 专业农资电商平台

平台只专注农资一个领域，因此更加专业，注重商务服务，目标客户也更加明确，能轻易实现同类产品之间的比价、比货功能，如云农场、易农商场。这种模式便捷简单、投入少、门槛低，适用于大多数农资产品生产商和供应商。

2. 综合性电商平台

平台市场已经非常成熟，拥有专业的操作团队，客流量大，门槛低，如阿里巴巴、淘宝网、京东。目前，中国蓝星集团股份有限公司、中国昊华化工集团股份有限公司、中国化工农化总公司等多家企业已成功入驻此类综合性电商平台。对于农资行业而言，虽然这类平台客流量大，但无效流量占比也大，产品投放精准度低。

3. 兼营性农资行业平台

这类平台尝试整合技术服务、商务服务和平台服务，目前更侧重于技术服务，如好汇购、中国农资联盟、191 农资人。该类平台常以论坛形式来完成技术人员、经销商、零售商及农户之间的互动交流。平台也会邀请业内专家入驻，打造专业植物医生团队，在作物生长、病虫害防治等问题上有一定权威，以技术服务带动，促进产品销售。

4. 企业自建的电商网站

这一模式对生产商、供应商的要求较高，前期投入比较大，而且要通过一系列推广来提高知名度，推广难度和维护成本都较高，如龙灯商城。我国农资市场规模已超过 1.5 万亿元，但农业经营主体对农资产品的质量、价格和专业技术服务的要求越来越高。这就需要传统农资经销商学习如何用互联网的思维销售农资产品，下面举例说明农资电商的模式。

二、农产品电商

优质的农产品是现代农业发展的重要方向。近年来，涉农电商迅速发展，一时间，"互联网+农业"成为一个蕴藏着巨大商机的领域。整个农产品有几万亿元的市场规模，但目前的电商渗透率却没有超过10%，因此农产品电商也被称为电商最后的蓝海。

（一）农产品电商概述

农产品电商是指在农产品销售过程中，全面导入电子商务系统，利用信息技术，以网络为媒介，进行需求、价格等信息的发布与收集，依托农产品生产基地与物流配送系统，为顾客提供优质农产品和服务的一种新型的商业运营模式。

（二）农产品电商模式

（1）自产自销：即由农民、种养大户、家庭农场、农业企业等将自己生产的农产品通过网络销售出去，主要采用B2C、C2C模式，优点是集"产加销"于一体，货源可控、质量可控、价格可控，缺点是品种单一、季节性强、单打独斗。

（2）专职电商：即由零售电商或电商企业通过网络为农民、农业企业销售农产品，有的采用代销模式，有的建有电商平台。优点是专业性强、选择性强、适应性强，缺点是货源、质量、价格不可控。

（3）自产带销：上述二者的结合，既做产品，又做平台。

（三）农产品电商发展趋势

近年来，得益于政策的大力推动和科技进步，农产品电商行业正在快速发展。未来的农产品电商产业发展将呈现以下六大趋势。

1. 规模化趋势

随着农产品电商基础设施的不断完善，农产品电商的交易额将保持快速增长。预计未来5年内，我国农产品电商交易额将占农产品交易额的近一半。同时，涉外农产品电商交易额也将持续增长。

2. 标准化趋势

农产品电商的规范化、标准化程度将不断提高。产品质量和服务的标准体系将不断完善，倒逼生产端进行工艺改进和服务提升，进一步提高农产品品质。未来农产品电商将更加注重产品的品质和标准化程度的提升，以实现商业模式的可持续发展。

3. 线上线下融合趋势

农产品电商必须与线下发展相结合，呈现线上线下融合发展的趋势。线下门店和体验馆的开设将有助于增强消费者对品牌的信任度和忠诚度，提高品牌形象。同时，线上的推广和销售也能够进一步扩大市场规模，实现相互促进的发展态势。

4. 国际化趋势

我国的农产品市场正在不断开放，国际市场的竞争也日益激烈。农产品电商的国际化程度将不断提高，跨境电子交易将发挥越来越重要的作用。农产品电商企业将积极拓展海外市场，寻求更广阔的发展空间。

5. 跨界融合趋势

农产品电商的发展将推动多种商业模式的相互融合和渗透。与一、二、三产业的深度融合将成为未来的发展趋势。农产品电商商业模式与农业生产、农业加工、观光农业、场景农业等多领域相互融合，将成为涵盖一、二、三产业共同发展的大平台。这种跨界融合的模式也将为消费者带来更多的选择和便利。

6. 区域化趋势

农产品电商的区域化将越来越明显。区域化电商的发展将使农产品电商交易变得更有效率。同时，区域化电商也能够更好地满足当地消费者的需求，提高市场占有率。

三、县域电商

(一) 县域电商的概念

2015 年政府的"互联网+"计划出台后，县域电商成了各个县发展的重头戏，它的发展事关增量创新，事关存量转型，事关中心工作，事关战略目标，我国县域电商进入了快速崛起期。

县域电商有广义和狭义之分。广义的县域电商是指在县域范围内以计算机网络为基础，以电子化方式为手段，以商务活动为主体，在法律许可范围内所进行的商务活动过程。狭义的县域电商是指网络销售和网络购物，即通过网络完成支付和下单的商业过程。

(二) 发展县域电商的意义

1. 电商为县域的"大众创业、万众创新"创造了平台

电商创业的方式非常简单，只需一台计算机，注册一个淘宝账户就能开店，启动资金仅需几千元，生产产品有农民，发货有物流公司，自己只要会用计算机即可。只要有好的产品，营销方法得当，短短几个月就能致富，满足了年轻人的创业心理。

2. 电商是使农民收入增加的一条有效途径

电商把生产、销售便捷地联系在一起，不需要大的投资，收益十分明显。特别是一些地方的特色农产品，经历层层中间环节，农民收益并不高，有了电商平台以后，农民可以直接与消费者"见面"，大大减少了中间环节，收入明显增加。

3. 电商将有效转变县域农业发展方式

电商把县域之前的传统生产方式转变为依靠市场来定位，拿到订单再生产，从根本上解决了难卖的问题。

4. 电商将为县域消费市场带来新的增长点

农民收入水平逐年增长，消费水平也在不断提升，但农村的消费环境并没有跟上步伐，而电商为县以下的消费品市场提供了便捷的通道。一些地方已经出现了专门为村民代理网络购物的淘宝代购，一般成功购买后收取一定的佣金，也侧面显示了农村人巨大的消费潜力和电商前景。正因如此，大量的电商企业开始开拓农村市场，兴起了一轮下乡的热潮。

5. 电商为县域经济转型发展注入了新的活力

电商是推动县域三产业融合的重要工具，它不仅要渗透到传统产业中，而且要深刻地影响与再造，催生出新的产业。

(三) 县域电商发展的模式

自 2015 年政府的"互联网+"战略出台后，县域电商发展得如火如荼，我国县域电商进入快速发展期。我国根据各区县的实际情况，设计出了三种县域电商发展模式。

1. 一县一品生态经济模式

以某一品类县域特色商品作为切入点，以全县人力为宣传载体，打造出一个本地化地域品牌，发展县域电商经济新模式，通过"一县一品生态经济"县域电商模式来推动当地经济的发展，将当地的特色产品通过电子商务推向全国乃至全球。

一县一品生态经济模式从结果导向来讲，是以某一品类产品为主，而且该品类产品的销售额达到了该县经济总额的 50%，如五常大米、和田大枣、洛川苹果、奉节脐橙、仙梅可以作为这些县区打造一县一品生态经济的突破口，进行品牌化经营、打通整条电商产业链，通过电子商务进行大宗批发、零售等方式，帮助农民增收，从而带动本县区 GDP 的快速增长。

2. 集散地生态经济模式

利用区位和交通便利的优势发展物流产业，通过建立以电子商务为依托的基础物流设施，通过物流发货的高性价比，吸引大批企业将此地作为仓储、物流基地，从而形成"集散地模式"，带动当地电子商务及区域经济的快速发展。

3. 产业生态经济模式

产业生态经济模型又称"跨域整合某一品类生态经济模型"，是以某一品类的产品为切入点，所有与该产品有关的县（区）共同参与，制定产品分类标准、建立溯源体系（农产品类）和服务标准（服务业），按统一的标准进行产品加工，统一进行品牌宣传，打通该产品产前、产中、产后全产业链（生产/种植、加工、质检、追溯、仓储、物流、销售与售后等）。

四、民宿电商

（一）民宿的概念与分类

民宿是指利用自用住宅空闲房间或者闲置的房屋，结合当地人文、自然景观和生态、环境资源及农林渔牧生产活动，以家庭副业方式经营，提供旅客乡野生活之居住处所。民宿有别于旅馆或饭店，也不同于传统的饭店旅馆，虽然没有高级奢华的设施，但它能让人体验当地风情、感受民宿主人的热情与服务，并体验和融入当地的生活环境。

（二）民宿电商的发展背景

民宿电商能够实现飞速发展，成为支撑当地经济发展的重要内容，离不开互联网技术和电子商务的发展、国民经济的提升及民宿产业本身的发展。在这三大背景下，民宿电商成功占据了旅游住宿业的部分市场。

1. 互联网技术及电子商务的快速发展

国内电子商务的迅猛发展是民宿电商发展必不可少的条件，在电子商务逐渐进入成熟期之后，由电子商务孕育出的 O2O 行业也开始进入高速发展阶段，开始了本地化及移动设备的整合和完善。

2. 国民经济的提升及人们思想观念的转变

在人们收入水平有明显提升之后，人们对生活质量的要求也越来越高，开始探索高层次的精神需求，其中以旅游实现消遣休闲的人数激增。而在旅游中占据必要位置的住宿产业也随之改变，住宿消费占比逐年上升，游客更注重住宿品质。标准酒店形态无法满足消费者在住宿以外的更多需求。适合更长时间居住的公寓、能更直接全面地承载当地文化的民宿及客栈，越来越受到不同类型消费者的喜爱，它们的市场体量也在不断试错及摸索中逐渐壮大。

3. 民宿产业本身的发展

近10年内，各地民宿的数量都增长迅速，尤其是在旅游资源丰富的地区，民宿数量更是成倍增长。而在民宿数量增长的同时，其质量也在不断提升，游客入住意愿也在逐渐增加，这些都促进了民宿产业的迅速发展。

在O2O发展迅速的今天，集合线下丰富民宿资源的民宿预订平台也汇聚了大量的民宿资源，并且随着民宿的发展不断进步，线上民宿预订平台从最初的信息展示发展到现在兼具向导、综合服务等功能。

(三)民宿的创新发展模式

1. 艺术孵化聚落

北京宋庄就是其中的代表。每家村民几乎都改建了可供艺术家租用的工作室。全国各地1300多位艺术家聚集宋庄，这些工作室连同后起的艺术馆群，一起成为宋庄旅游的核心，围绕艺术创而延伸的旅游产业链也不断拓展。

2. 田园牧歌式文创园

杭州白马湖SOHO公社就是其中的代表。杭州白马湖统一规划，将柴家坞、章苏、孔家里、陈家村四个自然村共计500余幢农居改建成居住创业两相宜的文化创意工作室，形成具有城市美学特征和独特文化内涵的创意建筑，目前入驻企业规模已达160余家。

3. 农家养老社区

主要吸引城市的银龄阶层。农村的环境、空气及生活成本低等优势，成为不少市区老年人向往的养老去处。代表有崇明岛农家养老和浙江天目山农家养老项目，老人与农户签订协议，长期寄养在农户家中，是一种特殊的乡村旅游形式，也可以成为新农村建设的一种重要模式。

4. 创意文化民宿

代表有漳州古山重的"水云间"。以乡村环境为基础，文化创意为出发点，适合历史底蕴深厚、文化特色突出、村城内拥有较为丰富的历史文化遗存、村落传统肌理尚存。具有典型乡村气质，通过文化创意的演绎，也能达到很好效果的村落。

5. 私家乡村会所

不太注重经济效益，往往是企业或者几个朋友在乡间利用闲置民居改造而成的交流空间。企业可将其作为自身企业文化的一个展示空间，或用于接待、开展员工度假；若为一群朋友所开，就可成为心灵聚会场所。这种模式不面向游客，只与特定的客群匹配，经营模式以"会员制"为主。

第三节　案例分析

案例 8-1：一亩田——B2B 电子商务平台

一、一亩田的基本情况汇总

北京一亩田新农网络科技有限公司(如图 8-1 所示)，成立于 2011 年 8 月，是一家基于移动互联网技术、深耕农产品产地、促进农产品流通效率的互联网公司。成立以来，一亩田着眼于全品类农产品，打造了全国领先的农业产业互联网综合服务平台。平台定位于推动"农产品进城"，致力于"让每一亩田更有价值"。

截至 2020 年 12 月，一亩田平台已经覆盖了全国 2800 个县的 1.2 万种农产品品类，用户数量达到了 3000 万，是全国领先的农产品 B2B 电商平台。

图 8-1　一亩田官网首页

二、一亩田的商业模式分析

一亩田交易服务平台采取 B2B 的商业模式，主要为上游供应商和下游采购商提供交易撮合和供应链服务。

(一)愿景和使命

公司的愿景：成为享誉全球的世界级农业科技公司。

公司的使命：让每一亩田更有价值。

公司的核心价值观：以用户为中心，以奋斗者为本，长期艰苦奋斗，坚持自我批评。

(二)产品及服务

1. 线上业务

以人工智能、算法、大数据等先进互联网科技为基础，搭建全国最大的农产品 B2B 线上交易平台，为农产品买卖双方提供产销精准匹配、线上电商交易、资金安全保障等平台服务。一亩田的 App 通过农产品供应商、采购商身份切换功能，解决批发商老板、代办(经纪人)既是买家又是卖家的身份切换问题。

2. 线下业务

豆牛代卖是一亩田平台下的农产品代销平台，覆盖了全国 50 多个大型一级批发市场。提供售前行情调查服务，售卖过程全程监督服务，售完 24 小时之内回款服务。帮助货源丰富的货主迅速打开全国市场，让天下没有难卖的货。

3. 政府业务

农业天机大数据服务：首个农产品流通领域天机大数据系统。

产销对接服务：基于平台 2000 万采购商资源，搭建立体化的采购商联盟体系，为主产区进行精准采购渠道对接。

新农人培训：通过整合各方培训资源，为新农人提供专业化的电商技能培训，培养千万数字农民，让手机成为农民卖货新农具。

区域公用品牌打造：产销两地品牌塑造体系，助力区域农产品优质优价。

(三)目标群体

一亩田作为 B2B 的平台主要服务于两端客户。一是上游供应商即产地的客户——规模化供应农产品的供应商，包括经纪人、种植大户、农业合作社等；另一端是采购方即销地——城市的农产品销售商。一亩田主要推动农产品规模化交易业务主体之间的对接，着眼于农产品的原货市场，利用互联网扁平化结构，将供需双方农村合作社、农业经纪人、种植大户与批发商、超市等高效连接，促使农产品在合理的物流距离、交易价格及高效流通结构等条件下开展交易，进而刺激农村电商应用者的价值感和积极性。

(四)盈利模式

一是增值服务费：VIP 会员服务，热门动态、电话特权、社区推广和标签服务。

二是交易佣金：等到用户量足够大的时候，交易笔数达到一定规模的时候，收取一定的交易佣金。

三是分销佣金：一亩田已经有了农资业务，当农资卖家达到一定量的时候，可开通农资分销平台，收取分销交易佣金。

四是资金沉淀：通过平台交易的资金，买卖双方交易的时间差容易形成资金沉淀。

（五）核心竞争力

一亩田的核心竞争力主要体现在以下三个方面：一是用户规模较大，用户基数比较大，增长速度也比较快，可以利用人口红利来发展、建设整个平台；二是一亩田团队有较好的理解力，自成立到现在一亩田团队的发展比较快，在不断地磨合之中，利用时间成本和运营管理，对农业、农村和农产品有了较深的理解，研发出来的产品可以更贴近农村，更适合农民，这是一亩田有很大优势的一点；三是平台有很清晰的定位，一亩田给自己的定位一直是在"互联网+"背景下基于农产品产地和 B2B 电商平台的互联网公司。

三、一亩田的业务创新分析

一亩田是一家专注于农产品领域的电商平台，其业务创新主要表现在以下几个方面：

（一）推出找货版和卖货版

一亩田通过推出找货版和卖货版，为采购方和供应商提供了更加便捷的信息流通渠道。找货版为采购方提供了详细的农产品信息和供应商推荐，使其能够轻松找到所需商品并快速与供应商联系；卖货版则为供应商提供了展示产品的平台，通过在线销售和推广，增加了销售渠道和曝光率。这种双版模式有效地提高了信息流通的效率和质量，促进了供求双方的交流与合作。

（二）提供线上支付功能

一亩田在农产品大宗贸易环节引入了线上支付功能，通过在线下单和在线支付，降低了交易成本，提高了交易效率。这种支付方式不仅为采购方和供应商提供了便捷的支付方式，还有效地降低了交易风险，避免了不必要的经济损失。同时，在线支付也使得交易过程更加透明化，有利于推动农产品市场的规范化发展。

（三）推出农业经纪人点评系统

为了解决农产品流通中的信任问题，一亩田推出了农业经纪人点评系统。该系统对农产品经纪人进行全方位的评价，包括诚信度、服务态度、服务质量和服务能力等方面。通过该系统，供应商可以了解经纪人的信誉和服务质量，以便做出更明智的决策；采购方也可以获得更多关于经纪人的信息，以便更好地评估其能力和信誉。这种点评系统的推出有利于促进农产品流通领域的诚信和透明化发展。

四、案例总结与建议

(一)案例总结

从一亩田创立到现在，前期发展速度是很快的，经过几轮的融资实力也在不断地增加，发展前景也是很好的。一亩田发展速度如此之快，在发展过程中存在问题也是难免的。主要的问题如下。

1. 农村使用互联网的用户比较少

在农村，互联网的普及率相对比较低，农户种植多半凭借之前的经验，思维模式没有转变过来，也没有使用互联网的习惯。中国农民虽然多，但是用户却少，这一点不利于农业电商的发展。

2. 网络信息基础设施不完善

农户很少通过互联网解决问题，很多农户觉得麻烦，不愿意使用，加上农村的网络信息基础设施不完善，硬件设施不够，所以对互联网的接受程度比较低。

3. 食品的安全标准问题

中国的农产品安全是一个很重要的问题，在网上出售的农产品没有安全保障，质量问题堪忧。民以食为天，随着生活条件的不断提升，消费者对食品的质量和安全越来越关注，如果网上所售出的农产品没有一个标准，没有质量保证，交易过程中不受监督，则很容易出现问题。

(二)建议

1. 加大对互联网的宣传普及力度

对于一亩田 App 的使用，很多农户是不了解的，有的甚至不愿意去使用，所以前期推广很重要，前期可以给新进入的用户一定的优惠，吸引用户的进入，可以让已加入的用户邀请新的用户，并给其一定的奖励，用这种方式来吸引更多的用户加入。

2. 加大农村网络基础设施的建设

基础设施的建设需要投入很多，可以寻求政府的支持，政府对农业电子商务的发展支持力度还是很大的。投入新的设备，提高农村互联网网速，让农户使用互联网有个更好的设备基础。一亩田 App 的设计页面也可以更贴近农户的使用习惯，方便用户的使用。

3. 设立相关的食品安全标准

一亩田可以设立相关的标准，保证进入 App 的农户的农产品都是符合食品安全标准的，健康、绿色、安全；定期抽查，从源头保证农产品的安全，并出台违规惩罚，提高违规成本，保证在整个生产交易过程中农产品的安全。

五、思考题

①思考一亩田短期、中期和长期的战略规划。

②思考一亩田未来的商业模式如何突破创新，为互联网农业提供更多的服务。

案例 8-2：美菜网——助力乡村振兴

一、美菜网的基本情况汇总

美菜网由刘传军于 2014 年 6 月 6 日创立，是中国目前最大的一个农产品移动电商平台（如图 8-2 所示），隶属于北京云杉世界信息技术有限公司。至今业务已覆盖全国大部分城市和地域，并在北京、天津、南京、上海、武汉、广州、重庆、成都等近 50 个大中小城市发展其主营业务，其独有的"F2B 模式"是基于 B2B 模式，然后砍掉中间环节，通过自建仓储、物流、配送等供应链环节，创新升级传统的生鲜供应链。

图 8-2　美菜网主页

美菜网一直致力于改变中国目前落后的电商农产品市场，为全国近千万家餐厅和消费者，提供全种类、优质的餐饮食材购销、配送服务，"买菜卖菜上美菜"深入人心。根据数据显示，2018年4月，美菜网成功入选全球16家独角兽榜单。2018年9月，美菜网估值70亿美元。2019年，美菜网成为中华人民共和国成立70周年阅兵、中国国际进口博览会食材供应优质保障单位。2020年5月，美菜网本着"美菜助农，振兴乡村"的社会责任，在"农产品急救"的基础上，转向助农扶农。2021年3月，美菜网业务升级为"自营+第三方商家"模式，以链接更多优质合作伙伴。截至2022年年初，美菜网的业务覆盖全国200多个城市，累计服务用户超过200万家，在全国有仓储中心44个，仓储面积超570000平方米，日包裹处理量约250万。

二、美菜网的商业模式分析

(一)战略定位

美菜网是自营的综合型B2B食材电商，定位于"一站式""全品类"的餐饮原材料采购服务电商。美菜网的使命是"让老百姓生活更简单"，核心价值是"新鲜""低价"，秉承"让老百姓生活更简单""让天下的餐厅没有难做的生意""为8亿农民谋幸福""让13亿中国人吃上放心菜"的经营理念。

(二)目标用户

美菜网食材销售的B端客户通常包括工厂、学校、酒店(指酒店食堂，酒店餐厅统一归类至餐厅)和餐厅等，工厂、学校、酒店以及大型餐厅对食材的单日需求量大，议价能力较强，得到的采购价格相应较低，但其采购决策链比较复杂，因此一般有稳定的合作供应商，存在长期的契约关系。

(三)产品及服务

美菜网根据上游产地与下游客户端分别开发了针对不同端的App服务产品：

一是为种养殖基地、合作社、大户、经纪人等提供的用于网上销货的手机App，具有拼货、找代办、网上收款等功能，可直接对接全国销地市场，足不出户即可货销全国。

二是为上游食材货物批发商提供用于进货和销货的App，具有进出货登记、订单处理、商品赊销、客户群体管理、账户支出收入等功能，帮助批发商轻松解决一系列问题。

三是为菜市场、生鲜零售店、饭店或食堂等采购群体提供用于线上进货的App，具有价格查询、产品信息、在线订单、订单管理、订单跟踪等功能，帮助采购人员轻松采购货物。

美菜网基于"精而专"的原则，一是精选最通用的食材类别，规范食材规格，精心耕耘，达到业内最高的性价比。二是聚焦于部分餐饮类别，专注于提供食材需求范围相对固定的某一类或某几类餐饮所需的食材，譬如火锅、串串店，成为这类餐饮的一站式采购平台，并且提供专属店铺管家服务以及开店咨询。

（四）盈利模式

美菜网通过自营商品的销售从直接顾客处获得剩余收益，或是从入驻供应商获得的产品销售收入中获得分成收益，无论哪一种，收入来源都是直接顾客。

（五）核心竞争力

综合美菜网当前发展进程和公开信息，其分别在实物资源、技术资源、人力资源和国家政策扶植方面占据一定优势。

1. 实物资源

美菜网已在全国 30 个城市建"综合型冷链物流仓储基地"，这些基地集包装加工、分拣集散、存储配送、检验检疫、信息处理功能于一体，打通了仓、运、配的一体化物流网络，掌握了从田间到餐桌的运输脉络。美菜网的仓储基地有保鲜、冷库等多种库房类型，单北京一地仓储面积就达到了 10 万平米。

2. 技术资源

美菜网自主研发了 WMS（Warehouse Management System）、TMS（Transportation Management System）系统以及大数据平台。WMS 仓储管理系统和仓配履约体系，拥有科学、精准、专业的系统化管理和较先进的数据库营销理念，在保障工作效率和准确性的前提下，可针对性地就进、销、存数据进行管理。TMS 运输管理系统，可计算出每天每辆车货品承载量，规划配送路线，并通过车辆 GPS 定位系统等物流配送管理平台，做到冷链物流管理，车辆实时控制，减少重复性的流通。美菜网的"大数据平台"与非标准化农产品监测系统结合，可让消费者追索到农产品的全过程；同时将市场需求数据反馈给生产者，反向指导生产。

3. 食品安全管控能力

美菜网设立了较为严格的食品安全管理机制，整个体系包括选择基地、供应商资质审核、产品验收等环节。在基地管理方面，技术人员会予以指导，包括种子、肥料和农药的使用时机和种植技术的改进等；在供应商和产品准入方面，运行半自动式分拣系统和智能排车系统，设立冷链收货机制，并对入库食材进行农残检测、第三方实验室抽样检测。

4. 人力资源

美菜网的核心领导层能力互补、经验丰富，重要的仓储管理团队中超过

90%的人员都有多年的仓储管理工作经验，且曾任职于京东、物美、当当、美的、永辉等企业。

5. 国家政策扶持

2015年以来，国家高度重视"互联网+"创新创业，并给予宏观政策方面的支持。2015年7月4日国务院发布的《关于积极推进"互联网+"行动的指导意见》中，明确要求各个部门加强组织领导、做好保障支撑，加速提升产业的发展水平，增强各行业的创新能力，构筑经济社会发展的新优势和新动能。该指导意见中具体包含了11项重点行动，美菜网与其中4项相关并直接受益，分别是"互联网+现代农业""互联网+高效物流""互联网+电子商务"和"互联网+益民服务"。

三、美菜网的运营模式分析

美菜网的核心业务是通过全程精细化管控采购、仓储、物流、商品品控、售后等各个环节，为中小餐厅提供食材采购服务，并通过这些需求撬动现有的农产品供应链，整合仓储、物流资源，走向产地对接蔬菜、肉、蛋、米面粮油、酒水饮料、调味品等生产商及农业基地。

美菜网主要从上游及中游供应商采购，或是中游供应商直接入驻平台，统一将食材入库至美菜网的仓库，末端客户下单后，由美菜平台指示仓储和物流中心发货给末端客户，美菜平台负责后续跟踪服务，如图8-3所示，业务活动主要包括实物流、信息流、资金流和工作流。

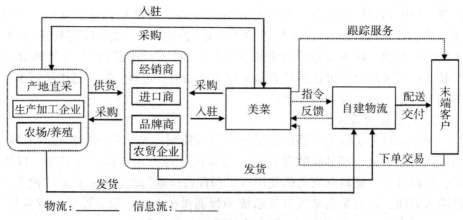

图8-3 美菜网的业务系统图

实物流：美菜从产地直采，并运输至自有仓库，末端客户下单后，由仓库进行分拣和配送交付。

信息流：末端客户通过美菜提供的电商平台浏览商品信息、下单采购，而后美菜发送订单给仓库，仓库将订单当前所处状态反馈给美菜，美菜反馈给餐饮企业；同时，美菜也将客户的订购数据反馈至产地供应商，产地供应商根据情况将产品信息反馈至美菜。

资金流：末端客户将资金支付给美菜，美菜按固定账期给供应商结算；

工作流：由于活动不同，主要包括两个流程，一是销售流程，即客户下单、仓库接单、分拣打包、服务配送，二是客户的获取流程，即地推发展、客户注册和美菜审核。

作为 B2B 生鲜电商企业的美菜网，通过自营模式，致力通过自建仓储、物流、配送的模式，打通农产品供应链，从而推动农业供给侧改革，解决农产品的标准化，并通过源头战略实现规模化经营，创立了瓜瓜正源、美尖尖等自主品牌，践行着改变中国农业之路。美菜网创新性地采用"两端一链一平台"模式，升级农产品供应链，提高农产品流通效率。"两端"就是供给端和消费端，"一平台"就是美菜网这个互联网平台，"一链"就是供应链体系。

（一）供给端：五千多个供应基地

对于上游采购环节，美菜网与农户、基地和产地加工商签订采购订单，建立长期合作关系，可以帮助交易双方都有效规避市场风险，提高产品质量，保证整条供应链的稳定通畅。截至 2016 年，美菜网已经在全国拥有 5000 多个供应商，并在全国 30 多个城市建立仓储中心。

（二）消费端：四大优势吸引用户

美菜网目前客户主要是中小型的餐饮商家，并且平台注册用户已达 100 万家。美菜网凭借四大优势吸引中小型商家入驻。

第一，守时非常关键。因为如果食材不能按时送到，中小餐馆就立刻没法做生意了，所以美菜网在解决守时问题上不遗余力。第二，对商户的服务灵活。美菜承诺，只要餐馆有需求，美菜网就能做到及时补货。第三，品类丰富。美菜网目前已经有 40000 多个 SKU，能充分满足中小餐馆对食材等方面的需求；最后就是新鲜低价。美菜网将源头直采看成是田间到餐厅的直通车，取消中间环节，从而大大缩短生鲜食材采摘后送到餐厅的时间。

（三）供应链：着力打造冷链物流

美菜网自建冷链物流，保障农产品的新鲜度。通过购买大量的冷链物流车，解决从农村到城市中央仓的物流配送难题，虽然成本较高，但也提高了行业壁垒。

自建物流，提高配送效率，提升整个供应链的竞争力。目前，美菜网拥有高达 5000 辆的配送车辆，并建有"美鲜送"物流团队。通过自主研发的 TMS 系统，运用大数据计算出每天每车辆货品承载量，并合理规划配送路线。

（四）平台：从 B2B 到 B2B2C

美菜网互联网平台，成立之初是典型的 B2B 平台模式。2018 年 7 月美菜网 B2C 业务"美家优享"成立。2019 年 5 月更名为"美家买菜"，正式在美家优享小程序开业。商城上的产品包括蔬菜、水产、豆制品、蛋类、肉禽、乳制品、粮油、调味品等生鲜和干鲜的初高级使用农产品，如图 8-4 所示。

图 8-4　美菜 App

四、案例总结与建议

（一）案例总结

美菜网作为致力于建设农业上游与餐饮服务需求下游产业链的企业，在实现自身发展的过程中，助力了乡村振兴战略。美菜网通过"两端一链一平台"的模式，帮助农户找到农产品销路，提升农户的生产效率，并满足了下游餐饮商户对食材采购的高要求。美菜网的成功离不开其强大的互联网、农产品电商和农产品物流基地的整合能力。通过缩短农产品流通环节，降低商户供应链成本和减少供应链人力，美菜网构建了高效的农产品垂直电商平台运营模式。

（二）建议

美菜网的运营模式也带来了一些挑战。由于专注于 B 端市场，其利润比 C 端更加微薄，因此美菜网需要尽量地减少自己的进货成本，即主动向上游的产业链扩张，完善自己的供应链。面对 C 端市场时，美菜网需要解决如何培养商户的使用习惯、如何向 C 端消费者转型等问题，具体建议如下：

第一，继续发挥其 B 端市场的优势，通过完善供应链和优化采购流程，进一步提高服务效率和产品质量，赢得更多商户的信任和依赖。

第二，加强与上游供应商的合作，通过建立紧密的合作关系和实施有效的供应商管理策略，保证货源的稳定性和产品的质量。

第三，加大在 C 端市场的投入力度，通过市场调研和分析，了解消费者的需求和购买行为，制定有针对性的营销策略。同时，进一步完善自己的配送体系和客户服务体系，提高消费者的满意度和忠诚度。

第四，继续进行技术创新和模式创新，利用互联网技术和大数据等手段，提升企业的运营效率和服务质量。同时，结合新的消费趋势和技术发展，探索新的商业模式和增长点。

五、思考题

①美菜网自建仓储物流依靠什么方式盈利？
②美菜网针对现有的 O2O 模式壁垒，应该如何突破？

案例 8-3：袁家村——乡村休闲旅游

一、袁家村的基本情况汇总

袁家村是陕西省咸阳市礼泉县的一个乡村旅游典范，位于唐昭陵脚下，具有丰富的历史文化和自然景观资源。如图 8-5 所示，袁家村交通便利，处于关中环线干路附近，周边有武银高速和西安咸阳国际机场，旅游方便。通过多年的发展和创新，袁家村已经成为全国乡村旅游的热门目的地，以其独特的旅游模式和品牌形象受到了广大游客的喜爱和认可。

袁家村的旅游发展以"乡村旅游+文化旅游"为主线，充分挖掘当地的文化底蕴和特色资源，通过创新和整合，打造了一个集吃、住、行、游、购、娱六大要素于一体的乡村旅游产业链。

在袁家村，游客可以品尝到各种地道的关中美食，包括当地的特色小吃、农副产品加工等。同时，还可以体验到传统的关中民俗文化，如农耕文化、民间艺术、手工艺等。此外，村内还有丰富的节庆活动和文艺表演，如农民运动会、秦腔演出、舞蹈表演等，让游客可以深入了解当地的文化和生活方式。

　　在旅游配套设施方面，袁家村建设了各种住宿和餐饮场所，为游客提供了舒适和便捷的旅游服务。同时，袁家村还大力发展电商，通过线上销售当地特色产品和文化创意产品，为游客提供了更加便捷和丰富的购物体验。

　　除了以上提到的旅游资源和设施外，袁家村还以党支部为核心，通过成立农民合作社和鼓励村民创业等方式，积极推动集体经济发展，带动当地农民共同富裕。同时，袁家村还通过引进专业的旅游管理公司，不断提升旅游服务品质和管理水平，提高游客的满意度和回头率。

图 8-5　袁家村地理交通图

二、袁家村的商业模式分析

（一）战略定位

　　袁家村的乡村旅游战略目标旨在实现乡村振兴，保护和传承关中文化，推动三产融合，提升品牌影响力并实现可持续发展。通过发展乡村旅游，袁家村帮助当地农民增收致富，推动农村经济的发展，实现乡村振兴；同时以关中民俗为抓手，将关中文化传承和保护下来，并推广给更多的人，让更多人了解并感受到关中文化的魅力。此外，通过发展乡村旅游，袁家村促进农业、文化和旅游的深度融合，形成三产融合的局面，提升乡村经济的综合实力；将袁家村打造成一个具有独特魅力和影响力的乡村旅游品牌，吸引更多的游客前来观光和体验；在发展乡村旅游的过程中，注重自然和人文资源的保护，合理开发和利用资源，实现可持续发展。这些目标的实现将有助于推动当地经济的发展和农民的增收致富，还有助于推广关中文化和促进乡村旅游的可持续发展。

(二)目标市场

袁家村现在是陕西地区有名的旅游村，主要针对城市里面高消费的人群，他们久居城市，饱受城市病危害，加之经济高速发展给人们内心造成的异化作用，使得这些人群更加向往感知和感受久违的乡村田园生活，合理的市场定位有利于自身的发展。袁家村采取周边辐射策略逐步扩大目标群体，以西安、咸阳两市市区居民作为核心市场，以关中城市群作为开发市场，以全省范围乃至西部地区作为边缘市场。

(三)产品或服务

袁家村被人们称为"关中印象体验地"，保持着原生态的农家生活画面。袁家村乡村旅游以民风、民俗体验一条街为大主题，传统作坊参观、体验为亮点，分区域展现不同功能(小吃、酒吧等)。注重营造关中文化，营造关中风情体验氛围，吸引游客注意力，让游客有想要体验的欲望。袁家村小吃品种多样，一家一个品种，突出特色避免恶性竞争，在现有发展情况下，积极推动多样经营形式。除了中国旅游景点都有的小吃街，袁家村还拥有风格迥异的酒吧街、作坊街、回民街、书院街，旅游项目多样，如表 8-1 所示。

表 8-1   袁家村官网旅游项目简介

旅游项目名称	内　　容
民宿	酒店、客栈、农民乐
休闲	酒吧、茶馆、咖啡
娱乐	大唐地宫、游乐场、VI 小镇、冰雪大世界、马场
作坊	米面油、调料、副、食
美食	民俗小吃、新颖美食
极物	手作小店、艺术创作

袁家村在产品开发上有关中大院、农家生活、民俗活动等特色民俗体验类产品；当地民俗演艺以及反映袁家村发展变迁的舞台剧；充分利用当地民俗工艺开发特色旅游商品；并且打造以关中院子典型老宅建筑风格的多样化的住宿产品等。

（1）民俗体验类。民俗体验主要开发关中大院、农家生活、民俗活动、关中印象；将关中农耕文化作为一种非物质文化遗产和历经千年的文化艺术进行保护，打造农耕文化的展示和体验板块。

（2）演艺类。特色文化与民俗演艺（包含非物质文化遗产类）杂耍、秦腔、皮影等；《再现袁家村》全剧以袁家村民俗文化、人文精神为主线，生动再现了袁家村丰富民俗生活的时代变迁，追溯了袁家村人多年来不懈奋斗的创业精神。

（3）旅游商品类。开发生态有机绿色食品、地方特产、手工艺品、民族服饰、饰品、书画古玩、草药等旅游商品。

（4）住宿类。住宿模块开发特色客栈、农家民宿、商务会议、休闲疗养；总体来说以关中院子典型老宅风格建筑打造主题假日酒店、星级商务酒店、温泉疗养中心。

（四）盈利模式

袁家村的盈利模式主要是以旅游收入和集体经济为主，同时有部分的农业收入和特色餐饮收入。

袁家村在乡村旅游方面，通过提供多元化的旅游产品和服务，实现了旅游收入的多元化。包括提供农家乐、住宿、餐饮、农产品销售等旅游产品和服务，同时通过收取门票和停车费等增加收入。此外，袁家村还通过集体经济的方式，将旅游收入进行再分配。村集体将旅游收入按照村民入股的多少进行分红，实现了集体经济和农民收入的双赢。

除了旅游收入，袁家村还通过集体经济的方式获得资金。村集体将土地、农业资源等整合起来，通过引入外来投资、合作经营等方式，发展高效农业和特色产业，提高了土地利用效率和农业生产效益。这些产业的发展为袁家村带来了稳定的农业收入和特色餐饮收入。

此外，袁家村还通过创新管理模式，实现了集体经济的持续发展。村集体实行股份制改革，将土地、房屋等资产入股到企业中，建立现代企业管理制度，实现了集体资产的保值增值。同时，村集体还注重引入现代科技和管理方法，提高农业生产的效率和附加值，实现了农业生产的现代化和产业化。

（五）核心竞争力

1. 形成全产业链模式

袁家村的乡村旅游已经形成了"种、养、加一体，看、玩、吃、买、住全套"的产业链模式。袁家村有自己的采摘园、蔬菜大棚并与周边农户成立合作社建立家畜家禽养殖场、无公害蔬菜基地；食品原料由袁家村统一提供：景区内包含酒吧街、农家乐、艺术长廊、客栈等。

2. 重视食品安全

全部食品原材料由袁家村统一采购，从源头保障食品的安全，确保原材料来源追溯；不允许私自从村外采购，一经发现取消经营资格；每月对食品卫生进行大检查，得分最低的商户停业整改 3 天。

3. 注重市场经济思维

袁家村乡村旅游发展中，注重市场配置资源的机制，走市场经济发展道路。

第一，引进多种投资方式。主要采取政府投资、部门投资、争取政策性投资、激活民间资本、招商引资等五条途径完成旅游项目建设。

第二，实施企业化运作模式。袁家村的乡村旅游实施集体管理，企业化运作的模式，由村集体领导的集体企业对景区建设、运营进行有效管理，统筹规划、运营标准和质量，有效化解发展中的突出矛盾，推进乡村旅游的产业化进程。

四、案例总结与建议

（一）案例总结

袁家村在发展乡村旅游时，注重保持本土特色和弘扬传统文化，让游客体验到原汁原味的关中民俗文化和美食。村民的积极参与不仅提高了他们的生活水平，还激发了他们对本土文化的自豪感和保护意识。当地政府给予了政策优惠和资金扶持的大力支持，同时袁家村通过精心策划和宣传，树立了良好的品牌形象，提高了知名度和美誉度。此外，袁家村还与周边景区、旅行社等建立了合作关系，实现资源共享、互利共赢，有助于提升整体竞争力。这些成功的经验为其他地区提供了宝贵的借鉴。

（二）建议

1. 丰富旅游产品，创新服务形式

细化不同消费层次产品，对各层次产品把好质量关，加快标准化产品建设，与营销有机结合。对于高端产品，注重提供定制化服务，细化服务细节，做好品牌建设，塑造良好的品牌形象；对于中端产品，扩大规模形成规模经济以降低成本，注重技术开发；对于低端产品，及时淘汰，升级换代，向更高层迈进。设计具有自身品牌的旅游产品，打造全新的具有文化内涵旅游产品。

与此同时，还需要创新服务形式，提供多样化服务。现在乡村旅游经营形式过于单一，没有体验乐趣，乡村旅游产品服务没有特色，难以吸引人们的眼球，个性化服务的创新，是满足消费者旅游需求的标准之一。

2. 整合旅游资源，形成规模经济

整合乡村旅游各种信息资源，合理划分，提高信息资源的利用率。整合信息的目的是方便每一位到来的游客，可以获取想要的信息，包括当地的公共服务设施、交通基础设施、日常活动、风俗文化等，建立乡村旅游服务信息体系，为游客提供多样化、个性化和智慧化的服务。整合利用物联网、移动互联网、GPS、射频识别和智能传感等现代科学技术，把乡村旅游产品进行融合，为游客提供智慧化的导游、导航、导览和导购服务，形成从线上到线下同步服务，线上预订，线下服务同步展开，全面形成行"吃喝玩乐行"一条龙服务，对于游客的各种需求都能满足。

3. 结合"互联网+"时代，有效宣传

互联网的发展已经深入当代人的生活，并改变着当代人的消费习惯。结合"互联网+"时代特色，采用直播+美食、推送公众号、发布抖音短视频等方式向国内外介绍我们的地方特色，自然风景文化，美食小吃等，这样宣传，不仅效率高，而且范围广，可以让世界的每一个国家、地区了解我们的乡村和我们的文化，吸引大量的游客。

还可以通过直播户外的方式来介绍乡村旅游的风景、美食、文化背景故事等，让更多的人能够看到旅游产品的特色、听到其中的背景故事、感受在乡村旅游的一种悠然恬静的氛围。

4. 开发乡村文化，丰富文化底蕴

一方面，袁家村要向以西安为主的大型都市拓张，对潜在市场做有针对性的调研和分析；调整新媒体上的日常营销风格，采用更接地气的语言方式灵活运用当下热点辅助营销；积极参加各种旅游商品展览会；在举行各种节庆活动的同时，进行各种促销活动，提高知名度。另一方面，对在岗的从业人员定期进行服务培训，强化服务意识，灌输服务重要性。对生产环节的从业人员，定期开展技术规范、强化巩固培训；开展技能比拼大赛，对技能突出的从业者给予奖励。对各商铺经营管理者，可定期组织前往国内知名乡村旅游景区参加现场观摩教学，学习先进管理经验，改善自身缺陷，突出经营特色。

五、思考题

①乡村旅游有哪几种模式，举例说明。
②乡村旅游未来的发展前景。

案例 8-4：成县模式——电商扶贫大戏

一、成县模式的基本情况汇总

成县位于中国西部甘肃东南的陇南市，东北与徽县接壤，西与西和相邻，南以西汉水为界与康县相望，东南与陕西略阳县毗邻。成县工业经济差，山地较多，但农林产品和矿产资源丰富，具有丰富悠久的历史。从 2013 年开始，成县县委书记李祥就带头用微博、微信推广成县的核桃。

"成县模式"是阿里巴巴确定的"千县万村"计划西北首个试点县、农村淘宝创新型示范县，财政部、商务部确定的全国电子商务进农村综合示范县，农业农村部认定的全国农业农村信息化示范基地、农业电子商务示范单位；其电子商务产业孵化园被商务部列为国家电子商务示范基地。成县模式的发展可以分为四个阶段。

（一）摸索阶段：播撒火种——2013 年 5—11 月

这一阶段成县从政府到草根对于电子商务这种新事物不太熟悉，属于由政府带动探索宣传、播撒火种阶段。7 月成县电子商务协会成立，开始了各种尝试和摸索，各种请进来走出去交流学习，自媒体传播起到关键引爆效果。

"成县模式"电商发展初始阶段主要表现出三个效应：樱桃效应、传播效应和书记效应。樱桃效应是指成县大樱桃通过网络微博、微信等新媒体途径传播后，引起了网民广泛关注，在圈子里开始购买，促使了一种商业机会的发现。樱桃效是成县走上电子商务之路的偶然事件，也是互联网发展的必然产物。

传播效应是指成县的大樱桃以及原始生态美景，通过网络自媒体传播扩散，让更多人感知成县生态好景、提高了成县的知名度。传播效应为核桃的逆袭起到了铺垫作用。

书记效应也可以说是成县核桃效应，这种效应是成县独有的，具体是指成县县委书记@成县李祥，实名注册认证新浪微博，通过微博叫卖成县鲜核桃，瞬间微博转发量攀升，个人关注度超预期，个人粉丝量突破 20 多万，成县核桃知名度和成县影响力在网上迅速扩散，最终各类网络媒体也关注报道，称其为"核桃书记"。

（二）探索阶段：辛勤耕耘——2013 年 12 月—2014 年 2 月

成县开始以行政推动手段助推电子商务大力发展，先后组织成县电商协会工作人员、成县政府考察团先后赴各地调研学习，这一阶段主要表现出行政推动力量明显；成县开始了探索出一条鼓励人人开办网店，大学生村官开网店助农增收的新路子。同时，成县对17个乡镇的中小企业、农业生产合作社以及农村群众代表进行了电子商务宣传、普及和培训。

（三）求索阶段：深耕推动——2014年3月—2014年年底

电商协会自建"陇南美"微信公众信息发布平台及"陇南美"网站，开始了自建平台和利用平台的探索；同时，在扩充电商团队和普及电商知识方面有所作为，集中时间开展了多层次电子商务人才培训，邀请外地电子商务企业运营人才讲授深层次的有针对性的培训课程，并且定制农村电子商务系统网站，以整合人力、物力、财力等各类资源；县商务局设立了电子商务工作领导小组，制定了《成县电子商务奖励扶持办法（试行）》，并于2014年6月1日施行，由县财政安排电商专项发展资金；多次赴阿里巴巴集团进行有关淘宝"特色中国·陇南馆"平台建设的谈判，并于2014年8月8日正式上线运营

（四）模式成型：立体发展——2015年年初至今

这一阶段，县域电商生态建设已经初步建成，各种基础设施基本到位，电子商务带动产业升级以及推动新"三农"发展成绩显著，干部群众积极性高涨；政府、龙头企业、合作社、草根创业者共振的良性循环生态基本达成。全县17个乡镇都有自己的特色产品，成县电商以核桃为主，土蜂蜜、柿饼、土鸡、大樱桃、草莓、油桃、金银花、油牡丹等各种土特产品百花齐放的局面基本形成。

二、成县模式的商业模式分析

（一）战略定位

"成县模式"集中优势资源，通过其中一个优势农产品率先突破电子商务市场，解决电子商务供应链问题，完善电子商务生态，扶持小微电子商务走品牌化、集群化发展，并带动其他商品共同发展和全民电子商务创业。

（二）产品及服务

成县采取"行政推动、企业主体、市场运营、分工合作"的办法，促进电商创新创业健康发展，共落实扶持奖励资金1800万元。全县开办网店1127家，发展电商企业、物流快递企业69户，新发展陇南生活网、陇小南网货供应平台、蚂蚁速鲜、农情商城、同城分享、同谷商城等9个自建电商平台；有145家企业、旅游酒店、餐饮服务业和专业合作社发展电子商务，开展网上预订和线上交易业务；电子商务带动就业22000人；电商销售总额

22 亿元，其中线上销售额 6.2 亿元。

（三）核心竞争力

（1）化解农村"最后一公里"难题。成县的"乡村物流"模式实现了乡村物流的集约化发展，具有显著的经济和社会效益，在我国幅员广阔、农村人口分散、农村基础设施差的现状下，为化解制约农村电商发展的"最后一公里"难题提供了非常有价值的经验。

（2）土地流转稳定农产品电商供应链。土地流转实现了农产品的企业化、规模化和科学化种植，提升了农产品的品质和产量，对成县的农产品电商起到了很好的保障作用。

（3）托起小网店和分销商的供应商。成县初步形成了县、乡两级网货供应体系，对全县 905 家网店、微店以及外地分销商提供了坚实的支撑，有力地推动了成县农产品的网销进程。

三、成县模式的运营模式分析

（一）建立国家级市场平台

陇南电子商务产业孵化园被商务部列为国家电子商务示范基地。"园区+基地"平台模式为创新创业打造了良好的软硬件环境，设有电子商务企业孵化中心、培训中心、体验中心、运营中心、物流中心五大中心，同时出台相应的扶持优惠政策，从融资贷款、人才引进等方面，为创新创业提供全链条服务。

（二）建设线上服务平台

为了进一步推动陇南电子商务的发展，成县在淘宝网上设立了"特色中国·陇南馆"，这是一个由市电子商务工作领导小组统筹规划并实施的重要项目，主要由陇南华昌电商发展有限公司负责运营。"特色中国·陇南馆"上线后，致力于服务陇南本地优质网商、供应商、服务商。

（三）成立电商行业平台

成立的县级电子商务协会作为西北地区首家县级电子商务协会，具有重要地位。协会拥有"一馆一部三中心"的完善架构，包括线下体验馆、新媒体编辑部和客服、培训、产品包装设计中心。

该协会的主要职责是提供行业服务，制定行业标准、制度体系和行业规范，并开展电商人才培训以及产品包装设计工作。同时，协会还负责编辑和运作陇南美等微博、微信系列新媒体，以此推进电子商务发展，充当政府与市场之间的桥梁和第三方服务平台。

（四）搭建创新创业平台

搭建陇南市电子商务创新创业孵化中心，"双创"孵化中心以大众创新、万众创业为宗旨，以扶持全民创业为核心目标，以服务性、示范性、专业性为主要特征，以适合在楼宇内经营的创业项目为主体，搭建集政策扶持、创业指导、创业培训和综合服务为一体的创业孵化服务平台。"双创"孵化中心是我市创业孵化及人才培训的重要支撑，主要包括"蚁巢计划"电商人才培训中心、"蚂蚁市集"运营中心、"双创"展示供货平台、网商创业中心等，为电子商务创新大众创业提供全方位市场孵化、人才孵化和配套服务。

（五）创建交流合作平台

吸引阿里巴巴农村淘宝、京东帮、苏宁易购、1号店等电商企业入驻园区，创建阿里巴巴农村淘宝成县服务中心。成县作为西北地区首个试点县，与阿里巴巴集团签署农村淘宝"千县万村"计划合作协议，协助构建成县农村市场电商、物流、金融互联网模式，开展电商成长体系、物流配送体系搭建与运营管理，扩展、维护村级服务网点市场，培养合伙人自运营能力，借助菜鸟平台逐步整合县内物流配送机构，完成县村两级物流收发，打通乡村物流配送"最后一公里"，引进淘宝大学等资源，协助搭建系统化电商培训体系。

四、案例总结与建议

成县山地较多，其农产品种类多样、品质优良。"靠山吃山"成为成县电商发展的基本思路，其电商模式的关键点有以下3个。其一，爆品路线：全县以核桃为主导提高知名度，形成以中药材、养殖、蔬菜、鲜果为支撑的农特产业体系。其二，政府营销：县委带头、乡村干部齐上阵，通过微信、微博等微媒体进行营销，解决了农村电商发展之初，农产品可信度低和品牌知名度低两个问题。其三，与时俱进：全县不断夯实电商网络、交通等基础设施建设，丰富线上销售渠道，升级营销工具，培育创新型人才，扶持初创企业品牌化发展。

成县的成功脱贫，让人们看到了电子商务在扶贫中的巨大作用，从中我们也看到了，要通过电子商务实现脱贫，需要解决以下几个关键问题。

（一）基础设施问题

正所谓"兵马未动粮草先行"，目前农村贫困地区的发展面临着多方面的瓶颈，其中网络不通、交通和物流设施不足等问题尤为突出。这些问题导致产品内外流通不畅，网络、物流、资金流和信息流受到严重制约。贫困地区，尤其是片区县等地现状需要外部改革。

（二）人才需求问题

在基础设施得到解决之后，对人才的需求便凸显了出来。对于信息化发展远远落后的贫困村镇来说，电子商务在农村的开展缺乏人才的支撑，很多农民对网络仍然处于不了解、不用的状态，他们对网络和电子商务反应迟钝，甚至有很多人对这种看不见摸不着的东西，有抵触情绪。人才的缺乏也大大限制了电子商务在扶贫大潮中的发挥。要解决此类问题，需要做到引培并举，依靠乡镇企业的带动和外来电子商务公司的参与，引入外来人才，同时培养本地人才。

（三）政府扶持问题

不论是在基础设施建设方面，还是在人才培养与引进方面，政府要发挥的一定是引领作用。如果不是国家出面引领扶贫运动，那么很多地区也不会有如今的富饶生活。农民一旦在电子商务方面遇到了困难，遭受了损失，就可能出现不再愿意在这个方面继续努力的情况。如果政府的引导方向不够明确，扶贫意志不够坚定，推行举措不够合理，那么这种情况将难以避免，因此，政府需要起到绝对的支持作用。

（四）电商管理问题

从经济学的角度来说，完全竞争市场中容易出现"囚徒困境"，随着时代的发展，网络消除了电子商务中的绝大部分地理因素，各大电子商务平台之间的激烈竞争大家有目共睹。虽说电子商务可以让贫困地区的生产者们以较低的价格购得所需的生产材料，但这也意味着贫困地区的产品可能需要以较低的价格在网络上出售，这对于目前农村"各自为战"情势下的农民们来说显然是不利的。另外，在发展电商的过程中，很难保证单打独斗的个人商户不出现内部竞争的情况，一旦出现内部竞争，造成的可能是更为恶劣的影响。所以，在农村发展电子商务的过程中，必须重视管理问题，将分散的农户转化为集群，使他们形成属于自己的电子商务产业。

五、思考题

①如果阿里巴巴和成县政府合作，对特色农产品的销售会产生哪些影响？

②如何建立农产品电商的标准？

③农产品上行最大的难点是什么？

第9章 电子商务与创新创业

【学习目标】

通过对本章的学习，理解创新与创业的内涵以及二者之间的关系，培养学生积极进取的创新创业品质、健康的创业心理素质；引导学生进行自主学习、思考和设计商业模式及创业计划，鼓励和引导学生参加学科竞赛；为每年的全国"互联网+创新创业"竞赛，在校生的电子商务"三创"赛等类似竞赛提供启示和思路。

【引导案例】

"80后"小伙：一颗猕猴桃走上电商创业路①

李怡鹏，1988年出生，2012年毕业于西安科技大学，就职于深圳一家公司。李怡鹏的家乡——眉县被称为"中国猕猴桃之乡"，国内外猕猴桃的原产地。但是当地盛产的猕猴桃如何卖出去成为一大难题。2014年，正赶上当地猕猴桃的"大年"，李怡鹏认为通过电商渠道销售农产品的切实可行。因此，在当年猕猴桃的销售季，他通过朋友圈售卖自家产的猕猴桃，不到两天，就卖了4000斤红心猕猴桃，纯利润有2万元。2014年，李怡鹏辞职，放弃年薪十多万的高薪稳定工作，毅然回乡创业。2014年9月，他与朋友合伙在淘宝上开了两家店，依托眉县当地发展猕猴桃产业的优势，销售本地产的猕猴桃、樱桃、油桃等水果以及核桃、土鸡蛋、蜂蜜等本地农产品。在每年当地水果销售的旺季，一天平均可以接到4000~5000单，客户多为北

---

① 《80后小伙：一颗猕猴桃走上电商创业路》，http：//cy.qudao.com/news/4088509.shtml。

京、上海、广州等地区的消费者。

从深圳辞职回家后，为了帮助家乡果农更好地销售当地主打水果猕猴桃，提前解决猕猴桃的销售难题，李怡鹏和合伙人一起通过市场考察，打出了认领猕猴桃树的概念。

"通过预售猕猴桃树，让想感受果子生长过程的消费者通过认领猕猴桃树，满足自己的感官需求"。这个创意想好后，认领一棵猕猴桃树的微店信息在不到一个月的时间转发量过千，十多棵徐香猕猴桃树被来自北京、上海、广州等地的顾客认领。一位北京顾客一次认领了三棵 5 年树龄的猕猴桃。李怡鹏想通过这样的方式提高农产品附加值，和普通农民相比，新农人的适时出现赋予了农产品新的机遇，充分挖掘初级农产品更高的价值，用情感赋予它附加值。

2014 年下半年刚刚回乡创业的初期，眉县当地的电商氛围还不是十分浓厚。返乡创业的近三年时间，他亲眼见证了眉县电商产业的从无到有。快递费降低了，农村淘宝等电商平台也在眉县当地落地了，眉县越来越多的果农也开始在电商渠道上销售水果和农特产品。

第一节　电子商务创新创业概述

一、电子商务创新

创新是通过概念化过程产生出与原有事物存在较大差异的新思维、新创作、新技术等。

创新可以从以下不同角度进行分类：

◇ 从表现形式来分，创新包括知识创新、理论创新、工艺创新、技术创新、产品创新、服务创新、制度创新、商业模式创新、管理创新、渠道创新等。

◇ 从服务领域来分，创新包括教育创新、医疗创新、通信创新、民生创新、金融创新、工业创新、农业创新、商业创新等。

◇ 从行为主体来分，创新包括个人创新、企业创新、高校创新、科研机构创新、政府部门创新、中介服务机构创新等。

◇ 从组织形式来分，创新包括独立创新、联合创新、引进创新等。

◇ 从过程变化来分，创新包括演化性创新、革命性创新等。

◇ 从实践效果来分，创新包括有价值创新、无价值创新、负效应创新等。

◇ 从创新程度来分，创新包括首创型创新、改创型创新、仿创型创新等。

◇ 从管理对象差异性来分，创新包括知识创新、技术创新与制度创新等。

二、电子商务创新创业

(一)电子商务创新创业的概念

电子商务创新创业不仅涵盖了利用电子商务技术进行创新和创业的理念，更涉及以互联网思维为导向，通过电子商务手段来解决社会、经济、文化等方面的问题，进而创造出新的商业模式、服务方式或价值观念，实现企业或个人的创新发展和经济价值的过程。

互联网改变了人们的生活，也提供了一种全新的创业方式。电子商务创业与传统创业有很大的不同，依靠的是现成的网络资源。电子商务创业的优势十分明显：门槛低、成少、风险小、方式灵活，特别适合初涉商海的创业者。另外，政府也非常重视电子商务创业，提供了很多优惠政策和措施。

(二)电子商务创新创业的特点

(1)创新性：在电子商务环境中，无论是商业模式的构建、技术的研发，还是管理方式的革新，都需要具备强大的创新思维和创新能力。这是因为在电子商务领域中，只有具备独特的创新点，才能在众多的竞争者中脱颖而出。

(2)互联网思维：互联网思维是电子商务创新创业的灵魂。这种思维模式强调以用户为中心，注重用户体验，追求开放、共享和合作，善于利用大数据、人工智能等先进技术进行决策和优化。

(3)跨界融合：电子商务创新创业需要将互联网与传统产业进行深度融合，通过技术和模式的创新，实现产业的升级和转型。例如，将传统的零售业与电子商务结合，形成了一种全新的销售模式——网购。

(4)轻资产运营：在电子商务领域，轻资产运营成为可能。这是因为电子商务不需要大量的实体资源，只需要一定的技术设备和网络资源，便可进行高效运营。

三、大学生电子商务创业的特点

大学生的创业构思是创业项目的重要来源。现在很多大学都有大学生创业比赛，参加比赛的大学生中很多有自己喜欢或者擅长的创业比赛项目，比赛能够更好地激发大学生的创业激情，也能够给很多大学生带来与众不同的创业思路。所以说对于创业本身一定要集思广益。

（一）自发性

随着国家对创业的积极引导，大学生创业的态度也逐渐由最初的旁观转为现阶段有意识地接触，特别是高校开设的创新创业类课程以及每年举办的创新创业大赛，大学生普遍积极参与，创业意愿显著提高。

电子商务行业的诞生和现有的大学生创业发展不谋而合，其独特的特点使更多大学生参与创业，个人计算机、平板、手机等的发展为电子商务创业的进一步发展奠定了硬件基础。但无论外界环境如何变化，最终实施创业的主体——大学生依然需要有创业意愿和专业意识，才能在激烈的竞争中立于不败之地。在电子商务创业过程中，创业主体的自发性在一定程度上成为普适性。

（二）个体性

大学生个体在电子商务创业主体中占据着相当大的份额，由于电子商务创业具有便于操作、成本相对较低、无须联合专业机构组织等诸多优点，大学可充分利用自身优势，借助电子商务创业的载体，展现其个体鲜明的特征。在具体的创业中，大学生一般会对自身的行为进行理性和客观的认识，这个认识过程不仅能够体现大的独特个性，还能体现其对电子商务的认知水平和所具备的初创能力等。现有大学的课大学生创业均有较大幅度的正向引导作用。

（三）脆弱性

电子商务的飞速发展给大学生创业创造了新的机遇，但某种程度上也增加了大学创业的不确定性。虽然大学生在校期间已经学习了相关的创新创业理论课程，但仍缺乏对的正确预判，通常在初创期对创业项目的预期收益过于理想化，市场调研和销售渠道调查不够详尽，造成初期投入和技术研发的成本较高，对后期销售渠道考虑欠佳，特别是在实质性电子商务创业操作过程中，对于货源、商品选择、价格设定、银行贷款、资金流、催款回款等考虑欠妥，容易造成短期的个人情绪和心理波动，可能会半途而废，大学生在创业过程中要理性地思考，准确地预估未来，降低因自身原因导致创业失败的概率，真正应用先进的创业理念、完善的技术手段为创业保驾护航。

四、创新和创业的关系

创新是创业的灵魂，企业失去了创新就不会产生自己的核心竞争力，将难以长期生存，很快就会被市场所淘汰。因此，对创业者而言，抓住创新本质、促进创新的产生和加强对创新的管理也非常重要。创业者不一定要靠开拓创新来获得成功，当自己不是创新来源时，也可以在其他地方寻找创新，将之转化并应用到自己的企业。

创新和创意不能从根本上解决问题，唯有创业才能将创新和创意落到实处。

（一）创新是创业的基础

创业通过创新拓宽商业视野，获取市场机遇，整合独特资源，推进企业成长。要创业必须具备一定的条件，创新能力、技术资金、创业团队、知识和社会关系等都是重要的创业资本。其中，创新能力尤为重要。

（二）创新的价值体现在创业

创新的价值在于将潜在的知识、技术和市场机会转化为现实的生产力，实现社会财富的增长，造福人类社会，而实现这种转化的根本途径就是创业。通过创业，实现创新成果的商品化和产业化，将创新的价值转化为具体的、现实的社会财富。

（三）创业的本质是创新

创业的本质是创新，是变革。创业应该是具有创业精神的个体与有价值的商业机会结合，是开创新的事业，是创造性地整合资源，是创新和超前行为。

创新就是将新的理念和设想通过新产品、新流程、新的市场需求及新的服务方式有效地融入市场，进而创造新的价值或财富的过程。

（四）创业推动并深化创新

创业可以推动发明、新产品、新服务的不断涌现，创造出新的市场需求，进一步推动和深化科技创新，从而提高企业或者整个国家的创新能力，推动经济增长。

第二节　电子商务商业计划书的撰写

一、电子商务商业计划书概述

电子商务商业计划书是创业者为了达到发展和经营目标及面向社会筹措资源的目的而撰写的，旨在展现项目和企业现状及发展前景的书面文件。电子商务商业计划书有固定的写作模式，但可以根据不同的技术项目、创业计划、创业团队等加以改进，使计划书更具特色。在内容的选择上，可以参考以下原则。

（一）换位思考，投其所好

电子商务商业计划书是为了吸引社会资源的拥有者来投资，将项目落到实处，因而在内容选择上就要遵循为投资者着想的原则。电子商务商业计划书是风险投资者评估创业企业的重要依据，应明确股权分配、年收益率等投资方关心的重点。

（二）重点突出，详略得当

电子商务商业计划书要详略得当，尽量避免在项目简介、公司战略等较概念化的地方着墨过多，而应重点关注数据、风险分析等比较实在的内容。

（三）定位精准，独特取胜

创业企业大多为了填补市场空白而产生，因而应在电子商务商业计划书中展现其明确的市场定位及独特性，使投资者体会到效益最大化和成本最小化。企业的独特性不仅可以体现在产品和服务上，还可以体现在营销模式、团队管理等方面。

（四）明确干什么，怎么干

在写电子商务商业计划书的过程中，会对自己的项目更加明确，对于"项目是不是合理？""项目具体要做什么？""需要什么资源？"等问题，可以边讨论边编写。电子商务商业计划书的前身是一个想法，而电子商务商业计划书是第一次详细地审视这个想法，并让它变具体、变合理、变可行。

二、电子商务商业计划书的内容

（一）项目简介

项目简介是电子商务商业计划书的精华，也是整个电子商务商业计划书的精简版、浓缩版。首先，要用一句话言简意赅地介绍项目，主要说明自己要做什么、为什么做、做成了有什么价值；其次，讲清楚目标用户面临的"痛点"问题，一般需要采用调研的方法获取目标用户的问题作为支撑；最后提出解决方案，讲清楚具体要做什么产品或者提供什么样的服务。

（二）团队介绍

项目是否可行，团队成员的优势和背景很重要。首先，要说明团队成员的各个角色和岗位，比方说技术由谁负责，他有什么样的背景和优势，擅长什么技术，有多少项目研发经验等；如果是负责市场渠道的角色，就得说明他在渠道建设方面有什么经验和资源，有哪些渠道；如果是市场营销方面的角色，就应说明他有什么样的营销背景（或专业背景）。所以，团队简介首先要分析这个项目需要什么岗位，每个岗位都要有负责人，否则团队就不完整。其次要证明各个岗位负责人的经验和背景，说明他能胜任这个岗位。

（三）市场分析

1. 市场规模

任何商业计划书都要有一个目标市场和应用场景。在市场分析中，要重点关注市场规模，就是目标市场有多大的容量或者体量。这里不需要"市场潜力大""市场规模大"或者"有广阔的发展前景"这些虚无的表述，而应该估算市场规模的数值。这个阶段就是要明确项目的目标市场。

2. 竞争分析

竞争分析一般包括竞争环境分析、主要竞争对手分析、核心竞争对手分析。外部环境分析一般会用到 PEST 模型，即为一种企业所处宏观环境分析模型，包括政治（Politics），经济（Economy），社会（Society）和技术（Technology）。主要竞争分析一般需要应用 SWOT 分析模型，即优势（Strengths）、劣势（Weaknesses）、机遇（Opportunities）、威胁（Threats），只有深入分析竞争对手的优劣势，才能知己知彼、百战不殆。核心竞争对手分析就是要明确项目的核心竞争优势，即项目的创新点。

（四）商业模式

在商业模式方面，要写明自己打算怎么做这个项目，或者说怎么赚钱。

1. 运营模式

运营模式是指这个项目怎么去干？包括产品设计、产品生产、产品销售、产品推广，其实就是围绕这四点去写清楚项目的具体执行路径。

2. 盈利模式

盈利模式要从两个方面阐述：首先要说清项目怎么赚钱，不要太空泛，需要写清楚具体的盈利模式，例如广告收入、会员收入、增值服务收入等；其次，盈利模式方面还要分析成本，即明确成本结构。建议撰写项目盈利模式的时候要分阶段地去阐述。

（五）产品与服务

产品与服务是企业价值主张的载体，是企业得以建立的基础。电子商务商业计划书的这一部分内容应包括产品或服务的介绍、市场定位、可行性分析等内容。

1. 产品定位

产品定位是在产品设计之初或在产品的市场推广过程中，通过广告宣传或者其他营销手段使其在顾客心目中确立一个具体形象的过程。

2. 品牌定位

品牌定位就是指企业的产品及品牌，基于顾客的生理和心理需求，寻找其独特的个性和良好的形象，从而在顾客心目中占据一个有价值的位置。主要是为产品树立自己的品牌形象。

3. 可行性分析

可行性分析研究内容侧重点差异较大，但一般应包括以下内容：技术的可行性、财务的可行性、组织的可行性、社会的可行性等，一般根据项目侧重点有所不同。

（六）营销策略

营销策略部分要说清项目的总体营销策略，主要围绕产品策略、价格策略、渠道策略和推广策略具体说明如何进行项目产品或者服务的推广。营销模式不拘泥单一的一种方式，而应采用线上和线下相结合的方式，灵活应用各种营销手段。互联网背景下，应重视利用新兴的网络营销方法，如微信、App、小程序、抖音等短视频平台，重视用户的体验和感受。

（七）进度安排

根据项目的实际情况撰写项目的进度，一般要写出 3~5 年的发展规划，规划可以适当放大。一般项目的发展规律是第一年比较平淡，第二年有所腾飞，第三年持续腾飞，第四年、第五年增长慢慢平缓，增长速度逐渐下滑。

（八）财务分析

在电子商务商业计划书里，一般需要对企业做出 3~5 年的财务规划。财务预算要立足于真实的市场调研，只有市场调研可靠，顾客需求得到验证，项目才有可能创造实际的价值，财务预算才能更可信。一般长期的财务预算可以粗略一点，但是短期的财务预算要尽量做到精确、翔实。其实，对于大学生创新创业项目来说，财务分析比较难写，这部分可粗略预算，建议做一个表格，将短期支出计划罗列清楚即可。

（九）风险分析

风险分析主要是分析企业可能面临的注入技术、市场、管理、政策、经济等方面的风险和问题，并提出相应的合理有效的规避方案。

第三节　电子商务学科竞赛——"三创赛"

一、"三创赛"概述

全国大学生电子商务"创新、创意及创业"挑战赛（以下简称"三创赛"）是在 2009 年由教育部委托教育部高校电子商务类专业教学指导委员会主办的全国性在校大学生学科性竞赛。旨在激发大学生兴趣与潜能，培养大学生创新意识、创意思维、创业能力以及团队协同实战精神。

大赛在中国高等教育学会发布的全国普通高校大学生竞赛排行榜的57项赛事中排名第14位，是全国广大师生信赖、支持的大赛。

"三创赛"（http：//www.3chuang.net/，见图9-1）自2009年至2021年，已成功举办了11届，全国总决赛曾分别在浙江大学、西安交通大学、西南财经大学、华中师范大学、成都理工大学、太原理工大学、河南科技大学、云南工商学院举办。经过多年的发展，"三创赛"的参赛队伍不断增加，从第一届的1500多支到第十一届的10万多支；参赛项目的内涵逐步扩大，从最初的校园电商到"三农"电商、工业电商、服务电商、跨境电商，以及AI、5G、区块链等领域的创新应用；竞赛规则也在不断完善，从而保证了大赛更加公开、公平和公正。随着比赛规模越来越大，影响力越来越强，"三创赛"现已成为颇具影响力的全国性品牌赛事。

图9-1　"三创赛"首页

二、"三创赛"的目的和宗旨

大赛的目的是：强化创新意识、引导创意思维、锻炼创业能力、倡导团队精神。"三创赛"一直秉持着"创新、创意及创业"的宗旨，致力于培养大学生的创新意识、创意思维和创业能力，为高校师生搭建一个将专业知识与社会实践相结合的平台，提供一个自由创造、自主运营的空间。

大赛的宗旨是：大赛促进教学，大赛促进实践，大赛促进创造，大赛促进育人。

三、"三创赛"的特点和价值

电子商务是一门专业学科，我国经济社会的发展对创新型电子商务人才培养提出了迫切的需求，"三创赛"为大学生理论联系实际、学以致用，强化其网络交互能力、团队协作能力、项目组织开发能力等，使大学生在实践中学习、在实战中成长，提供了施展才华的广阔空间。

（一）提高大学生的创新意识

创新是世界发展的动力，也是一个民族的灵魂。提高学生的创新意识，培养学生们的创新思维是时代发展的需要，是实现我国"科教兴国"的重要途径。"三创赛"一直秉持"创新、创意、创业"的要旨，为高校学子搭建一个将专业知识与社会实践相结合的平台，提供自由创造、自主运营的空间。相比其他的大学生创业类型比赛，"三创赛"最为显著的特点在于它更加依托电子商务运营模式。"三创赛"平台可以最大化地激发学生们的创造力，也正是因为这样，才可以广泛地吸引大学生们参与，通过大赛将其专业知识与实践相结合，提升其创新意识和创业精神。

（二）提高大学生的沟通能力

当代社会，良好的沟通能力已经成为一项必不可少的能力。参赛选手在参与比赛的过程中必须与队友进行有效的沟通与合作，队员们一开始组建团队，大多数情况下互相不够了解，在这种情况下，某一个队员即使有新颖的想法或不一样的观点，也需要通过合理的沟通方式传达给队友。这对参赛选手来说是一次不可多得的锻炼与磨砺。此外，"三创赛"经校赛选拔、省赛选拔、国赛选拔，经过层层答辩，赛事规模越来越大，场合越来越正式，关注度越来越高，正好给了参赛选手一个循序渐进的过程，把他们逐步培养成为敢表达、能表达、会表达的优秀大学生。参赛选手在经历这样一个过程后，其登台演讲、沟通表达能力都会有显著的提高。

（三）养成大学生制订计划的习惯

从比赛本身来说，"三创赛"持续的时间长，学生必须对项目的进展有总体的规划才能够按部就班地按时完成。在制订计划后，就要努力按照计划进行，而不能将其仅仅作为一个摆设。如果不执行，计划就会成为空话，没有一点作用还耽误时间去制订；反之，如果能够按照计划一步一步地实现，哪怕遇到不可抗因素，通过不断克服困难也会日积月累达成最终的目标。"三创赛"教会大学生做计划，养成计划的习惯，对大学生之后的发展具有重要的意义。

（四）促进大学生综合能力的发展

"三创赛"涉及知识面广、融合多学科及实践知识，考验的是学生团队协作能力及个人综合能力素养。竞赛中各项工作需要团队进行合理分工、协作处理，锻炼了学生的团队意识和合作观念。一个好的团队需要核心人物领导，这要求学生不仅要熟知专业知识，更要对多领域知识有所涉猎，提升了学生的个人综合能力。

四、"三创赛"竞赛规则

（一）竞赛赛制

"三创赛"采用校级选拔赛、省级选拔赛、全国总决赛（以下分别简称校赛、省赛、国赛）三级赛制。竞赛优秀的团队按规则依次晋级获得高一级赛事参赛资格，不能跨级参赛。

（二）竞赛形式

竞赛形式分线上和线下两种，原则上尽量采用线下形式，特殊情况下可以采用线上形式。

在国赛、省赛和校赛中，均可采用小组赛和终极赛（排名赛，各小组第一名进入终极赛）两轮赛制，排出前 10 名左右的名次，为晋级更好、更高级的比赛做准备。小组赛在封闭环境下进行，终极赛在公开环境下进行。

小组赛参赛团队演讲 8 分钟，评委提问与参赛选手回答 7 分钟，每个团队分组赛为 15 分钟；终极赛每个团队做 8 分钟演讲，一般不再安排问答环节。

（三）参赛队伍

参赛选手须在三创赛官网上报名，选手须是经教育部批准设立的普通高等学校的在校大学生（本科、专科、研究生均可，专业不限），经所在学校教务处等机构审核通过后方具备参赛资格。高校教师既可以作为学生队的指导老师也可以作为混合队的队长或队员（但一个"混合队"中参赛团队的教师总数不能超过学生总数）。参赛团队要在校赛开始之日前提交"参赛团队承诺与说明书"。

参赛选手每人每年只能参加一个团队的竞赛，参赛队成员应包括 3~5 名学生，其中 1 名为队长；1~2 名高校指导老师，1~2 名企业指导老师。高校指导老师须在校赛开始之日前提交"团队高校指导老师承诺书"。

参赛队伍分两种。第一种是学生队，队长和队员须全部为全日制在校学生；第二种是师生混合队，队长必须为教师，队员中学生数量必须多于教师。可以跨校组队，以队长所在学校为报名学校。队员的身份信息的真实性由队长负责。大家提倡参赛队员合理分工、学科交叉、优势互补。

（四）参赛作品

大赛提倡选题多元化，促进创新意识、创意思维和创业能力的提高，参赛作品题目可以来自行业、企业的需求，也可以由参赛团队自拟。参赛队伍须在校赛开始前 10 个工作日在大赛官网上传参赛作品摘要，摘要内容须包括项目背景、意义、主要内容、主要成果及该项目的主要创新、创意及创业三方面的标志性内容，字数在 100~300 字，校赛开始后不得修改。

（五）竞赛评分细则

评分项目	评分说明	分值
1. 创新	参赛项目具备了明确的创新点：在新产品、新技术、新模式、新服务等方面至少有一个明确的创新点	0~25
2. 创意	进行了较好的、创新性的项目商务策划和可行性分析。商务策划主要是对业务模式、营销模式、技术模式、财务支持等进行的设计。项目可行性分析主要是对经济、管理、技术、市场等方面的可行性分析	0~25
3. 创业	开展了一定的实践活动，包括（但不限于）：创业的准备、注册公司或与公司合作、电商营销、经营效果等，并需要提供相应的佐证材料	0~25
4. 演讲	团队组织合理、分工合作、配合得当；服装整洁，举止文明，表达清楚；有问必答，回答合理	0~15
5. 文案	提交的文案和演讲 PPT 逻辑结构合理，内容介绍完整、严谨，文字、图表清晰通顺，附录充分	0~10
得分合计		0~100

（六）"三创赛"奖项设置

评选出校赛、省级选拔赛的特、一、二、三等奖若干名，获奖队名额原则上要求特等奖不超过参赛队数的 5%（可空缺），一等奖不超过参赛队数的 10%，二等奖不超过参赛队数的 20%，三等奖不超过参赛队数的 30%。还可以设置单项奖（最佳创新奖、最佳创意奖、最佳创业奖等）、最佳指导老师奖、优秀指导老师奖。

总之，"三创赛"是一项针对大学生的创新、创意和创业挑战赛，旨在培养他们的创新意识、创意思维和创业能力。通过比赛，学生可以接触到最新的电子商务知识和趋势，培养自己的创新思维和创业精神，同时也可以通过团队合作和实践经验积累来提高自己的创意能力和综合实力。

第四节　电子商务学科竞赛——"互联网+"大赛

一、"互联网+"大赛概述

"互联网+"大赛全称为中国国际"互联网+"大学生创新创业大赛，是由李克强总理亲自提议举办，教育部等部门与地方政府联合主办的一项全国技能大赛。大赛首次举办于 2015 年，目前是受教育部认可的全国知名度最大、覆盖的院校最广、申报项目的种类最多、参与学生最多的高校大学生竞赛，含金量非常高。

大赛的主题是"我敢想，我敢闯"（如图 9-2 所示），旨在激发大学生的创造力，培养造就"大众创业、万众创新"的生力军。该比赛已有 8 年历史，各省各校越来越重视，部分省把它设为学校本科评估、双一流评估的评估要点，还专门出台措施鼓励师生积极参赛。

图 9-2　"互联网+"大赛首页

二、"互联网+"大赛的特点

"互联网+"大学生创新创业大赛是中国高等教育学会主办的一项全国性大学生创新创业大赛。参赛的类别分为多种：第一，高教主赛道：新工科类、新医科类、新农科类、新文科类；第二，青年红色筑梦之旅赛道："互联网+"现代农业、"互联网+"制造业、"互联网+"信息技术服务、"互联网+"文化创意服务、"互联网+"社会服务；第三，职教赛道：创新类、商业类、工匠类。

同时，该项赛事以"互联网+"为主题，旨在培养大学生的创新精神、创业意识和创新创业能力，推动高校创新创业教育的深入发展。该比赛具有如下的特点：

第一，综合性。"互联网+"大学生创新创业大赛不仅涉及到互联网技术的应用和创新，还涵盖了各个领域的创新与创业，包括科技、文化、教育、医疗等。

第二，创新性。大赛要求参赛团队以"互联网+"为背景，结合自身专业知识和技能，提出具有创新性的想法或方案，并进行实践和展示。

第三，实战性。大赛强调实战性和可操作性，要求参赛团队不仅具备创新思维，还需将方案付诸实践，并进行现场路演和答辩。

第四，社会性。"互联网+"大学生创新创业大赛强调与社会需求相结合，要求参赛团队关注社会热点问题，以解决社会问题为目的进行创新和创业。

三、"互联网+"大赛的意义

中国"互联网+"大学生创新创业大赛首次举办于2014年。目前，大赛已经成为覆盖全国所有高校、面向全体高校学生、影响最大的赛事活动之一。"互联网+"大赛对大学生、高校和社会都产生了一定影响。

第一，提高大学生的综合素质和能力：通过参加"互联网+"大学生创新创业大赛，大学生可以锻炼自己的创新思维、创业精神和团队合作能力，提高自身的综合素质和能力。

第二，推动高校创新创业教育的发展："互联网+"大学生创新创业大赛为高校提供了开展创新创业教育的平台和机会，有助于推动高校创新创业教育的深入发展。

第三，促进社会创新创业文化的形成：通过大赛的宣传和推广，可以激发更多的大学生和社会人士的创新创业热情，促进社会创新创业文化的形成。

四、"互联网+"大赛的参赛流程

大赛主要采用校级初赛、省级复赛和全国赛三级赛制。此外，获奖项目还有机会获得商业化投资，让项目落地。

（1）初赛：每个高校先进行校内初选，选拔出优秀的参赛团队和项目。这一阶段通常由各高校自行组织，参赛团队需提交项目申请材料，由校内评委团进行评审。评审标准可能包括项目的创新性、实用性、商业潜力和团队实力等。

（2）复赛：赛区进行选拔赛，选出优秀的项目晋级全国总决赛。这一阶段通常由各省或区域主办单位组织，采用现场路演或线上评审的形式，由专业评委对参赛团队的项目进行评估。评估标准可能包括项目的创新性、实用性、商业潜力和团队实力等。

（3）总决赛：晋级项目在全国总决赛中进行现场路演和答辩，最终评选出各级奖项。这一阶段通常由大赛组委会组织，采用现场路演的形式，由专业评委对参赛团队的项目进行评估。评估标准可能包括项目的创新性、实用性、商业潜力和团队实力等。同时，现场还有投资人、孵化平台等机构代表，他们有机会与参赛团队进行对接，为获奖项目的商业化和产业化提供支持。

（4）对接与孵化：对于获奖项目，大赛组委会将组织与风投机构、孵化平台等对接，推动项目的商业化和产业化。这一阶段主要是为获奖项目提供一个展示和推广的平台，帮助项目获得更多的资源和支持，促进其发展和成长。同时，也有助于提高参赛团队的社会责任感和成就感，推动中国创新创业的发展。

五、"互联网+"大赛的参赛项目要求

"互联网+"大赛的参赛项目要求是非常重要且关键的，它们确保了比赛的公正性、规范性和专业性。以下是对这些要求的详细解释和建议：

（1）项目应具有创新性和实用性：一个好的"互联网+"项目应该具有独特的创新性，能够解决特定的问题或满足特定的社会需求。创新可以来自于技术、商业模式、应用方式等各个方面。同时，这个项目应该是实用的，能够真正应用到现实生活中，对人们的生活或工作有实质性的改善。参赛者应详细描述他们的创新点以及如何解决现有的问题或满足现有的需求。

（2）项目应具有商业价值和可操作性：一个好的"互联网+"项目不仅应该具有社会价值，还应该具有商业价值。也就是说，它应该能够产生利润，支持团队和企业的发展。此外，项目还需要具有可操作性，是可以被实施和推广的。参赛者应该详细描述他们的商业模式、市场推广策略以及如何实现项目落地。

（3）项目应体现创业精神和团队合作：参赛项目应该体现出团队的创业精神，包括市场洞察力、创新思维、解决问题的能力等。同时，团队合作也是非常重要的，团队成员应该互相支持，共同解决问题，推动项目的进展。

参赛者应该详细描述他们的团队成员以及他们在项目中的角色,同时展示他们的创业精神和团队合作能力。

(4)项目应符合法律法规和社会道德:这是任何项目必须遵守的基本要求。项目应该不侵犯他人的权益,不危害社会的安全,符合国家的法律法规和社会道德规范。参赛者应该在项目的开始就考虑到这一点,避免后期出现法律纠纷或道德问题。

总的来说,参赛项目需要创新、实用、有商业价值并且可以落地实施,同时需要体现出团队的创业精神和团队合作能力,符合法律法规和社会道德。参赛者需要充分理解并满足这些要求,从而提高他们的项目竞争力。

六、"互联网+"大赛的评审标准

在评审过程中,评委将综合考虑以下标准,对参赛项目进行评估和打分。同时,评委还会关注项目的整体表现和参赛团队的综合素质和能力等方面的考察。最终,根据评委的打分和评审意见,将选出优胜项目并颁发奖项。

(1)创新性和实用性:项目是否基于"互联网+"技术或应用进行创新,是否能解决实际问题或满足社会需求,是否有实际应用价值。

(2)商业价值和可操作性:项目是否具有商业价值和社会效益,是否具备可操作性和可行性,是否能进行市场推广和运营。

(3)创业精神和团队合作:参赛团队是否具备创业精神、团队合作精神和创新实践能力,是否具有市场洞察力和商业思维。

(4)法律法规和社会道德:项目是否符合国家法律法规和社会道德规范,是否具有安全性、可靠性和可持续性。

中国国际"互联网+"大学生创新创业大赛已经举办了八届,累计共有来自国内外 111 个国家和地区、4554 所院校的 340 万个项目,有 1450 万名学生报名参赛。这些数据表明,该大赛已经成为我国深化创新创业教育改革的重要平台,并为许多有理想、有本领、有担当的青年插上创新创业的"翅膀"。

通过该大赛,可以看到当代大学生对于创新创业的理解与行动,也可以看到他们在创新创业过程中的优点和不足。同时,该大赛也为社会带来了很多优秀的创新创业项目,推动了社会经济的发展和创新创业文化的传播。

在这个新时代,创新创业已经成为了推动社会进步和发展的重要力量。而中国国际"互联网+"大学生创新创业大赛,正是为推动这种力量的发展和壮大而存在的重要平台。相信在未来的日子里,该大赛将会继续发挥其重要作用,为更多的青年人提供实现创新创业梦想的机会和舞台。

参考文献

[1]陈佳乐. 电子商务案例分析[M]. 北京：北京理工大学出版社，2020.

[2]陈德人. 电子商务案例分析(微课版)[M]. 北京：人民邮电出版社，2020.

[3]雷兵，司林胜. 电子商务案例分析(第二版)[M]. 重庆：重庆大学出版社，2015.

[4]邵婷. 电子商务案例分析[M]. 北京：清华大学出版社，2019.

[5]蒋景葵. 电子商务案例分析[M]. 上海：上海交通大学出版社，2020.

[6]徐嘉敏，周灏. 电子商务平台商业模式分析——以京东为例[J]. 营销界，2021(38)：63-65.

[7]陈德人. 电子商务案例分析(微课版)[M]. 北京：人民邮电出版社，2020.

[8]蒋景葵. 电子商务案例分析[M]. 上海：上海交通大学出版社，2020.

[9]程凡可. 浅析淘宝网发展现状及未来发展趋势[J]. 经贸实践，2016(13)：130.

[10]苏壬华，杨媛媛. O2O平台的盈利模式分析——以美团网为例[J]. 价值工程，2017，36(31)：38-41.

[11]侯腾轩. O2O外卖平台商业模式研究——以"美团外卖"为例[J]. 全国流通经济，2017(22)：7-8.

[12]李畅，李涛，丁国平. 我国电子商务运营模式、问题及对策[J]. 中国商论，2018(19)：29-31.

[13]杜睿云，蒋侃. 新零售：内涵、发展动因与关键问题[J]. 价格理论与实践，2017(02)：139-141.

[14]陈德人. 电子商务概论与案例分析(微课第二版)[M]. 北京：人民邮电

出版社，2020.

[15]许应楠. 认识新零售(慕课版)[M].北京：人民邮电出版社，2020.

[16]冯军维. 无人零售产业发展现状与趋势[J].科技中国，2018(3)：63-72.

[17]徐林海. 电子商务案例分析(第2版)[M].南京：东南大学出版社，2020.

[18]孟立昕. "让出行更美好"——滴滴出行的商业模式分析[D].北京理工大学，2016.

[19]尹冬梅. 基于微信生态下的社交电商现状及发展研究[J].现代商业，2019(1)：36-38.

[20]倪徐冰. 社交电商拼多多的商业模式分析[J].河北企业，2020(8)：94-95.

[21]喜崇彬，运满满：用移动互联技术推动货运行业变革，物流技术与应用，2016(5).

[22]刘洋，高茜. 中国社交电商发展的现状与建议[J].中国市场，2019(1)：189，193.

[23]前瞻产业研究院. 2019年中国社交电商行业市场分析：市场渗透率不断提高，商业模式成熟和规范化发展[R].2019-5-24.

[24]亿欧智库. 2019中国社交电商生态解读研究报告.

[25]易观网. 中国社交电子商务发展专题分析2017.

[26]海商网. 社交电商概念与特点，十大社交电商平台及产业链模式图解，https：//www. hishop. com. cn.

[27]尹冬梅. 基于微信生态下的社交电商现状及发展研究[J].现代商业，2019(1)：36-38.

[28]正数科技，2019年社交电商四种新兴模式，未来究竟在何处？2019.5，22.

[29]逯宇铎. 跨境电子商务案例[M].北京：机械工业出版社，2020.

[30]张雯婷，刘艳. 社交化电商商业模式分析——以小红书为例[J].上海商业，2021(6)：32-33.

[31]张若男. 云集会员制社交电商商业模式分析[J].河北企业，2022(1)：72-74.

[32]李丹丹. 兴盛优选社区团购平台商业模式优化研究[D].河南工业大学，2021.

[33]魏鑫. 社区团购平台兴盛优选的营销策略研究[D].西北大学，2021.

[34]张玉林.社会化电子商务[M].北京：化学工业出版社,2019.

[35]曹杰.电子商务大数据分析[M].北京：高等教育出版社,2020.

[36]王耀福.云计算商业模式创新研究[D].北京邮电大学,2021.

[37]刘诗雨.大数据金融模式研究[D].湖南大学,2018(4)：9-10.

[38]艾瑞咨询集团：2014年中国跨境电商行业研究报告简版.

[39]中国电子商务中心.2018年(上)中国跨境电商市场数据监测报告.

[40]电子商务研究中心.2017年度中国城市跨境电商发展报告,2018-07-19.

[41]中国电子商务中心.2018年(上)中国跨境电商市场数据监测报告.

[42]胡润研究院发布.世茂海峡·2019三季度胡润大中华区独角兽指数.

[43]胡润研究院发布.苏州高新区·2020胡润全球独角兽榜.

[44]王慧.农村电商与创业[M].北京：人民邮电出版社,2018.

[45]李永飞.中国农村电子商务[M].武汉：武汉大学出版社,2020.

[46]陈德人.电子商务案例分析(微课版)[M].北京：人民邮电出版社,2020.

[47]刘传军.美菜发布"冷美人计划",降低农产品损耗[EB/OL].(2016-11-17)[2017-03-08].

[48]肖若谷.B2B食材电商商业模式研究——以美菜网为例[D].西南财经大学硕士论文,2017.

[49]李军.电子商务创新创业[M].北京：北京理工大学出版社,2020.

[50]陈佳,张丽琼,杨新军,李钢.乡村旅游开发对农户生计和社区旅游效应的影响——旅游开发模式视角的案例实证[J].地理研究,2017,36(09).

[51]傅钰.陕西省袁家村乡村旅游发展的调查研究[N].经济师,2018-08-05.

[52]苗苗.电子商务"三创赛"的理论与实践[M].北京：中国工信出版集团,2021.

E-COMMERCE

高等学校电子商务专业系列教材

内容提要

  本书是一本电子商务案例分析教材，所选案例覆盖信息管理类电子商务的多个领域。全书具体包括电子商务概述，以及有关传统电商平台、内容电商、社交电商、生活服务电商、新零售、电子商务物流等领域的案例分析内容，这些案例既有创办已久、实力雄厚的电子商务龙头企业，也有模式新颖的新兴企业。通过分析这些具有代表性的真实案例，读者可以了解电子商务企业的发展现状、创新应用和取得的成果，从而探索和学习这些企业的成功经验。本书既可作为电子商务类、信息类等专业课程的教学用书，也可作为电子商务培训与实训的教材使用。

■ 责任编辑／王智梅 ■ 责任校对／汪欣怡

■ 版式设计／马　佳 ■ 封面设计／罗　π

武汉大学出版社
官方微信平台

武汉大学出版社
天猫旗舰店

ISBN 978-7-307-24420-7

9 787307 244207 >

定价: 46.00元